Oscar W. Gabriel
Politische Partizipation

Eine Einführung in Theorie und Empirie

Oscar W. Gabriel
Universität Stuttgart
Stuttgart, Deutschland

ISSN 2627-2903　　　　　　ISSN 2627-2911　(electronic)
Elemente der Politik
ISBN 978-3-658-34256-2　　　ISBN 978-3-658-34257-9　(eBook)
https://doi.org/10.1007/978-3-658-34257-9

Die Deutsche Nationalbibliothek verzeichnet diese Publikation in der Deutschen Nationalbibliografie; detaillierte bibliografische Daten sind im Internet über http://dnb.d-nb.de abrufbar.

© Der/die Herausgeber bzw. der/die Autor(en), exklusiv lizenziert durch Springer Fachmedien Wiesbaden GmbH, ein Teil von Springer Nature 2022
Das Werk einschließlich aller seiner Teile ist urheberrechtlich geschützt. Jede Verwertung, die nicht ausdrücklich vom Urheberrechtsgesetz zugelassen ist, bedarf der vorherigen Zustimmung der Verlage. Das gilt insbesondere für Vervielfältigungen, Bearbeitungen, Übersetzungen, Mikroverfilmungen und die Einspeicherung und Verarbeitung in elektronischen Systemen.
Die Wiedergabe von allgemein beschreibenden Bezeichnungen, Marken, Unternehmensnamen etc. in diesem Werk bedeutet nicht, dass diese frei durch jedermann benutzt werden dürfen. Die Berechtigung zur Benutzung unterliegt, auch ohne gesonderten Hinweis hierzu, den Regeln des Markenrechts. Die Rechte des jeweiligen Zeicheninhabers sind zu beachten.
Der Verlag, die Autoren und die Herausgeber gehen davon aus, dass die Angaben und Informationen in diesem Werk zum Zeitpunkt der Veröffentlichung vollständig und korrekt sind. Weder der Verlag noch die Autoren oder die Herausgeber übernehmen, ausdrücklich oder implizit, Gewähr für den Inhalt des Werkes, etwaige Fehler oder Äußerungen. Der Verlag bleibt im Hinblick auf geografische Zuordnungen und Gebietsbezeichnungen in veröffentlichten Karten und Institutionsadressen neutral.

Planung/Lektorat: Jan Treibel
Springer VS ist ein Imprint der eingetragenen Gesellschaft Springer Fachmedien Wiesbaden GmbH und ist ein Teil von Springer Nature.
Die Anschrift der Gesellschaft ist: Abraham-Lincoln-Str. 46, 65189 Wiesbaden, Germany

Elemente der Politik

Reihe herausgegeben von
Hartmut Aden
Hochschule für Wirtschaft und Recht Berlin
Berlin, Deutschland

Sonja Blum
FernUniversität in Hagen
Hagen, Deutschland

Hendrik Hegemann
Institut für Friedensforschung und
Sicherheitspolitik an der Universität Hamburg
Hamburg, Deutschland

Andrea Schneiker
Zeppelin Universität
Friedrichshafen, Deutschland

Sven T. Siefken
Martin-Luther-Universität Halle-Wittenberg
Halle (Saale), Deutschland

Die ELEMENTE DER POLITIK sind eine politikwissenschaftliche Lehrbuchreihe. Ausgewiesene Experten und Expertinnen informieren über wichtige Themen und Grundbegriffe der Politikwissenschaft und stellen sie auf knappem Raum fundiert und verständlich dar. Die einzelnen Titel der ELEMENTE dienen somit Studierenden und Lehrenden der Politikwissenschaft und benachbarter Fächer als Einführung und erste Orientierung zum Gebrauch in Seminaren und Vorlesungen, bieten aber auch politisch Interessierten einen soliden Überblick zum Thema.

Die Reihe wurde zuvor herausgegeben von Hans-Georg Ehrhart, Bernhard Frevel, Klaus Schubert, Suzanne S. Schüttemeyer.

Weitere Bände in der Reihe
http://www.springer.com/series/12234

Vorwort

Den Vorsatz, meine über viele Jahre gehaltene Vorlesung „Politische Partizipation" für das Schreiben eines Lehrbuches zu nutzen, hatte ich schon lange. Die Corona-Pandemie ließ aus der Verhaltensabsicht manifestes Verhalten werden. Das Schreiben dieses Buches erinnerte mich daran, wie oft und gerne ich gerade diese Vorlesung hielt und den Studierenden die Rolle des bürgerschaftlichen Engagements in der Demokratie nahebringen durfte. In den ersten Jahren lief dies unter den Bedingungen einer schwirigen Datenlage ab. Sie erforderte beim Finden brauchbarer Daten mitunter detektivische Fähigkeiten. Ungleich aufreibender war es jedoch, im Rechenzentrum stundenlang auf SPSS-Outputs zu warten und dann auf einem Quadratmeter grün-weiß gestreiften Papiers die lapidare Mitteilung zu erhalten: „This symbol has caused an error."

In den dreißig Jahre bis zu meiner Emeritierung verbesserten sich der Zugang zu Daten und die Rechnerkapazitäten so sehr, dass bei der Vorbereitung der empirischen Teile der Vorlesung mitunter die Qual der Wahl auftrat. Nicht nur neue Daten, auch Veränderungen des Gegenstandes machten immer wieder Modifikationen des Konzepts notwendig. Wer hätte 1983 geahnt, dass man sich in einer Vorlesung über politische Beteiligung einmal mit E-Partizipation, Zukunftskonferenzen oder Partizipationsexperimenten beschäftigen würde? Noch unerwarteter kam die Möglichkeit, nach 1990 das politische Engagement in Polen, Ungarn oder Slowenien empirisch untersuchen zu können.

Über viele Jahre hinweg erhielt ich von Mitarbeiterinnen und Studierenden Anregungen, für die ich mich herzlich bedanke. Großen Dank schulde ich meinen Kolleginnen Suzanne Schüttemeyer und Kerstin Völkl für die gründliche Lektüre des Manuskripts und die vielen wertvollen Verbesserungsvorschläge. Herzlich bedanke ich mich auch bei Frau Ulrike Stricker-Komba vom Springer-Verlag für ihre intensive und engagierte Unterstützung bei der Korrektur des Manuskripts. Meine Frau musste sich eine ganze Zeit lang meine Monologe über neue Ideen anhören. Wie schon in den langen Jahren zuvor hat sie das geduldig über sich ergehen lassen: ein großes merci dafür.

Trier   Oscar W. Gabriel
April 2021

Zusammenfassung

Die aktive Beteiligung der Bürger am politischen Leben gehört zu den wichtigsten Themen der politikwissenschaftlichen Lehre und Forschung. Einschlägige Studien behandeln sie unter normativen, institutionellen und empirischen Gesichtspunkten und sprechen eine Vielzahl von Einzelfragen an. Als einer der Zugänge zum Thema interessiert sich die empirische Partizipationsforschung, für die Beantwortung der Frage:

> „Wer beteiligt sich in welcher Form, aus welchen Gründen und mit welchen Folgen an Aktivitäten, die der Einflussnahme auf politische Entscheidungen dienen?"

Auf dieser Frage basiert die Gliederung dieses Buches. Es klärt die Bedeutung des Begriffs „Politische Partizipation" und beschreibt die Unterschiede zwischen diesem und verwandten politikwissenschaftlichen Konzepten. Es zeigt die Verfahren und Probleme einer gültigen und zuverlässigen empirischen Messung politischer Beteiligung auf. Schließlich untersucht es die Formen, das Niveau, die Struktur, die Entwicklung und die Bedingungen politischer Beteiligung in Deutschland. Auf der Basis empirischer Daten will das Buch die Frage beantworten, wie sich die politische Beteiligung in Deutschland gegenwärtig darstellt, wie sie sich in den letzten Jahrzehnten entwickelt hat und welche Folgen dies für die Qualität der Demokratie in Deutschland mit sich bringt.

Inhaltsverzeichnis

1 Einleitung: Partizipation und Demokratie   1
1.1   Partizipation in der Demokratie   1
1.2   Ziele, Inhalt und Aufbau des Buches   7
Einführende Literatur   12

2 Politische Partizipation: Begriff, Merkmale, Messung   13
2.1   Das Konzept der politischen Partizipation und seine Entwicklung   14
2.2   Merkmale politischer Partizipation   16
2.3   Politische Partizipation in den Beziehungen der Menschen zur Politik   18
2.4   Politische Partizipation: Die Messung   23
2.5   Zusammenfassung   32
Vertiefende Literatur   33

3 Daten der empirischen Partizipationsforschung   35
3.1   Primär- und Sekundärdatenanalysen   36

3.2	Aggregat- und Individualdaten	38
3.3	Querschnitt- und Längsschnittdaten	42
3.4	Vollerhebungen und Stichproben	46
3.5	Datenquellen	50
3.6	Zusammenfassung	51
Vertiefende Literatur		52

4 Formen politischer Partizipation — 53

- 4.1 Partizipation als Mitwirkung an Entscheidungen — 54
    - 4.1.1 Beteiligung an Wahlen — 54
    - 4.1.2 Beteiligung an direktdemokratischen Verfahren — 59
- 4.2 Partizipation durch Mobilisierung kollektiver Ressourcen — 64
    - 4.2.1 Durch Parteien vermittelte Partizipation — 64
    - 4.2.2 Partizipation durch Freiwilligenorganisationen — 67
    - 4.2.3 Politischer Protest — 70
- 4.3 Dialogorientierte Beteiligung — 76
- 4.4 Individuelle Einflussnahme — 83
    - 4.4.1 Politiker- und Verwaltungskontakte — 83
    - 4.4.2 Digitale Partizipation — 85
- 4.5 Zusammenfassung — 88
- Vertiefende Literatur — 90

5 Politische Beteiligung in Deutschland im Wandel — 91

- 5.1 Die langfristige Entwicklung einzelner Formen politischer Partizipation — 92
    - 5.1.1 Politische Partizipation in der alten Bundesrepublik Deutschland — 93

	5.1.2	Politische Partizipation im vereinigten Deutschland	104
5.2		Politische Beteiligung in den alten und neuen Bundesländern	112
5.3		Zusammenfassung	114
Vertiefende Literatur			115

6 Partizipationssysteme in Deutschland — 117

6.1		Dimensionen politischer Partizipation	118
6.2		Strukturen politischer Beteiligung in Deutschland	123
	6.2.1	Das Ausmaß des politischen Engagements	124
	6.2.2	Typen des politischen Engagements	128
6.3		Zusammenfassung	133
Vertiefende Literatur			136

7 Empirische Theorien politischer Partizipation — 137

7.1		Grundannahmen und Varianten empirischer Theorien	138
7.2		Frühe behavioralistische Erklärungsmodelle	142
7.3		Neuere soziologische Ansätze zur Erklärung politischer Partizipation	143
7.4		Neuere sozialpsychologische Ansätze	148
	7.4.1	Wertewandel und kognitive Mobilisierung	149
	7.4.2	Sozialkapital	152
	7.4.3	Das Civic Voluntarism-Modell	154
7.5		Zusammenfassung	157
Vertiefende Literatur			159

8 Bestimmungsfaktoren des individuellen politischen Engagements in Deutschland   161
   8.1 Fragestellungen und Vorgehen   161
       8.1.1 Beispiel einer bivariaten Regressionsanalyse mit Aggregatdaten   162
       8.1.2 Beispiel einer multiplen Regressionsanalyse mit Aggregatdaten   168
       8.1.3 Interpretation der Ergebnisse einer multiplen Regressionsanalyse mit Individualdaten   171
   8.2 Bestimmungsfaktoren des Ausmaßes politischer Partizipation: Ressourcen, Motive und Netzwerke   186
       8.2.1 Der Einfluss von Ressourcen, Motiven und Netzwerken – getrennt betrachtet   187
       8.2.2 Ein integriertes Erklärungsmodell des Ausmaßes politischer Partizipation   193
   8.3 Bestimmungsfaktoren einzelner Formen politischer Beteiligung   198
   8.4 Zusammenfassung   206
   Vertiefende Literatur zur Methode   207

9 Partizipation und Demokratie in Deutschland   209
   9.1 Mehr Partizipation …   209
   9.2 … mehr Demokratie?   210

	9.2.1	Partizipation und die Qualität der Demokratie: Die Systemebene	211
	9.2.2	Partizipation und demokratische Bürger: Die Individualebene	218
9.3		Partizipationswirklichkeit und Partizipationsforschung	219

**Anhang: Frageformulierungen,
Antwortvorgaben und Indexbildung** 223

Literatur 229

Abbildungsverzeichnis

Abb. 2.1	Formen der Beziehungen der Menschen zur Politik	20
Abb. 2.2	Messung verschiedener Formen politischer Beteiligung	25
Abb. 2.3	Vorgehen bei der Messung politischer Partizipation	28
Abb. 4.1	Ausgewählte Merkmale dialogorientierter Beteiligungsverfahren	78
Abb. 4.2	Charakteristika der existierenden Beteiligungsformen	89
Abb. 5.1	Beteiligung an Bundestags- und Landtagswahlen in Deutschland, 1949 bis 2020	96
Abb. 5.2	Politische Beteiligung in der Bundesrepublik Deutschland im Durchschnitt der Jahre 1974 bis 1989	100
Abb. 5.3	Politische Partizipation im Wandel	112
Abb. 5.4	Politische Partizipation in Deutschland im Durchschnitt der Jahre 1998 bis 2018	113
Abb. 6.1	Partizipationssysteme nach Verba und Nie	120

Abb. 6.2	Ausmaß politischer Partizipation in Deutschland, 2002 bis 2018	126
Abb. 6.3	Entwicklung der Wahlbeteiligung, traditioneller Aktivitäten und legaler Protestaktionen in Deutschland, 2002 bis 2018	130
Abb. 6.4	Typen politischer Beteiligung in Deutschland, 2002 bis 2018	132
Abb. 7.1	Erklärungsansätze in der empirischen Partizipationsforschung	140
Abb. 7.2	Behavioralistische Modelle zur Erklärung politischer Partizipation	141
Abb. 7.3	Die Grundstruktur des Ressourcen-Institutionen-Modells von Verba, Nie und Kim	146
Abb. 8.1	Beispiel eines bivariaten OLS-Regressionsmodells zur Schätzung der Höhe der Wahlbeteiligung	164
Abb. 8.2	Grafische Darstellung der Schätzung politischer Partizipation in Deutschland	184
Abb. 8.3	Schätzung des Partizipationsniveaus bei ungünstigster, durchschnittlicher und optimaler Konstellation partizipationsrelevanter Faktoren, 2008 und 2018	196
Abb. 8.4	Bestimmungsfaktoren einzelner Formen politischer Partizipation in Deutschland, 2018	201

Tabellenverzeichnis

Tab. 5.1	Politische Beteiligung in der Bundesrepublik Deutschland, 1974 bis 1989	101
Tab. 5.2	Entwicklung politischer Beteiligung in Deutschland, 1998 bis 2018	108
Tab. 8.1	Beispiel der Ergebnisse eines bivariaten OLS-Regressionsmodells zur Schätzung politischer Partizipation	167
Tab. 8.2	Beispiel der Ergebnisse eines multiplen OLS-Regressionsmodells zur Schätzung politischer Partizipation	169
Tab. 8.3	Interpretation der Regressionsanalyse: Das multiple Bestimmtheitsmaß	174
Tab. 8.4	Interpretation der Regressionsanalyse: Die statistische Signifikanz des multiplen Bestimmtheitsmaßes	175
Tab. 8.5	Interpretation der Regressionsanalyse: Die Stärke und statistische Signifikanz der Effektkoeffizienten	177
Tab. 8.6	Tabellarische Darstellung der Ergebnisse multipler Regressionsanalysen	183

Tab. 8.7	Soziale Charakteristika als Bestimmungsfaktoren politischer Partizipation in Deutschland, 2008 und 2018	188
Tab. 8.8	Politische Motive als Bestimmungsfaktoren politischer Partizipation in Deutschland, 2008 und 2018	191
Tab. 8.9	Soziale Integration als Bestimmungsfaktor politischer Partizipation in Deutschland, 2008 und 2018	192
Tab. 8.10	Bestimmungsfaktoren des Ausmaßes politischer Partizipation in Deutschland, 2008 und 2018	194

1

Einleitung: Partizipation und Demokratie

1.1 Partizipation in der Demokratie

Mit Parolen wie „Wir sind das Volk", „Yes, we can" oder „Podemos" fordern Bürgerinnen und Bürger in modernen Demokratien ihr Recht zur politischen Mitbestimmung ein. Sie berufen sich dabei auf das in den Verfassungen fast aller demokratischen Staaten verankerte Prinzip der Volkssouveränität, das der 16. US-Präsident Abraham Lincoln als „government of the people, by the people, for the people"[1] umrissen hatte.

Artikel 20, Absatz 2 des Grundgesetzes bringt die Bedeutung der Volkssouveränität für die politische Ordnung der Bundesrepublik Deutschland mit der Formulierung zum Ausdruck „Alle Staatsgewalt geht vom

---

[1] https://www.strategisches-storytelling.de/analyse-gettysburg-rede-abraham-lincoln/, letzter Zugriff am 24.04.2020.

© Der/die Autor(en), exklusiv lizenziert durch Springer Fachmedien Wiesbaden GmbH, ein Teil von Springer Nature 2022
O. W. Gabriel, *Politische Partizipation*, Elemente der Politik,
https://doi.org/10.1007/978-3-658-34257-9_1

Volke aus. Sie wird vom Volke in Wahlen, Abstimmungen und durch besondere Organe der Gesetzgebung, der vollziehenden Gewalt und der Rechtsprechung ausgeübt."

Gemäß diesem Prinzip übt das Volk – genauer: die Mehrheit des Volkes – in Demokratien Herrschaft entweder direkt oder indirekt aus. In Wahlen entscheidet es über die Besetzung politischer Ämter, in Abstimmungen über die Regelung politischer Sachfragen. In der für repräsentative Demokratien typischen Verteilung von Entscheidungskompetenzen bestellt es in allgemeinen, freien, gleichen und geheimen Wahlen für einen bestimmten Zeitraum eine Volksvertretung. Diese trifft an seiner Stelle und in seinem Namen verbindliche Personal- und Sachentscheidungen. Sie verabschiedet Gesetze und wählt bzw. unterstützt eine Regierung und kontrolliert sie. Wie auch immer ein demokratischer Staat die Ausübung politischer Herrschaft im Einzelnen organisiert: Demokratien unterscheiden sich von anderen Herrschaftssystemen dadurch, dass allgemein verbindliche Entscheidungen nur dann als rechtmäßig gelten, wenn sie entweder direkt oder mittelbar auf den Willen der Mehrheit des Volkes zurückgeführt werden können.

In der Einschätzung, dass Bürgerbeteiligung und Demokratie eng zusammengehören, besteht in der modernen Politikwissenschaft breites Einvernehmen (u. a. Verba et al., 1995; van Deth, 2009, 2013). In Demokratien verfügen alle Mitglieder der politischen Gemeinschaft über das gleiche Recht, an der Gestaltung des gesellschaftlichen und politischen Zusammenlebens mitzuwirken. Dementsprechend bemisst die empirische Forschung die Qualität von Demokratien unter anderem an den der Bürgerschaft zugänglichen Beteiligungsrechten und am Ausmaß ihrer Nutzung. Allerdings wird der allgemeine Grundsatz der Bürgerbeteiligung von Land zu Land unterschiedlich umgesetzt. In allen Demokratien geht das Parlament aus demokratischen Wahlen hervor, jedoch weisen die für diesen Prozess maßgeblichen Regelungen eine beträchtliche Bandbreite auf. Einige Länder kennen eine Volkswahl des Staatsoberhauptes, andere nicht. Manche Verfassungen eröffnen die Möglichkeit zu Volksentscheiden über Sachfragen, andere weisen ausschließlich der Volksvertretung diese Kompetenz zu.

In der politischen Praxis machen Bürger von ihren Beteiligungsrechten in unterschiedlichem Maß und in unterschiedlicher Form Gebrauch. Nur eine kleine Gruppe von Menschen hält sich vollständig vom politischen Leben fern, eine andere – ebenfalls kleine – Gruppe nutzt dagegen fast alle verfügbaren Formen politischer Einflussnahme. Zwischen diesen Extremen steht die breite Mehrheit, die sich je nach Anlass, Gelegenheit und Thema für eine aktive oder passive Rolle in der Politik entscheidet und sich auf unterschiedliche Weise engagiert (so schon Milbrath, 1965).

Seit dem Beginn der im 19. Jahrhundert weltweit einsetzenden Demokratisierung, besonders seit der Mitte des 20. Jahrhunderts, waren Art und Ausmaß des politischen Engagements einem starken Wandel unterworfen, den einige Forscher als „partizipatorische Revolution" beschreiben (zuerst Almond & Verba, 1989, S. 2 f.). Zwischen der Einführung demokratischer Wahlen und dem Entstehen der Protestbewegung in den 1960er Jahren beschränkte sich das aktive politische Engagement für den überwiegenden Teil der Menschen auf die Stimmabgabe bei Wahlen. In der ersten Phase der partizipatorischen Revolution war in der Bundesrepublik Deutschland ein starker Anstieg der Wahlbeteiligung und eine Zunahme der auf Wahlen und Parteien ausgerichteten Aktivitäten zu verzeichnen. Seither haben sich die Formen der politischen Partizipation immer breiter aufgefächert

(Theocharis & van Deth, 2018; Schlozman et al., 2018, S. 23 ff.).

Die zweite Phase der partizipatorischen Revolution erstreckte sich über die 1960er und 1970er Jahre und brachte verstärkte Protestaktionen und die Bildung neuer sozialer Bewegungen mit sich. Die ersten von ihnen waren die Bürgerrechts- und die Studentenbewegung, ihnen folgten die Anti-Kernkraft-Bewegung, die Friedens-, die Umwelt- und die Frauenbewegung. Das Neuartige dieser Entwicklung bestand darin, dass Teile der Bevölkerung ihre Ziele notfalls gegen die Institutionen, Prozesse und Akteure der repräsentativen Demokratie durchzusetzen versuchten und sich nicht auf die Nutzung der innerhalb des bestehenden Systems vorgesehenen Einflussmöglichkeiten beschränken wollten.

Die Protestbewegung bereitete den Boden für den dritten Abschnitt der partizipatorischen Revolution, die in Deutschland ungefähr zeitgleich mit dem Beitritt der neuen Länder zur Bundesrepublik einsetzte. In ihr rückte die Forderung nach einer direkten Mitwirkung der Bevölkerung am Fällen verbindlicher politischer Sachentscheidungen auf die politische Agenda. Die Institutionalisierung von Volksbegehren und Volksentscheiden sowie die Entwicklung dialogorientierter und digitaler Beteiligungsverfahren kennzeichnen diese Phase des politischen Wandels.

Im Verlauf des letzten halben Jahrhunderts gestaltete sich das politische Engagement breiter und vielfältiger. Beobachter interpretieren diese Entwicklungen allerdings unterschiedlich. Mit Blick auf die USA äußerte Putnam (2000, S. 247 ff.) die Befürchtung, die „Civic Generation" sterbe aus und mit ihr kämen der Demokratie die sozial und politisch engagierten Bürger abhanden. Häufig trifft man auch auf die Vorstellung, mangelnde Offenheit, Transparenz und Innovationsfähigkeit ließen die repräsentative Demokratie zum Auslaufmodell werden. Die demokratischen Institutionen, Prozesse und Akteure hätten sich von der Welt der Bürger entfernt und diese in eine Distanz zur Politik getrieben. Eine Verbesserung der Qualität der Demokratie erzwinge daher partizipative Reformen, vor allem neue, niedrigschwellige und attraktive Beteiligungsmöglichkeiten. Besondere Hoffnungen ruhen auf direktdemokratischen, dialogorientierten und digitalen Formaten und spontanen Mobilisierungsaktionen (Geissel & Newton, 2012).

Diese kritische Sicht auf den aktuellen Zustand der Demokratien und ihre Zukunft findet in der Literatur geteilte Zustimmung. Beobachter sehen moderne Gesellschaften und mit ihnen die demokratische Ordnung in einem ständigen Prozess der Veränderung, deren Verlauf und Folgen unterschiedliche Bewertungen und Reaktionen auslösten. Der Wandel des Sozialstaates, die Digitalisierung und die Globalisierung hätten nicht nur Gewinner, sondern auch Verlierer hervorgebracht. Neue politische Spaltungslinien seien entstanden, die auch die Formen des bürgerschaftlichen Engagements berührt hätten. Viele Formen politischer Beteiligung würden intensiver genutzt als vor 50 Jahren. Die Entwicklung der letzten Jahrzehnte zeige aber auch die Schattenseiten der Partizipation: ihren Einsatz im Kampf gegen demokratische Prinzipien und Verfahren, die wachsende politische Polarisierung und die mit der ungleichen Wahrnehmung von Beteiligungsrechten verbundene Verschärfung politischer Ungleichheit. Populistische Führer und Bewegungen verfolgten die Strategie, das Vertrauen zu den Institutionen zu unterminieren, den Rechtsstaat zu schwächen und rechtfertigten dies als Vollzug eines vermeintlichen Bürgerwillens (Merkel, 2015).

Ungeachtet der skizzierten Probleme halten bestimmte Theorien an der Einschätzung von politischer

Partizipation als Selbstwert fest. Diese Position ist normativ angreifbar, weil Werte wie Freiheit, Gleichheit, Rechtsstaatlichkeit, Toleranz, Fähigkeit zum Kompromiss und wechselseitiger Respekt in Demokratien gleichberechtigt neben dem der Partizipation stehen. Es ist keineswegs selbstverständlich, dass der Ausbau politischer Partizipationsmöglichkeiten die anderen Ziele stärkt oder zumindest nicht negativ berührt. Die möglichen Zielkonflikte machen eine Priorisierung politischer Partizipation begründungspflichtig.

Die Ergebnisse der empirischen Politikwissenschaft verweisen auf weitere Probleme einer Überhöhung politischer Partizipation zum Selbstzweck. Bei weitem nicht alle Mitglieder der politischen Gemeinschaft nutzen zu jeder Zeit sämtliche verfügbaren Partizipationsrechte. Ressourcenstarke, sozial integrierte Menschen sind politisch aktiver als ressourcenschwache und schlecht integrierte. Zudem handelt es sich bei politischer Partizipation um ein weltanschaulich neutrales Mittel der politischen Einflussnahme. Es wird dazu genutzt, den Bau eines Heimes für behinderte Menschen durchzusetzen oder die Zuwanderung von Bürgerkriegsflüchtlingen zu erleichtern, aber auch dazu, solche Vorhaben zu verhindern. In pluralistischen Gesellschaften impliziert die erfolgreiche Durchsetzung politischer Forderungen in Beteiligungsprozessen, dass eine Gruppe mit ihren Wünschen zum Zuge kommt, eine andere hingegen scheitert. Wenn der Wunsch nach mehr Partizipation oder nach effektiveren Beteiligungsformen einen praxisrelevanten Beitrag zur Verbesserung der Qualität der Demokratie leisten soll, kann man einer Auseinandersetzung mit den oben angesprochenen Sachverhalten nicht aus dem Wege gehen.

1.2 Ziele, Inhalt und Aufbau des Buches

Dieses Buch verfolgt das Ziel, die Leser mit den Fragestellungen, Konzepten, Theorien, methodischen Grundlagen, Erkenntnissen und Problemen der empirischen Partizipationsforschung vertraut zu machen.

> **Forschungsziel**
>
> Als Teilgebiet der empirischen Verhaltensforschung beschäftigt sich die Partizipationsforschung mit der Klärung der Frage, *wer* sich *aus welchen Gründen, wie intensiv, in welcher Form* und *mit welchen Ergebnissen* politisch engagiert.

Der Aufbau des Buches orientiert sich an dieser Frage. Das folgende Kapitel dient der Klärung der Frage: Was versteht man in der Politikwissenschaft unter politischer Partizipation und wie grenzt man diesen Begriff von ähnlichen Sachverhalten ab? Trotz einer langen Tradition der Beschäftigung mit diesem Thema hat sich in der Politikwissenschaft bisher keine Übereinstimmung darüber entwickelt, welche Sachverhalte man als politische Partizipation bezeichnen soll. Nicht einmal über die Bezeichnung existiert Konsens. Neben dem Begriff „politische Partizipation" findet man als Äquivalente „politische Beteiligung", „politisches Engagement", „Bürgerbeteiligung", „bürgerschaftliches/zivilgesellschaftliches Engagement". Viele Studien fassen unter diesen Begriffen Aktivitäten zusammen, mit denen Individuen oder Gruppen versuchen, Einfluss auf politische Entscheidungen auszuüben. Daneben sind Tendenzen erkennbar, den Begriff auf Aktivitäten auszuweiten, die sich nicht eindeutig auf politische Vorgänge beziehen oder denen das Element der Einflussnahme auf Entscheidungen fehlt.

Beispiele hierfür findet man vor allem in Untersuchungen der digitalen Partizipation. Eine klare Definition des Partizipationsbegriffes, der in diesem Buch austauschbar mit den Begriffen politische Beteiligung und politisches Engagement benutzt wird, bildet die Grundlage jeder empirischen Analyse und dient der Abgrenzung politischer Partizipation von anderen für die politische Analyse bedeutsamen Sachverhalten. Ein Überblick über das Vorgehen bei der empirischen Messung und die damit verbundenen Probleme schließt das Kapitel ab.

Als Grundlage ihrer Untersuchungen verwendet die empirische Partizipationsforschung verschiedene Arten von Daten. Kapitel 3 beschreibt diese und die mit ihrer Verwendung verbundenen Studiendesigns und Probleme. Es zeigt zudem auf, welche Daten für Sekundäranalysen auf dem Gebiet der empirischen Partizipationsforschung zur Verfügung stehen.

Das vierte Kapitel stellt das breite Spektrum der aktuell bestehenden Möglichkeiten zur Einflussnahme auf die Politik vor. Sie sind teils in der Verfassung und in Gesetzen geregelt, teils handelt es sich um formal nicht reglementierte Beteiligungsformen. In der politischen Praxis spielen sie unterschiedliche Rollen. Um ihre politischen Ziele durchzusetzen, beteiligen sich die meisten Menschen an Wahlen. Einige engagieren sich in Parteien, Verbänden, Bürgerinitiativen oder sozialen Bewegungen. Sie setzen auf Unterschriftenaktionen, legale und nicht-legale Protestaktionen. Sie kaufen oder boykottieren Produkte aus ethischen Gründen, schreiben Briefe oder E-Mails an Politiker und Verwaltungen, geben ihre Stimme bei Volksbegehren und Volksentscheiden ab und nehmen in Erörterungsverfahren, Bürgerversammlungen und Zukunftskonferenzen Einfluss auf die Planung von Wohngebieten und Infrastruktureinrichtungen. Schließlich nutzen sie moderne Informations-

und Kommunikationstechniken, um ihrer Stimme Gehör zu verschaffen (Theocharis & van Deth, 2018).

Das fünfte Kapitel untersucht die Nutzung der verschiedenen Arten politischer Beteiligung und deren Wandel im Zeitverlauf. In den drei Phasen der partizipatorischen Revolution hat sich die Verbreitung einzelner Beteiligungsformen verändert. In den 1950er Jahren waren in der Bundesrepublik Deutschland Massendemonstrationen selten, digitale und dialogorientierte Formen spielten im politischen Leben keine Rolle. Diese Aktionsformen sind typische Produkte der zweiten und der dritten Phase der partizipatorischen Revolution und erweiterten das Aktionsrepertoire der Bevölkerung.

Wie die Verbreitung verschiedener Partizipationsformen zeigt, nutzen nicht alle Menschen ihre Partizipationsrechte im gleichen Umfang. Kapitel 6 stellt die Veränderung der Struktur des Beteiligungssystems moderner Demokratien dar und zeichnet nach, wie sich diese Entwicklung in der Forschung niederschlägt. In einer der ersten Einführungen in die Partizipationsforschung teilte Milbrath (1965) das amerikanische Publikum in die Gruppen der Apathischen, der Zuschauer und der Gladiatoren ein. Die Tatsache, dass sich Menschen unterschiedlich intensiv in das politische Leben einschalten, hat bis in die Gegenwart Bestand. Jedoch erfordert der Wandel des Beteiligungssystems moderner Demokratien eine Erweiterung der Forschungsperspektive. Neben der Intensität des Engagements müssen dessen vielfältige Erscheinungsformen untersucht werden.

Die wichtigste Aufgabe der empirischen Partizipationsforschung besteht darin, die Unterschiede in Art und Ausmaß des politischen Engagements zu erklären. Das siebte Kapitel dieses Buches stellt die für die empirische Forschung wichtigsten Partizipationstheorien vor und arbeitet die Gemeinsamkeiten und Unterschiede zwischen ihnen heraus. Zwar gehört die Partizipationsforschung zu den theoretisch am besten fundierten Teilgebieten der empirischen Politikwissenschaft. Dennoch konnte sich bisher keine allgemein anerkannte Theorie politischer Partizipation durchsetzen. Statt dessen konkurrieren eine Reihe von Theorien unterschiedlicher Komplexität und Reichweite miteinander, die sich in ihren Annahmen über die Bestimmungsfaktoren politischer Partizipation voneinander unterscheiden. Als Bindeglied zwischen ihnen fungieren die Prinzipien der empirischen Wissenschaftslehre. Empirische Partizipationstheorien konfrontieren ihre Hypothesen mit Beobachtungen der politischen Wirklichkeit (Daten) und prüfen deren empirische Tragfähigkeit. Über das gemeinsame methodologische Grundverständnis hinaus teilen die wichtigsten Theorien die Vorstellung, dass Unterschiede in der politischen Partizipation durch ein Zusammenspiel von Umweltfaktoren und (politischen) Einstellungen zustande kommen (Falter, 1972). Einige Ansätze betonen die Rolle individueller Interessen, andere die von Persönlichkeitscharakteristika oder politischen Überzeugungen als Antriebskräften politischer Partizipation. Die meisten dieser Erklärungsansätze ergänzen einander.

Das achte Kapitel enthält eine empirische Untersuchung der für Art und Ausmaß politischer Partizipation in Deutschland maßgeblichen Faktoren. Es schließt an die im vorherigen Kapitel vorgestellten theoretischen Ansätze an und integriert sie in ein einheitliches Erklärungsmodell. Dies orientiert sich an den Annahmen des von Verba, Schlozman und Brady (1995) entwickelten „Civic-Voluntarism-Modells", das Unterschiede in der politischen Partizipation auf individuelle Ressourcen („Können"), Motive („Wollen") und die Einbindung in mobilisierende Netzwerke („Gefragt werden") zurückführt (vgl. auch: Schlozman et al., 2018, S. 50 ff.). Diese drei Teil-

1 Einleitung: Partizipation und Demokratie

erklärungen werden zunächst getrennt geprüft. Im zweiten Schritt erfolgt ihre Integration in ein umfassendes Modell zur Schätzung des Ausmaßes und der Art politischer Partizipation.

Das Schlusskapitel greift die neuere Debatte über die Notwendigkeit partizipativer Innovationen für die Verbesserung der Qualität der Demokratie auf. Eine allgemein anerkannte normative Grundlage für die Bewertung des Ertrags partizipativer Innovationen existiert ebenso wenig wie empirische Erkenntnisse über deren Folgen. Vor diesem Forschungshintergrund muss sich das Schlusskapitel darauf beschränken, die wichtigsten Argumente in der Debatte über die Konsequenzen einer erweiterten und verbesserten politischen Partizipation vorzustellen und sie im Rahmen der bestehenden Möglichkeiten mit den verfügbaren empirischen Befunden zu konfrontieren. Jedes der neun Kapitel schließt mit Hinweisen auf vertiefende Literatur über die zuvor behandelten Probleme.

Neben inhaltlichen Fragestellungen gibt das Buch den Problemen im Umgang mit den Daten der empirischen Forschung breiten Raum. Bedauerlicherweise gilt für viele Verbreiter und Nutzer empirischer Befunde in den Massenmedien und in der Politikberatung der Grundsatz: „Most people use statistics like a drunk man uses a lamppost; more for support than illumination."[2] Um das mit einem manipulativen Einsatz oder einer Fehlinterpretation empirischer Daten verbundene Risiko einer verzerrten Darstellung der politischen Wirklichkeit zu verringern, werden die Informationen über inhaltliche

---

[2] https://en.wikiquote.org/wiki/Andrew_Lang; 1910 Speech, quoted in Alan L. Mackay *The Harvest of a Quiet Eye* (1977), as reported in *Chambers Dictionary of Quotations* (2005), S. 488, letzter Zugriff am 14.11.2020.

Fragen der Partizipationsforschung durch ausführliche Anleitungen zu einem sachgerechten Umgang mit diesen Informationen ergänzt.

Einführende Literatur

Hooghe, M. (2014). Citizenship and Participation. In L. LeDuc, R. G. Niemi, & P. Norris (Hrsg.), *Comparing Democracies 4. Elections and Voting in the 21st Century* (S. 58–77). Thousand Oaks: Sage.

Schlozman, K. L. (2002). Citizen Participation in America: What Do We Know? Why Do We Care? In I. Katznelson & H. V. Milner (Hrsg.), *Political Science: The State of the Discipline* (S. 433–461). New York: Norton.

van Deth, J. W. (2009). Politische Partizipation. In V. Kaina & A. Römmele (Hrsg.), *Politische Soziologie. Ein Studienbuch* (S. 141–161). Wiesbaden: VS Verlag.

2

Politische Partizipation: Begriff, Merkmale, Messung

Bis heute ist umstritten, was unter politischer Beteiligung zu verstehen ist, auf welche konkreten Aktivitäten sich das Konzept bezieht und welche Merkmale die politische Partizipation charakterisieren und von anderen Arten der Beziehung der Menschen zur Politik abgrenzen. Da Beschreibungen und Erklärungen eine klare Vorstellung von der zu untersuchenden Sache voraussetzen, setzen alle empirischen Untersuchungen genaue Definitionen des Untersuchungsgegenstandes voraus. Dies dient der wissenschaftlichen Kommunikation und ermöglicht es, wissenschaftliche Erkenntnisse zu überprüfen. Definitionen sind nicht wahr oder falsch, sondern mehr oder weniger zweckmäßig. Brauchbar sind sie nur dann, wenn sie den zu untersuchenden Sachverhaltes genau von anderen Gegenständen abgrenzen.

Bei vielen wissenschaftlichen Begriffen handelt es sich um *Dispositionsbegriffe*, deren Abbildung in Beobachtungsaussagen mitunter schwer fällt. Die Aussage „Frau X ist aktive Partizipantin" lässt sich nicht empirisch prüfen, bevor man genau festgelegt hat, an welchen Sachverhalten man das Merkmal Partizipation festmachen kann. Auf den ersten Blick scheint dies nicht schwierig zu sein; denn anders als politische *Einstellungen* wie die Zufriedenheit mit der Demokratie kann man *Aktivitäten* wie die Teilnahme an einer Wahl oder an einer Demonstration beobachten. Die empirischen Wissenschaften sind jedoch nur selten an einem einzelnen Ereignis interessiert. Ihr Interesse richtet sich darauf, ganze Klassen von Ereignissen, zu denen die Beteiligung an einer Wahl oder Demonstration gehören, zu beschreiben und ihr Auftreten zu erklären. Aus diesem Grunde gehören die *Definition* und *Operationalisierung* wissenschaftlicher Begriffe in den empirischen Wissenschaften unabdingbar zum Forschungsprozess.

2.1 Das Konzept der politischen Partizipation und seine Entwicklung

Viele der ersten empirischen Studien verzichteten auf eine eindeutige Definition des Begriffs politische Partizipation. Stattdessen beschränkten sie sich darauf, die entsprechenden Aktivitäten aufzulisten. Unter der Sammelbezeichnung politische Partizipation fanden sich Aktivitäten wie die Stimmabgabe bei Wahlen, die Unterstützung von Parteien und Kandidaten in Wahlkämpfen, die Teilnahme an politischen Diskussionen und die Mediennutzung. Theoretisch bleibt ein solches Vorgehen unbefriedigend, wenn klare Kriterien für die Auswahl der bezeichneten Aktivitäten fehlen. Zudem wird eine bloße Aufzählung mit zunehmender Ausdifferenzierung des Partizipationsraumes unpraktikabel (Gabriel et al., 2020, S. 42 ff.).

2 Politische Partizipation: Begriff, Merkmale, Messung

Seit Mitte der 1960er Jahre nahmen die Bemühungen zu, den Begriff politische Partizipation eindeutig zu bestimmen. So bezeichneten Milbrath und Goel (1977, S. 2) als politische Partizipation „those *actions of private citizens* by which they seek to *influence* or to *support government* and *politics*". Nach Burstein (1972, S. 1090 f.) handelt es sich bei politischer Partizipation um „the *use of resources to influence political outcomes.*" Verba und Nie (1972, S. 2) bezogen politische Partizipation auf „those *legal activities* by *private citizens* that are more or less directly *aimed at influencing the selection of government personnel* and/or *the actions they take*". In einer der wenigen zu dieser Zeit in Deutschland veröffentlichten Partizipationsstudien definierte Radtke (1976, S. 16) politische Partizipation als *„geistige und/oder durch Verhalten sichtbare Beschäftigung mit Politik"* (weitere Konzepte finden sich bei Theocharis & van Deth, 2018, S. 44 ff.).

Alle diese Definitionen weisen Mängel auf. Der von Verba und Nie unterbreitete Vorschlag ist zu eng, weil er politische Partizipation auf legale Aktivitäten begrenzt. Dies entsprach bereits im Jahr seiner Veröffentlichung nicht mehr der politischen Wirklichkeit. Alle anderen oben vorgestellten Konzepte sind dagegen zu weit, weil sie auch solche Aktivitäten als Partizipation bezeichnen, die man zweckmäßigerweise unter andere Begriffe subsumieren sollte. Bursteins Verständnis von Partizipation als Nutzung von Ressourcen zum Zweck der Beeinflussung politischer Ergebnisse schließt etwa kriminelle Aktivitäten wie die Bestechung, Entführung oder Ermordung von Politikern ein. Wenn man mit Radtke den Begriff auf jede Form der geistigen oder im Verhalten sichtbaren Beschäftigung mit Politik bezieht, zählen politische Einstellungen wie das politische Interesse und das politische Vertrauen, die Reden und das Abstimmungsverhalten von Politikern im

Parlament oder das Schreiben politischer Artikel durch Journalisten dazu.

Eine heute weithin gebräuchliche Definition stammt von Max Kaase.

> **Definition**
>
> Kaase bezeichnet als politische Partizipation diejenigen *Handlungen,* die *Bürger freiwillig* mit dem *Ziel* vornehmen, *Entscheidungen* auf verschiedenen Ebenen des *politischen Systems* zu *beeinflussen* (Kaase, 1997, S. 160; ähnlich Verba et al., 1995, S. 38).

2.2 Merkmale politischer Partizipation

Diese Begriffsbestimmung enthält eine Reihe von Merkmalen, die politische Partizipation klar von anderen Aspekten des Verhältnisses der Menschen zur Politik abgrenzen und ihre Position im Gesamtgefüge der Beziehungen der Menschen zur Politik bestimmen.

> **Erläuterung**
>
> Demnach zeichnet sich politische Partizipation gegenüber anderen politischen Sachverhalten durch die Kombination der Merkmale *Verhalten, Freiwilligkeit, Politikbezug, Einflussorientierung* und *Nichtberufsmäßigkeit* aus.

- Bei politischer Partizipation handelt es sich um beobachtbares *Verhalten.* Einstellungen wie das politische Interesse oder rechtliche Regeln wie die Bestimmungen über das Wahlrecht fallen nicht unter die Bezeichnung politische Partizipation, können aber mit ihr in Verbindung stehen.
- Politische Partizipation findet in der *Arena der Politik* statt und bezieht sich direkt auf politische Probleme,

2 Politische Partizipation: Begriff, Merkmale, Messung

Akteure oder Institutionen. Dies unterscheidet sie von der sozialen Partizipation, z. B. der Mitgliedschaft in einem Sportverein und der Beteiligung am Chorsingen. Einzelne Formen sozialer Partizipation können politische Ursachen oder Folgen haben, ohne sich jedoch direkt auf das politische Geschehen zu richten.

- Politische Beteiligung erfolgt *freiwillig*. Die Erfüllung staatsbürgerlicher Pflichten wie das Zahlen von Steuern oder das Befolgen von Gesetzen sind keine politische Partizipation.
- Politische Partizipation stellt zweckorientiertes Handeln dar, durch das die Partizipierenden politische Absichten und Ziele zum Ausdruck bringen, nämlich die *Einflussnahme* auf *Entscheidungen* über politische Angelegenheiten. Wenn Spaziergänger zufällig ein Stück weit eine Demonstration begleiten, ohne deren Ziel zu unterstützen, partizipieren sie nicht politisch.
- Politische Partizipation gehört zur *Rolle der Normalbürger* und umfasst keine von gewählten Amtsträgern, Mitarbeitern der Öffentlichen Verwaltung, Berufspolitikern, Lobbyisten oder Journalisten in Ausübung ihres Amtes, Mandats oder Berufs ausgeführten politischen Handlungen. Andererseits handeln auch diese Akteure als Partizipanten, wenn sie bei Wahlen ihre Stimme abgeben, aktiv in einer Partei mitarbeiten oder an einer Demonstration teilnehmen (vgl. auch: Schlozman, 2002, S. 436).

Im Unterschied zu anderen Formen des politischen Verhaltens verfolgen Menschen mit ihrem politischen Engagement das Ziel, Einfluss auf für alle Mitglieder einer politischen Gemeinschaft verbindliche Entscheidungen zu nehmen. Politische Partizipation ist demnach mit der Ausübung politischer Macht verbunden. Sie führt dazu, dass Menschen in einer Weise politisch handeln, wie sie es ohne die Aktionen der Partizipierenden nicht getan hätten. Die Aktivitäten zielen beispielsweise darauf, die Verabschiedung eines Gesetzes oder den Bau einer Umgehungsstraße herbeizuführen oder zu verhindern oder bestimmte Personen in politische Ämter zu bringen oder sie aus diesen zu entfernen. Bei der Regelung dieser Probleme müssen die Bürger nicht selbst die verbindliche Entscheidung treffen. Politische Partizipation liegt auch schon dann vor, wenn sie erfolgreich oder erfolglos versuchen, Einfluss auf Entscheidungen zu nehmen (ausführlich: Theocharis & van Deth, 2018, S. 62 ff.). Obgleich die Folgen dieser Entscheidungen häufig nur einen Teil der Bevölkerung betreffen, zum Beispiel die Empfänger von Renten oder die Verkehrsteilnehmer, sind sie auch für nicht unmittelbar betroffene Personen bindend. So muss die politische Gemeinschaft beispielsweise die von den Entscheidungen verursachten Kosten finanzieren oder andere Projekte können wegen der Durchführung eines Vorhabens nicht realisiert werden. Die durch Partizipation herbeigeführten Entscheidungen haben direkte und indirekte Effekte, die manchmal beabsichtigt und manchmal unbeabsichtigt auftreten.

2.3 Politische Partizipation in den Beziehungen der Menschen zur Politik

In Demokratien spielen die Menschen unterschiedliche politische Rollen, von denen die der Partizipanten nur eine ist. Eine kleine Gruppe beschäftigt sich hauptberuflich, als Berufspolitiker, Lobbyisten, Journalisten oder Wissenschaftler, mit Politik. Nahezu jeder kommuniziert mit Freunden oder Nachbarn über politische Themen und Ereignisse, fast alle zahlen Steuern und Gebühren und nehmen staatliche Leistungen in Anspruch. Das aktive bürgerschaftliche Engagement richtet sich nicht ausschließlich auf die Politik, sondern auch auf andere gesellschaftliche Lebensbereiche wie die Wirtschaft, die Kultur oder das Vereinsleben. Wie Abb. 2.1 zeigt, ermöglichen es die oben genannten Merkmale, politische Partizipation in die Vielfalt sozialer und politischer Rollen einzuordnen.

Von *kommunikativen* Handlungen unterscheidet sich politische Partizipation durch das Ziel, *Einfluss auf politische Entscheidungen* zu nehmen oder direkt an diesen *mitzuwirken*. Als Mittel und Voraussetzung aktiver politischer Beteiligung umfasst politische Kommunikation alle Aktivitäten, die dem Informations- und Meinungsaustausch innerhalb der Bürgerschaft, zwischen den Bürgern und Inhabern politischer oder administrativer Positionen sowie zwischen politischen Entscheidungsträgern dienen. Zur politischen Kommunikation gehören das Lesen des politischen Teils der Zeitung, das Ansehen von Fernsehsendungen mit politischem Inhalt, die Beteiligung an politischen Diskussionen mit Familienmitgliedern, Freunden oder Nachbarn, der Besuch von Informationsveranstaltungen, das Einsehen von Bebauungsplänen oder im Internet veröffentlichte politische Stellungnahmen verschiedener Akteure. Um Partizipation handelt es sich bei diesen Aktivitäten nur dann, wenn sie eine Einflussnahme der Regierten auf Entscheidungen der Regierenden bezwecken. Politische Partizipation ist auf vielfältige Weise mit politischer Kommunikation verbunden, aber nicht identisch mit ihr.

Dies gilt auch für *unterstützende politische Handlungen*, durch die die Bürgerschaft dem politischen System freiwillig oder aufgrund rechtlicher Regelungen Ressourcen wie Geld, Zeit oder Loyalität zur Verfügung stellt. Die Mitglieder der politischen Gemeinschaft zahlen Steuern, leisten ihren Wehr- oder Zivildienst und befolgen Gesetze

	Einstellungen		Verhalten	
	Gesellschaft als Bezugsgröße	*Politik als Bezugsgröße*	*Gesellschaft als Bezugsgröße*	*Politik als Bezugsgröße*
Nicht entscheidungsorientiert	Mentales soziales Engagement (Soziale Zugehörigkeit)	Mentales politisches Engagement (Politisches Interesse, Gefühl politischer Kompetenz, politische Urteilsfähigkeit)	Passive Mitgliedschaft in gesellschaftlichen Organisationen, Spenden, Austausch sozialer Güter	Beschaffung und Weitergabe politischer Informationen, Zahlen von Steuern, Teilnahme an geselligen politischen Veranstaltungen, Bekundung von Loyalität
Entscheidungsorientiert			Aktive Mitarbeit in gesellschaftlichen Organisationen	Politische Partizipation: Aktivitäten mit dem Ziel der Mitwirkung an politischen Entscheidungen bzw. ihrer Beeinflussung (Wählen, Abstimmen, Parteiarbeit, Demonstrieren)

Abb. 2.1 Formen der Beziehungen der Menschen zur Politik. Quelle: eigene Darstellung.

und Verordnungen. Auf diese Weise tragen sie dazu bei, dass die politischen Institutionen und Akteure Macht ausüben und die Staatsaufgaben effektiv erfüllen können. Im Unterschied dazu erfolgt Partizipation freiwillig und mit der Absicht, selbst Macht auszuüben. Ebenso wenig handelt es sich bei der Inanspruchnahme politischer Leistungen, z. B. beim Beziehen einer Rente, bei der Versorgung in einem Krankenhaus oder beim Abgeben einer Online-Steuererklärung um politische Partizipation.

Politische Beteiligung bezeichnet schließlich eine *gelegentliche, häufig auf die Regelung einer einzelnen politischen Frage bezogene Mitwirkung* an Politik. Die Stimmabgabe bei Wahlen oder die Mitarbeit in Wahlkämpfen finden in einem bestimmten zeitlichen Rhythmus statt. Abstimmungen über politische Sachfragen, die Teilnahme an Demonstrationen oder der Kontakt mit politischen Entscheidungsträgern sind an bestimmte Anlässe gebunden. Selbst wenn Menschen zum Zweck der politischen Einflussnahme einer Partei oder einem Verband als Mitglied beitreten, bleibt ihre aktive Mitwirkung sporadisch und ereignisbezogen. Sie findet anlässlich von Versammlungen oder anderen Aktivitäten der betreffenden Organisationen statt. Durch diese Merkmale unterscheidet sich politische Partizipation vom *Handeln in professionellen politischen Rollen*. Dies umfasst alle Aktivitäten, die Personen aufgrund ihrer Wahl in ein öffentliches Amt bzw. Mandat (Bundestag, Bundesverfassungsgericht, Stadtrat) oder ihres Berufes (Geschäftsführer einer Partei, Politikberater, Leiter des Stadtplanungsamtes, Sekretär einer Gewerkschaft) für die politische Gemeinschaft ausführen.

Der Anspruch der Bevölkerung auf die Mitgestaltung ihrer Lebensbedingungen und die daraus resultierenden Aktivitäten sind nicht auf das Handlungsfeld der Politik begrenzt. Insofern verbindet sich mit der Auswahl des *Lebensbereichs,* auf den das bürgerschaftliche Engagement ausgerichtet ist, eine weitere Differenzierung von Aktivitäten: die zwischen politischer und sozialer Partizipation.

> **Definition**
>
> Als *soziale Partizipation* bezeichnet man alle Handlungen, die Bürger *freiwillig* und *unentgeltlich* mit dem Ziel vornehmen, den *sozialen Zusammenhalt* zu *stärken* oder – ohne Inanspruchnahme des Staates – durch eigene Aufwendungen *Kollektivgüter* zu *produzieren* (Gabriel & Völkl, 2005, S. 529 f.).

Zur sozialen Partizipation zählen die Mitgliedschaft und aktive Mitarbeit in gesellschaftlichen Organisationen wie Sportvereinen, Gewerkschaften, karitativen, kulturellen oder kirchlichen Vereinigungen. Aktivitäten können auch als individuelle Hilfeleistungen oder Austausch in und zwischen kleinen, informellen Gruppen erfolgen. Auch die Nutzung sozialer Medien ist nur dann als politische Partizipation zu bezeichnen, wenn sie direkt oder mittelbar der Einflussnahme auf politische Entscheidungsträger dient.

Zu guter Letzt unterscheidet sich politische Partizipation durch das Merkmal der *Aktivität* von *politischen Einstellungen*. Wie die politische Partizipation beziehen sich politische Einstellungen auf die Politik, sie implizieren aber kein sichtbares Verhalten. Das politische Interesse, das politische Vertrauen und die Zufriedenheit mit der Demokratie stellen eine kognitive oder affektive Beziehung zu politischen Institutionen, Prozessen, Akteuren oder politischen Streitfragen her. Sie können politische Aktivitäten auslösen oder aus ihnen resultieren. Unmittelbar im Verhalten sichtbar sind sie im Gegensatz zur politischen Partizipation aber nicht.

Die Grenzen zwischen der politischen Partizipation und anderen Aspekten des Verhältnisses der Menschen zur Politik werden in der Literatur nicht immer trennscharf gezogen. Zwar schien sich in der Politikwissenschaft zeitweise eine Übereinstimmung über die Bedeutung des Begriffs herausgebildet zu haben; mit dem Interesse an kreativer und digitaler Partizipation droht diese Übereinstimmung wieder zu schwinden. In diesen beiden Forschungsfeldern werden nämlich Aktivitäten, die nicht oder allenfalls indirekt mit Partizipation im Sinne der bisherigen Forschung zu tun haben, unter diesen Begriff subsumiert. Dies betrifft beispielsweise das Ausfüllen einer Steuererklärung im Internet, die Nutzung neuer sozialer Medien als virtuelle Stammtische oder die Begrünung privater oder öffentlicher Gebäude. Die damit verbundene Aufweichung des Partizipationsbegriffs bedeutet einen wissenschaftlichen Rückschritt, weil sie die Grenzen zwischen politischer Partizipation und anderen politischen oder sozialen Aktivitäten verschwimmen lässt.

2.4 Politische Partizipation: Die Messung

Wie alle Einstellungs- und Verhaltensstudien steht die empirische Partizipationsforschung vor der Aufgabe, ihren Gegenstand, die als Partizipation bezeichneten individuellen politischen Aktivitäten, möglichst fehlerfrei zu messen (Behnke & Behnke, 2006, S. 51 ff.).

> **Definition**
>
> Als Messen bezeichnet man einen Vorgang, in dem einer Eigenschaft *(Merkmalsausprägung)* eines *Merkmalsträgers* auf einer bestimmten *Merkmalsdimension* nach genau festgelegten Regeln ein Zahlenwert zugeordnet wird (Völkl & Korb, 2018, S. 12).

Als Grundlage einer Messung benötigt man eine exakte *Definition* des interessierenden Begriffs. Diese legt fest, welches Merkmal erhoben werden soll. Die Umsetzung eines theoretischen Begriffs in ein empirisches Messverfahren bezeichnet man als *Operationalisierung*. In diesem Schritt sind die Merkmalsträger (Individuum, Staat), die Indikatoren der Merkmale (Wählen, Demonstrieren), deren Ausprägungen (oft, manchmal, selten) und die für die Messung geeigneten Erhebungs- und Testverfahren (Befragung, Beobachtung, Experiment) festzulegen.

Da die meisten Daten der empirischen Partizipationsforschung durch repräsentative Bevölkerungsbefragungen gewonnen werden, besteht der erste Schritt von Messungen darin, geeignete und mit der Definition schlüssig verbundene Fragen nach der Art der politischen Beteiligung zu stellen. Die zu diesem Zweck entwickelten Frageformate unterscheiden sich zum Teil deutlich voneinander und genügen nicht immer dem Kriterium der Konzepttreue. Im Fall politischer Partizipation müssen theoretisch stimmige Erhebungsfragen die Merkmale „Aktivität, Freiwilligkeit, Politikbezug und beabsichtigte Einflussnahme auf Entscheidungen" abdecken. Darüber hinaus sollten die Fragen eindeutig und konsistent formuliert sein und eine ausgewogene Zahl von Antwortalternativen vorgeben. Abb. 2.2 gibt die im ALLBUS 2018 enthaltene Batterie zur Erfassung politischer Partizipation wieder.

Der Vorspann zur Erhebung der aufgelisteten Aktivitäten enthält einen ausdrücklichen Bezug auf die Merkmale „Politik" und „Einflussnahme". Bei allen handelt es sich um beobachtbares Verhalten, von denen die meisten entsprechend der Formulierung des Einleitungstextes zur Einflussnahme auf Entscheidungen geeignet sind. Zweifel werfen in dieser Hinsicht drei der 15 Items auf (Seine Meinung sagen, sich in Versammlungen an öffentlichen Diskussionen beteiligen, auf

2 Politische Partizipation: Begriff, Merkmale, Messung

> Wenn Sie politisch in einer Sache, die Ihnen wichtig ist, Einfluss nehmen, Ihren Standpunkt zur Geltung bringen wollten:
>
> (Int.: Alle blauen Karten [erneut] mischen und übergeben.) Was davon haben Sie selbst schon gemacht, woran waren Sie schon einmal beteiligt?
>
> Geben Sie mir bitte die entsprechenden Kärtchen.
> *Seine Meinung sagen, im Bekanntenkreis und am Arbeitsplatz*
> *Sich an Wahlen beteiligen*
> *Sich in Versammlungen an öffentlichen Diskussionen beteiligen*
> *Mitarbeit in einer Bürgerinitiative*
> *In einer Partei aktiv mitarbeiten*
> *Teilnahme an einer nicht genehmigten Demonstration*
> *Teilnahme an einer genehmigten Demonstration*
> *Sich aus Protest nicht an Wahlen beteiligen*
> *Aus Protest einmal eine andere Partei wählen als die, der man nahesteht*
> *Beteiligung an einer Unterschriftensammlung*
> *Aus politischen, ethischen oder Umweltgründen Waren boykottieren oder kaufen*
> *Sich an einer Volksabstimmung oder einem Bürgerentscheid beteiligen*
> *Sich an einer Online-Protestaktion beteiligen*
> *Selbst eine Online-Petition starten*
> *Auf Facebook, Twitter oder in anderen sozialen Netzwerken seine Meinung zu politischen Themen äußern.*
>
> Antwortkategorien: nichts davon, keine Angabe, nicht genannt, genannt.

Abb. 2.2 Messung verschiedener Formen politischer Beteiligung. Quelle: ALLBUS 2018 https://www.gesis.org/allbus/inhalte-suche/studienprofile-1980-bis-2018/2018, letzter Zugriff 20.04.2020.

Facebook, Twitter oder in anderen sozialen Netzwerken seine Meinung zu politischen Themen äußern). Bei ihnen geht es nicht notwendigerweise darum, politische Entscheidungsträger zu beeinflussen oder direkt an Entscheidungen mitzuwirken. Dass drei der 15 Items nicht als vollständige Sätze formuliert sind, ist zudem unelegant. Das Fehlen von Angaben über den Zeitraum, in dem die Aktivitäten ausgeführt wurden, macht die Messung ungenau und möglicherweise inkonsistent.

Im nächsten Schritt sind den Antwortvorgaben Zahlenwerte zuzuordnen. In Abhängigkeit vom Skalenniveau der Werte erfolgen diese Zuordnungen willkürlich oder durch Regeln oder Konventionen gesteuert. Im ALLBUS 2018 entsprechen den Antwortkategorien „nichts davon", „keine Angabe", „nicht genannt" und „genannt" die Zahlenwerte -50 (nichts davon), -9 (keine Angabe), 0 (nicht genannt) und 1 (genannt). Dies folgt einer weit verbreiteten Praxis, ist aber beliebig und könnte auch anders gehandhabt werden. Die Vergabe der Werte 1 und 0 an die Merkmale „genannt" und „nicht genannt" erscheint plausibel, auch hier findet man aber andere Praktiken, zum Beispiel die Werte 1 und 2. Da die Fragebatterie der Unterscheidung zwischen Partizipanten und Nicht-Partizipanten dient, sollte die Angabe „nichts davon (−50)" bei der Auswertung der Daten mit der Antwortkategorie „nicht genannt" (0) zusammengefasst werden.

Das Mess- oder Skalenniveau der Daten ist ein wichtiges Kriterium bei der Wahl angemessener Auswertungswertungsverfahren (Völkl & Korb, 2018, S. 7 ff.). *Nominalskalen* bilden *Gleichheits- und Ungleichheitsrelationen* ab. So ist bei der Partizipationsform „Wählen" zwischen Wählern, Nichtwählern und nicht Wahlberechtigten zu unterscheiden.

Über die Feststellung von Ungleichheitsrelationen hinaus erlauben es *Ordinalskalen,* die gemessenen Eigenschaften in eine *Rangfolge* zu bringen. Bei der Messung vieler Formen politischer Partizipation unterscheidet man nach der Häufigkeit, mit der sie ausgeführt werden und erhebt beispielsweise die Merkmalsausprägungen „oft", „manchmal", „selten" und „nie". Sie bilden eine Rangfolge der Häufigkeit ab, was bei der Zuweisung der Variablenwerte durch auf- oder absteigende Zahlenwerte zum Ausdruck gebracht wird. Dabei erleichtert es die Interpretation der Ergebnisse, wenn dem Merkmal „oft" ein höherer Zahlenwert zugeordnet wird als dem Merkmal „manchmal" usw. Der genaue zahlenmäßige Abstand zwischen den Merkmalsausprägungen ist nicht definiert. Viele in der politikwissenschaftlichen Einstellungs- und Verhaltensforschung erhobene Merkmale werden auf ordinalem Niveau gemessen, oft aber wie metrisch skalierte Werte behandelt.

Bei *metrischen Skalen (Intervallskalen und Ratioskalen)* sind zusätzlich zu den bisherigen Merkmalen die zahlenmäßigen *Abstände zwischen den Merkmalsausprägungen* definiert. Im Unterschied zu Intervallskalen weisen Ratioskalen neben gleichen Abständen einen natürlichen Nullpunkt auf. Die Messung der Mediennutzung erfolgt vielfach auf der Basis von Ratioskalen. Sie erfassen die Zahl der Wochentage, an denen man Zeitung liest oder fernsieht. Auch einige Partizipationsstudien messen das politische Engagement auf dem Niveau von Ratioskalen, indem sie die Zahl der Aktivitäten oder die dafür aufgewandte Zeit messen.

Neben der Art der Relation zwischen den Merkmalen spielt für die Auswahl statistischer Analyseverfahren die Zahl der Merkmalsausprägungen eine Rolle. Variablen mit zwei Merkmalsausprägungen (gemacht, nicht gemacht oder weiblich, männlich) bezeichnet man als dichotom oder binär. Beim Vorliegen von mehr als zwei Merkmalsausprägungen wie dem Bildungsniveau oder der Parteipräferenz, spricht man von polytomen Variablen.

Da es sich bei der politischen Partizipation um eine komplexe Größe handelt, bildet die Messung eines einzigen Merkmals wie der Wahlbeteiligung die Partizipationswirklichkeit nicht angemessen ab. Im Interesse einer gültigen Messung ist es erforderlich, eine größere Zahl von Partizipations*indikatoren* einzusetzen, deren Ausprägungen zu erheben und die Indikatoren zu *Indizes* oder *Skalen* zusammenzufassen (Völkl & Korb, 2018, S. 23 ff.). Während manche Publikationen die Begriffe Skala und Index austauschbar verwenden, handelt es sich bei Skalen genau genommen um mathematisch begründete Zusammenfassungen mehrerer Variablen.

In Abb. 2.3 werden die Indikatoren Wählen, Mitarbeit in einer Partei, Überzeugen von Politikern von den eigenen Zielen und Teilnahme an Demonstrationen zu einem Partizipationsindex zusammengefasst. Bei der Festlegung der Merkmalsausprägungen besteht die einfachste

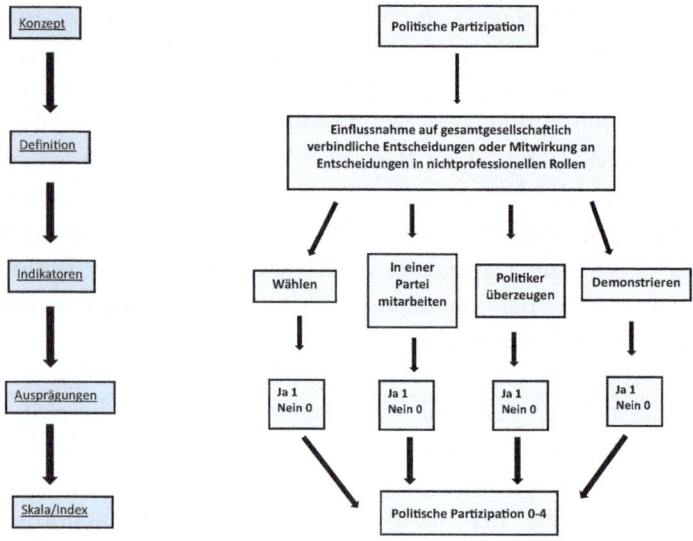

Abb. 2.3 Vorgehen bei der Messung politischer Partizipation. Quelle: eigene Darstellung.

Lösung darin, zwischen Aktivität (habe mich beteiligt) und Nicht-Aktivität (habe mich nicht beteiligt) zu unterscheiden. Wie oben beschrieben wurde, kann man den Befragten auch differenziertere Antwortalternativen vorgeben (oft, manchmal, selten, nie). Im nächsten Schritt ordnet man den Ausprägungen sämtlicher Merkmale Zahlenwerte zu, im vorliegenden Fall die Zahlenwerte 0 (nicht gemacht) und 1 (gemacht). Durch die Auszählung (Zählindex) oder Addition der Zahlenwerte (Summenindex) der vier Einzelindikatoren gelangt man zu einem Indexwert der Variablen „Zahl ausgeführter Aktivitäten". Dieser Zählindex erstreckt sich über den Wertebereich 0 (keine Aktivität) bis 4 (alle vier Aktivitäten). Er weist ein metrisches Niveau auf, das es beim Vorliegen weiterer Voraussetzungen erlaubt, komplexe statistische Verfahren der Datenauswertung einzusetzen.

2 Politische Partizipation: Begriff, Merkmale, Messung

Die frühen Partizipationsstudien fassten mehrere Einzelindikatoren auf der Grundlage von Plausibilitätsüberlegungen zu Indizes zusammen. Heute ist es dagegen üblich, diesen Schritt theoretisch zu begründen und durch standardisierte statistische Testverfahren (Itemanalysen, Faktorenanalysen, multidimensionale Skalierung) zu erhärten.

Die gültige und verlässliche Messung der interessierenden Sachverhalte stellt eine der größten Herausforderungen der empirischen Sozialwissenschaften dar. Sie wird durch Skalierungstechniken zwar auf eine solidere Grundlage gestellt als durch bloße Plausibilitätsannahmen, damit werden aber keineswegs alle mit der Messung verbundenen Probleme gelöst. Bereits die Entscheidung für ein bestimmtes Konzept beeinflusst die substanziellen Erkenntnisse der Forschung, auch der Partizipationsforschung. Die Verwendung eines weiten Partizipationsbegriffs führt zu anderen Ergebnissen über Art und Ausmaß des politischen Engagements als ein eng gefasster Partizipationsbegriff, der beispielsweise nicht-legale Aktivitäten ausschließt.

Die Definition politischer Partizipation leitet die Auswahl der Indikatoren. Auf den ersten Blick scheint dies nicht schwierig zu sein. Ein Problem besteht aber darin, dass die Beteiligung an Aktivitäten fast nie direkt beobachtet, sondern durch Selbstauskünfte der Befragten erhoben wird. Diese stützen sich entweder auf ein in der Vergangenheit liegendes Verhalten oder auf eine Verhaltensabsicht. Beides darf nicht mit tatsächlicher Partizipation gleichgesetzt werden. Die Aussagen der Befragten über ihr Verhalten sind oft durch soziale Erwünschtheitseffekte, Erinnerungsfehler oder Diskrepanzen zwischen dem beabsichtigten und dem tatsächlichen Verhalten verzerrt. Aussagen über zeitlich lange zurückliegendes Verhalten sind für diese Probleme besonders anfällig.

So ermittelte die German-Longitudinal-Election-Study (GLES) In der Nachwahlbefragung durch eine Rückerinnerungsfrage eine Beteiligung von 83,1 Prozent an der Bundestagswahl 2017.[1] Dieser Wert lag um knapp sieben Prozentpunkte über dem von der amtlichen Wahlstatistik veröffentlichten Wert von 76,2 Prozent. Ebenso bekannt ist die Tatsache, dass sich Verhaltensabsichten und reales Verhalten nicht miteinander decken müssen. Gegenüber der tatsächlichen Wahlbeteiligung gaben in der Vorwahlstudie 2017 73,2 Prozent der Befragten an, sich bestimmt an der Bundestagswahl beteiligen zu wollen, 3,9 Prozent erklärten, ihre Stimme bereits per Briefwahl abgegeben zu haben. Die Summe dieser beiden Werte stellt eine gute Annäherung an die tatsächliche Beteiligungsquote dar, dies trifft aber nicht auf alle bisherigen Wahlstudien zu. Da die meisten durch Umfragen ermittelten Beteiligungsformen nicht durch Daten der amtlichen Statistik kontrolliert werden können, ist es kaum möglich, das Ausmaß systematischer Verzerrungen von Angaben zu bestimmen.

Zudem dürften nicht alle den Forschern bekannte Formen politischer Partizipation auch den befragten Personen geläufig sein. Nicht jede dürfte klare Vorstellungen davon haben, was ein Boykott oder Kauf von Produkten aus ethischen Gründen oder die Beteiligung an einer Planungszelle oder einer Zukunftskonferenz bedeuten. Unklarheiten dieser Art führen im günstigen Fall zu einer Nichtbeantwortung von Fragen, im ungünstigen Fall zu fehlerhaften Angaben. Insbesondere Fragen nach neuen, bisher wenig praktizierten Formen der Beteiligung können derartige Probleme auslösen.

---

[1] https://dx.doi.org/10.4232/1.13235, letzter Zugriff, 27. 04. 2020.

2 Politische Partizipation: Begriff, Merkmale, Messung

Eine weitverbreitete Schwäche bei der Messung politischer Partizipation betrifft die Abgrenzung dieser speziellen Form politischen Verhaltens von anderen politisch relevanten Verhaltensweisen. Schon Milbrath (1965) hatte einzelne Formen politischer Kommunikation – wie die Lektüre des politischen Teils der Zeitung – als Partizipation bezeichnet und den Zuschaueraktivitäten zugerechnet (ähnlich: Marsh & Kaase, 1979a). Auch neuere empirische Studien behandeln kommunikative Handlungen als Partizipation. Eine offene Flanke bildet zudem der Politikbezug mancher in Partizipationsskalen enthaltener Aktivitäten. Wilde Streiks, Mietstreiks oder Boykotte (Marsh & Kaase, 1979a) können sich ebenso gegen private Akteure wie gegen politische Entscheidungsträger richten. Schließlich fehlt in Fragen nach politischen Aktivitäten oft eine klare Festlegung des Zeitraumes, in dem sie erfolgten. Die ermittelte Häufigkeit von Aktivitäten dürfte davon abhängen, ob man wie der European Social Survey, nach den Aktivitäten im letzten Jahr fragt, einen längeren Zeitraum anvisiert oder wie der ALLBUS 2018 keinen Zeithorizont vorgibt.

In den nächsten Schritten der Messung, bei der Zuordnung von Zahlen zu Merkmalsausprägungen und bei der Verknüpfung der Werte der Indikatoren zum Indexwert kann man sich nicht uneingeschränkt auf bewährte und unbestreitbare messtheoretische Annahmen stützen. Dieser Schritt folgt vielfach angreifbaren Plausibilitätsüberlegungen. Deshalb kann man nicht ohne Weiteres unterstellen, dass identische Skalenwerte identisches Verhalten abbilden.

Kognitive Tests von Erhebungsfragen oder Skalierungsverfahren können einige der besprochenen Probleme zwar abmildern, aber nicht vollständig beseitigen. Aus diesem Grunde weisen vermutlich fast alle empirischen

Messungen politischer Partizipation systematische Fehler auf, deren Größe und Richtung nur schwer abschätzbar sind.

2.5 Zusammenfassung

In Wissenschaft und Politik ist politische Partizipation ein umstrittener Sachverhalt. Am Beginn der empirischen Forschung standen enge, auf Wahlen sowie partei- und wahlbezogene Aktivitäten ausgerichtete Definitionen. In den 1970er Jahren setzte sich zunehmend die Sicht politischer Beteiligung als Aktivität von Privatpersonen durch, deren Ziel in der Einflussnahme auf politische Entscheidungen bestehe. Durch die Merkmale der Aktivität, Intentionalität, Einflussorientierung, Nichtberuflichkeit und ihren Politikbezug unterscheidet sich politische Partizipation von anderen Aktivitäten, zum Beispiel von politischer Kommunikation, von Handlungen mit dem Zweck der politischen Unterstützung, vom Handeln in professionellen Entscheidungsrollen, von der sozialen Partizipation und – nicht zuletzt – von politischen Einstellungen. Nur eine Unterscheidung zwischen diesen verschiedenartigen Erscheinungsformen des Verhältnisses der Menschen zur Politik erlaubt eine klare Positionierung der politischen Partizipation in der Rollenstruktur des politischen Systems.

Als theoretischer Begriff muss politische Partizipation in empirisch beobachtbare Größen umgesetzt werden. Das macht die Angabe von Indikatoren und Messverfahren notwendig, durch deren Einsatz sich Art und Ausmaß politischer Partizipation empirisch feststellen lassen. Da es sich bei der politischen Partizipation um eine komplexe Größe handelt, reicht ein einzelner Indikator nicht aus, um das Konstrukt valide zu messen. Die bei der Messung unterschiedlicher Partizipationsformen (Wählen, in einer Partei mitarbeiten, demonstrieren) ermittelten Werte von Einzelfragen (Items) werden nach methodischen Regeln zu Indizes zusammengefasst. Gute Forschung versucht, die Verlässlichkeit und Gültigkeit der Messungen durch empirische Tests zu untermauern.

Vertiefende Literatur

Theocharis, Y., & van Deth, J. W. (2018). *Political participation in a changing world. Conceptual and empirical challenges in the study of citizen engagement* (S. 62–112). Milton Park: Routledge.

3

Daten der empirischen Partizipationsforschung

Durch Messungen produzierte Informationen über die Merkmale von Erhebungseinheiten (Individuen, Gesellschaften) bezeichnet man als *Daten*. Sie bilden die Grundlage der von der empirischen Forschung formulierten Aussagen über die politische Wirklichkeit. Sozialwissenschaftliche Daten unterscheiden sich in vielerlei Hinsicht voneinander. Die Unterschiede betreffen die *Einheiten,* an denen sie erhoben wurden (Erhebungseinheiten) und über die Aussagen gemacht werden (Aussageeinheiten), ihren *zeitlichen Bezug* und ihren *Verwendungszweck.* Für empirische Untersuchungen politischer Partizipation stehen zahlreiche Datenquellen unterschiedlicher Art und Qualität zur Verfügung. Wichtige Daten liefern die amtliche Statistik und Statistiken nichtstaatlicher Institutionen wie Parteien, Verbände und Massenmedien. Am häufigsten nutzt die empirische Partizipationsforschung Daten, die von der wissenschaftlichen Forschung eigens für die Grundlagenforschung generiert wurden. Diese werden durch *standardisierte Verfahren* wie Umfragen, Beobachtungen, Experimente und Dokumentenanalysen gewonnen (ausführlich: Rattinger, 2009, S. 11 ff.).

3.1 Primär- und Sekundärdatenanalysen

Daten lassen sich zunächst danach unterscheiden, ob sie von Forschern für eine bestimmte wissenschaftliche Studie erhoben und ausgewertet oder ihnen von anderen Forschern (Primärforschern) oder Einrichtungen zur Verfügung gestellt wurden.

> **Definition**
> Daten, die Forscher eigens zur Beantwortung ihrer Forschungsfrage erheben, bezeichnen wir als *Primärdaten*.

Primärdaten sind darauf zugeschnitten, eine genau eingegrenzte Forschungsfrage möglichst umfassend und detailliert zu beantworten. Ihre Erhebung dient dem Zweck, alle für die Beantwortung der Forschungsfrage erforderlichen Daten zu beschaffen. Im Fall der politischen Partizipation betrifft dies sowohl Daten über die Form politischer Beteiligung als auch über die für deren Erklärung bedeutsamen Faktoren. Da die amtliche Statistik nur über die Wahlbeteiligung regelmäßig und systematisch Daten erhebt, sind Aussagen über andere Formen politischer Partizipation nicht ohne Primärerhebungen möglich.

Die erste große Partizipationsstudie von Verba und Nie (1972) basierte auf einer Primärerhebung, in der eine repräsentative Stichprobe der US-amerikanischen Bevölkerung mittels einer standardisierten Befragung

3 Daten der empirischen Partizipationsforschung

untersucht wurde. Im Political Action-Projekt (Barnes et al., 1979) wurden mit einem identischen Fragebogen nahezu zeitgleich repräsentative Bevölkerungsbefragungen in acht westlichen Demokratien durchgeführt und sechs Jahre später in drei Ländern wiederholt, unter anderem in Deutschland.

Aufgrund der optimalen Entsprechung von Forschungsfrage und erhobenen Daten bilden Primärdaten die bevorzugte Grundlage empirischer Studien. Ihre Durchführung ist jedoch mit hohen Kosten verbunden. Deshalb greifen Forscher für ihre Untersuchungen vielfach auf Sekundärdaten zurück.

> **Definition**
>
> Als *Sekundärdatenanalysen* bezeichnet man die Auswertung bereits vorhandener Daten, die nicht speziell für die Zwecke der Untersuchung erhoben wurden, für die sie genutzt werden.

Die Analyse von Sekundärdaten ist in der empirischen Forschung weit verbreitet und im Interesse einer systematischen Ausweitung wissenschaftlicher Erkenntnisse sinnvoll. Studien dieser Art sind möglich, weil Sozialwissenschaftler die von ihnen erhobenen, aber nur selten vollständig ausgewerteten Primärdaten der wissenschaftlichen Community für weitere Forschungen zur Verfügung stellen. Dies erfolgt über die in zahlreichen Ländern existierenden sozialwissenschaftlichen Datenarchive, die eine Schnittstelle zwischen Primär- und Sekundärforschern bilden. Sie leisten wertvolle Vorarbeiten für Sekundäranalysen, indem sie Primärdaten sammeln, aufbereiten, archivieren und verbreiten. In Deutschland erfüllt GESIS diese Aufgabe.

Studien auf der Grundlage von Sekundärdaten verfolgen den Zweck, die Daten unter Fragestellungen auszuwerten, die nicht im Zentrum des Interesses der Primärforscher standen. So nutzten Nie et al. (1969a, b) die von Almond und Verba (1963/1989) erhobenen Daten für eine vergleichende Analyse politischer Partizipation. Neben solchen Einzelstudien haben sich in den letzten Jahrzehnten zahlreiche nationale und international vergleichende Mehr-Themen-Umfragen etabliert, die ebenfalls über Datenarchive zugänglich sind und als Grundlage von Partizipationsstudien dienen. Auch dieses Buch enthält Sekundäranalysen von Mehrthemenumfragen.

3.2 Aggregat- und Individualdaten

Wie die Politikwissenschaft im Allgemeinen beschäftigt sich die Partizipationsforschung mit den *Eigenschaften politischer Systeme* (Makroanalyse) und mit den *Charakteristika von Individuen* als politischen Akteuren (Mikroanalyse).

> **Definition**
>
> *Aggregatdaten* informieren über die Verteilung *demografischer und politischer Merkmale in politischen Einheiten* wie Staaten, Regionen, Gemeinden, politischen Parteien oder Verbänden.

Für die Partizipationsforschung relevante Aggregatdaten sind institutionelle Faktoren wie das Wahlrecht, die für Volksabstimmungen maßgeblichen gesetzlichen Regelungen oder ökonomische Parameter wie die Inflationsrate oder das Wirtschaftswachstum (vgl. auch Asher et al., 1984, S. 57 ff.). Eine wichtige Rolle spielen in der empirischen Verhaltensforschung auch auf der Systemebene aggregierte Individualmerkmale wie die

3 Daten der empirischen Partizipationsforschung

Höhe der Wahlbeteiligung, der Anteil sozialversicherungspflichtig Beschäftigter oder von Personen mit bestimmten Schulabschlüssen. Aggregatdaten werden numerisch in Prozentanteilen, Maßen der zentralen Tendenz (Modus, Mittelwert, Median) oder – seltener – Streuungsmaßen (Standardabweichung, Varianz) ausgedrückt (weitere Informationen bei Völkl & Korb, 2018, S. 55 ff.). Aussageeinheiten sind immer Kollektive, als Erhebungseinheiten fungieren Kollektive oder Individuen. Aggregierte Individualdaten können bestimmten Individuen nicht zugeordnet werden.

Durch geeignete statistische Verfahren (Korrelations- und Regressionsanalysen) lassen sich auf der Aggregatebene Zusammenhänge zwischen den Merkmalen bestimmter politischer Einheiten berechnen (Völkl & Korb, 2018, S. 129 ff.), z. B. zwischen dem Anteil der Arbeitslosen und der Höhe der Wahlbeteiligung in kreisfreien Städten Deutschlands. Die Ergebnisse von Aggregatdatenanalysen lassen keine Aussagen über Zusammenhänge zwischen Individualeigenschaften zu. Wenn die Wahlbeteiligung in kreisfreien Städten mit einem hohen Anteil Arbeitsloser niedriger ausfällt als in solchen mit einem niedrigen Arbeitslosenanteil (Makroebene), darf daraus nicht gefolgert werden, dass ein bestimmter Arbeitsloser sich nicht an Wahlen beteiligt (Mikroebene). Eine solche Übertragung von der Makro- auf die Mikroebene bezeichnet man als ökologischen Fehlschluss (Rattinger, 2009, S. 33 ff.).

Die ersten empirischen Partizipationsstudien waren Makroanalysen auf der Grundlage von Aggregatdaten. An diese Tradition knüpfen vor allem empirische Studien der Wahlbeteiligung an (z. B. Steinbrecher et al., 2007, S. 49 ff.). Abgesehen von vielen Studien über direktdemokratische Beteiligungsverfahren werden *Ereignisdaten* wie die Zahl von Demonstrationen und wilden Streiks oder die Teilnehmerzahlen an diesen Aktivitäten relativ selten systematisch erhoben, gesammelt und aufbereitet.

Die Erhebung, das Sammeln, die Aufbereitung, Speicherung und Verteilung zahlreicher Aggregatdaten erfolgt durch statistische Ämter und ist nicht primär auf wissenschaftliche Zwecke ausgerichtet. Die Daten dienen als Grundlage staatlicher Planungen und Entscheidungen und werden der Wissenschaft über Datenbanken zur Verfügung gestellt. Die am häufigsten genutzte Aggregatdatenquelle der empirischen Partizipationsforschung ist die *amtliche Wahlstatistik*. Sie informiert über die Höhe der Wahlbeteiligung und die Verteilung der Wählerstimmen auf die Parteien und Wählergruppen im Bund, in den Bundesländern, Wahlkreisen, Kreisen, Gemeinden und Stimmbezirken. Zudem liefert sie eine begrenzte Zahl soziodemografischer Daten. Auch die Mitgliederzahlen der Parteien und die Anwendung direktdemokratischer Verfahren sind auf der Aggregatebene gut dokumentiert.

Aggregatdaten haben den großen Vorzug einer weitgehend fehlerfreien Messung der interessierenden Eigenschaften. Im Unterschied zu Umfragen über die Wahlbeteiligung informieren die Daten der amtlichen Wahlstatistik über tatsächliches Verhalten statt über Aussagen von Individuen über ihr Verhalten. Sie dokumentieren das Verhalten der gesamten interessierenden Population (Grundgesamtheit) und nicht das einer Bevölkerungsstichprobe. Die amtliche Statistik gibt aber nur Auskunft über einen kleinen Ausschnitt des reichhaltigen Spektrums bürgerschaftlicher Aktivitäten und erhebt keine Daten über Verhaltensmotive. Aus diesem Grunde eignen sich ihre Daten nur bedingt für Analysen der Bestimmungsfaktoren politischer Partizipation. Wenn man sich dieser Grenzen bewusst ist, können Aggregatdaten wichtige Informationen über politische Zusammenhänge geben, beispielsweise über die

3 Daten der empirischen Partizipationsforschung

Beziehung zwischen der Höhe der Wahlbeteiligung und dem durchschnittlichen Bildungsniveau der Bevölkerung in Nationen oder Wahlkreisen (Norris, 2002, S. 83 ff.; Steinbrecher et al., 2007, S. 149 ff.).

Infolge der Institutionalisierung einer professionellen Umfrageforschung haben sich seit dem Ende des Zweiten Weltkrieges durch repräsentative Bevölkerungsbefragungen gewonnene *Individualdaten* zur Basis der meisten Partizipationsstudien entwickelt (Asher et al., 1984, S. 16 ff.; Rattinger, 2009, S. 30 ff.; Steinbrecher et al., 2007, S. 37 ff.). Neben Umfragen greift die Partizipationsforschung in den letzten Jahren zunehmend auch auf experimentelle Daten zurück, insbesondere in Untersuchungen dialogorientierter Beteiligungsformen (Landwehr, 2020, S. 428 ff.).

> **Definition**
>
> *Individualdaten* charakterisieren die *Eigenschaften einzelner Personen,* insbesondere ihre gesellschaftliche Position, ihre Einstellungen und ihr Verhalten.

In Mikroanalysen fallen Erhebungs- und Aussageeinheiten zusammen. Die durch Umfragen oder Experimente erhobenen Individualdaten liefern Informationen über die für Datenanalysen benötigten abhängigen und unabhängigen Variablen. Als abhängige Variablen fungieren Angaben über alle möglichen Formen politischer Partizipation, von der Wahlbeteiligung bis hin zur digitalen Kontaktaufnahme zu Politikern, Parteien oder Behörden. Als Bestimmungsfaktoren politischer Partizipation erheben Forscher Merkmale wie die gesellschaftliche Position von Individuen (Bildung, Einkommen, Berufstätigkeit), die Häufigkeit politischer Gespräche mit Familienmitgliedern, Nachbarn, Freunden oder Arbeitskollegen, den Grad des politischen Interesses und die Stärke des Gefühls politischer Kompetenz. Sie werden in anonymisierter Form ermittelt, sind aber in Datenmatrizen einer Fallnummer zugeordnet, die Analysen von Zusammenhängen zwischen verschiedenen Individualmerkmalen erlaubt.

Die Auswertung von Individualdaten zielt nicht auf die Beschreibung von Merkmalen einzelner Personen, sondern auf die *Verteilung von Merkmalen* in einer Stichprobe. Darüber hinaus untersuchen die Forscher Zusammenhänge zwischen interessierenden Individualmerkmalen wie zwischen dem Schulabschluss und der Beteiligung an Protestdemonstrationen. Aufgrund des Erkenntnisinteresses der Forscher sind die häufig thematisierten Probleme des Datenschutzes bei Individualdatenanalysen in der Praxis meist gegenstandslos. Wie bei Aggregatdaten werden die Verteilungen der Merkmale in den Gruppen durch statistische Maßzahlen erfasst *(deskriptive Statistik)*. Da Individualdaten an kleinen Stichproben aus großen Grundgesamtheiten erhoben werden, schätzen Verfahren der *schließenden Statistik* (Inferenzstatistik) zudem, mit welcher Wahrscheinlichkeit und Fehlerspanne man von den Merkmalen der Stichprobe auf die eigentlich interessierenden Eigenschaften der Grundgesamtheit schließen kann (Urban & Mayerl, 2018, S. 121ff).

3.3 Querschnitt- und Längsschnittdaten

Mit der Erhebung und Auswertung von Daten verfolgt die empirische Partizipationsforschung das Ziel, das Auftreten verschiedener Formen politischer Beteiligung und ihren Wandel zu beschreiben, zu klassifizieren und zu erklären. Einige Partizipationsstudien informieren über die in einem kurzen Zeitabschnitt beobachtete Verbreitung und Bestimmungsfaktoren politischer Beteiligung. Andere Studien sind als Untersuchungen von Wandlungsprozessen angelegt und haben eine längerfristige Beobachtungsperspektive. Für die Analyse von *Zuständen* benötigt die Forschung *Querschnittdaten,* für die Analyse von *Prozessen* sind *Längsschnittdaten* erforderlich.

> **Definition**
>
> *Querschnittdaten* werden in politischen Einheiten in einem eng begrenzten Zeitraum durch eine *einmalige Erhebung* gewonnen.

Sie bilden den in der empirischen Partizipationsforschung am weitesten verbreiteten Datentyp. Einige Studien untersuchen die politische Beteiligung in einer Nation (Verba & Nie, 1972; Verba et al., 1995; Parry et al., 1992). Andere vergleichen mehrere Nationen (Verba et al., 1978; Barnes et al., 1979; Norris, 2002; van Deth et al., 2007) oder Gemeinden miteinander (van Deth & Tausendpfund, 2013).

Die Analyse von Querschnittdaten liefert *Momentaufnahmen* der Art, des Ausmaßes und der Bestimmungsfaktoren sowie Folgen politischer Partizipation in der untersuchten Einheit. Auf ihrer Grundlage kann man die Feststellung treffen: „In Deutschland haben sich im Jahr 2018 nach eigenen Angaben 59 Prozent der Bundesbürger schon einmal an einer Unterschriftenaktion beteiligt". Sofern nicht vergleichbare Daten aus anderen politischen Einheiten oder über weitere Erhebungszeitpunkte zur Verfügung stehen, bleibt der Informationsgehalt derartiger Aussagen begrenzt.

Im Unterschied zu Querschnittdaten erlauben Analysen von Längsschnittdaten Aussagen über individuelle oder kollektive Veränderungen.

> **Definition**
>
> Mehrere *aufeinanderfolgende Querschnittstudien mit identischen Erhebungsfragen,* aber unter Verwendung verschiedener Bevölkerungsstichproben, bezeichnet man als *Trenddaten.*

Trenddaten beschreiben kurz-, mittel- oder langfristige Entwicklungen des kollektiven Verhaltens in den untersuchten Einheiten. Sie bilden die Basis für die Einordnung der zu einem bestimmten Zeitpunkt erhobenen Befunde in Entwicklungsverläufe (vgl. z. B. Gabriel & Völkl, 2005; Steinbrecher, 2009; Steinbrecher et al., 2007). Über die Entwicklung der Wahlbeteiligung liegen für viele demokratische Staaten bis ins 19. Jahrhundert zurückreichende Daten der amtlichen Statistik vor (Kohl, 1983). Andere Beteiligungsformen sind für erheblich kürzere Zeiträume durch Daten dokumentiert (vgl. Tab. 5.1 und 5.2 in diesem Band).

Direkt auf die Erfassung kurz- und langfristiger individueller Wandlungsprozesse sind *Panelstudien* angelegt.

> **Definition**
>
> Im Gegensatz zu Trenddaten enthalten *Paneldaten* Informationen über *dieselben Merkmale* bei einer *identischen Stichprobe von Personen.* Sie werden unter Einsatz *desselben Erhebungsinstruments* in einem bestimmten Zeitraum mindestens einmal *erneut* erhoben.

Hierbei handelt es sich um aufwendige und kostenintensive, in der Partizipationsforschung bisher selten durchgeführte Untersuchungen. Mit Daten eines Zwei-

Wellen-Kurzzeitpanels untersuchten Gabriel, Schoen und Faden-Kuhne (2014), wie sich im Umfeld der Volksabstimmung über Stuttgart 21 im Herbst 2011 individuelle Einstellungen und Verhaltensweisen veränderten. Kaase (1990) nutzte Daten eines über sechs Jahre (1974–1980) angelegten Zwei-Wellen-Langzeitpanels für eine Analyse des Wandels der politischen Beteiligung in den Vereinigten Staaten, Deutschland und den Niederlanden.

Anders als Trendanalysen erlauben Paneldatenanalysen Aussagen über Veränderungen *individueller* Merkmale. Dies gibt den Aussagen eine größere Informationstiefe als solchen, die sich lediglich auf Trenddaten stützen. Aus der Analyse von Trenddaten lässt sich zum Beispiel ableiten, dass die Beteiligung an Unterschriftensammlungen Deutschland zwischen 1998 und 2018 um 23 Prozentpunkte gestiegen ist (Tab. 5.2). Panelanalysen liefern darüber hinaus Informationen über die Befragten, deren politische Aktivität zwischen dem Zeitpunkt t und dem Zeitpunkt t_{+1} gleich blieb bzw. zu- oder abnahm. Trendanalysen erfassen Nettoveränderungen, Panelanalysen dagegen neben der Stabilität individueller Einstellungen und Verhaltensweisen das gesamte Ausmaß und die Intensität von Bruttoveränderungen. Da sich Wanderungen aus dem Lager der Inaktiven in das der Aktiven und in die entgegengesetzte Richtung meist bis zu einem gewissen Grade ausgleichen, unterschätzt die Angabe von Nettowerten das Ausmaß von Veränderungen. Dagegen können Messfehler dazu führen, dass die durch Paneldaten abgebildeten Bruttoveränderungen das Ausmaß der tatsächlichen Wandlungsprozesse überschätzen.

Der seltene Einsatz von Panelstudien in der Partizipationsforschung resultiert nicht allein aus dem hohen Aufwand, den ihre Planung und Durchführung verursacht. Ein ebenso großes Problem stellt die

Panelmortalität dar. Damit bezeichnet man den zwischen zwei Erhebungszeitpunkten auftretenden Ausfall ursprünglich in der Stichprobe enthaltener Personen. Insbesondere bei Langzeitpanels nehmen diese Ausfälle ein beachtliches Ausmaß an. Im Jahr 1994 betrug der Stichprobenumfang eines Drei-Wellen-Langzeitpanels 4114 Befragte. Von diesen beteiligten sich an der dritten Welle (2002) nur noch 1423 Personen, was einem Ausfall von 65 Prozent entspricht. Diese Ausfälle sind nicht zufällig verteilt, sie traten im vorliegenden Fall beispielsweise in Westdeutschland häufiger auf als in Ostdeutschland. Da vor allem politisch wenig interessierte Personen und Befragte mit niedrigen Bildungsabschlüssen dazu tendieren, sich nicht wiederholt an Befragungen zu beteiligen, stellen die Daten der zweiten und folgenden Panelwellen keine Zufallsstichproben dar. Dies schränkt die Möglichkeiten statistischer Datenanalysen ebenso ein wie die Aussagekraft der Ergebnisse (Stadtmüller, 2009).

3.4 Vollerhebungen und Stichproben

Befragungen oder Beobachtungen aller in großen politischen Einheiten (Nationen, Regionen, große Gemeinden) lebender Individuen *(Vollerhebungen)*, über die man Aussagen machen möchte, sind weder realisierbar noch erforderlich. Das in der empirischen Politikforschung übliche Verfahren besteht darin, *Zufallsstichproben* aus Grundgesamtheiten zu ziehen. Die *schließende Statistik* stellt die Regeln bereit, die es erlauben, Schlüsse aus der Analyse von Stichprobenwerten auf die „wahren Werte" der Grundgesamtheit zu ziehen (Behnke & Behnke, 2006, S. 279 ff.).

3 Daten der empirischen Partizipationsforschung

> **Definition**
>
> Die Erhebung von *Daten über alle Elemente einer Grundgesamtheit* (z. B. Einwohner eines Landes, Wahlberechtigte) bezeichnet man als *Vollerhebung*.

In der Forschungspraxis erfolgt die Datenerhebung an Stichproben von wenigen Tausend Personen. Die großen repräsentativen Bevölkerungsbefragungen der akademischen Umfrageforschung wie die GLES, der European Social Survey (ESS) oder der Allgemeinen Bevölkerungsumfrage der Sozialwissenschaften (ALLBUS) arbeiten mit Stichprobenumfängen zwischen 2000 und 3000 Personen. Um auf dieser Grundlage (Erhebungseinheit) Aussagen über die interessierende Grundgesamtheit (Aussageeinheit) machen zu können, müssen aus der Grundgesamtheit *Wahrscheinlichkeitsstichproben* gezogen werden. Daneben existieren in der akademischen Forschung wenig gebräuchliche bewusste Auswahlverfahren *(Quotenstichproben, systematische Stichproben)*, die daher hier nicht behandelt werden.

> **Definition**
>
> Von einer *Zufallsstichprobe* spricht man dann, wenn *jedes Element der Grundgesamtheit eine berechenbare* – nicht unbedingt dieselbe – *Chance erhält, für die Stichprobe ausgewählt* zu werden.

Im einfachsten Fall orientiert sich die Auswahl einer Zufallsstichprobe am Modell der Ziehung der Lottozahlen. Bei dieser erfolgt die Auswahl von sieben Elementen aus einer Urne mit 49 Elementen nach dem Zufallsprinzip in einer einzigen Ziehung ohne Zurücklegen der ausgewählten Elemente.

In den Sozialwissenschaften ist das diesem Modell nachgebildete Verfahren der *einstufigen Zufallsaus-*

wahl nicht immer anwendbar, weil oft keine Liste aller zur Grundgesamtheit gehörigen Personen vorliegt. In Deutschland gibt es auf der nationalen Ebene weder ein Einwohner- noch ein Wählerverzeichnis. Aus diesem Grunde werden für alle Bundesbürger und für alle Wahlberechtigten repräsentative Stichproben in *mehrstufigen Auswahlverfahren* gebildet. In der Regel wählt man auf der ersten Auswahlstufe durch ein Zufallsverfahren eine bestimmte Zahl territorialer Einheiten wie Stimmbezirke oder Wohnblocks aus (Sample Points). Aus diesen werden in mindestens einem, häufiger aber in zwei weiteren Schritten, die Personen ausgewählt, bei denen die Datenerhebung durchgeführt wird. Den Zufallsmechanismus kann man durch die Verwendung einer vorhandenen Liste mit Zufallszahlen oder durch deren digitale Generierung sicherstellen. Das in der akademischen Forschung am weitesten verbreitete mehrstufige Auswahlverfahren wurde vom Arbeitskreis deutscher Marktforschungsinstitute entwickelt (ADM-Master Sample).[1]

Nur bei einer strikten Anwendung der Zufallsauswahl besteht die Möglichkeit, den beim Schließen von der Stichprobe auf die Grundgesamtheit auftretenden Stichprobenfehler zu berechnen.

Definition

Der *Stichprobenfehler (Zufallsfehler)* gibt die *Wahrscheinlichkeit* an, mit der in einer *Stichprobe* ermittelte *Werte in einer bestimmten Bandbreite um die „wahren Werte" der Grundgesamtheit schwanken* (Behnke & Behnke, 2006, S. 279 ff.).

---

[1] https://www.adm-ev.de/leistungen/arbeitsgemeinschaft-adm-stichproben/. Für Telefonstichproben weicht das Verfahren von dem oben beschriebenen ab, letzter Zugriff 24.4.2021.

Die Größe des Auswahlfehlers hängt von der *Verteilung* der Merkmale in der Stichprobe, ihrem *Umfang* und dem angestrebten *Sicherheitsniveau* des Schlusses ab. Der Stichprobenfehler wird umso größer je stärker sich die Verteilung der Merkmale in der Stichprobe einer Gleichverteilung von 50:50 Prozent annähert, je kleiner die Stichprobe und je größer das angestrebte Sicherheitsniveau des statistischen Schlusses ist. Er steigt darüber hinaus mit der Zahl der Auswahlstufen. Die aus der Stichprobe ableitbaren Angaben über die Verteilung der Merkmale in der Grundgesamtheit werden durch das Auftreten dieser Fehler ungenauer.

> **Hinweis zur Methode**
>
> Bei dem in den Sozialwissenschaften üblicherweise angestrebten Sicherheitsniveau von 95 Prozent, einer Gleichverteilung zweier untersuchter Merkmale von 50:50 Prozent (Demonstranten versus Nichtdemonstranten) und einem Stichprobenumfang von 2000 Fällen liegt der Stichprobenfehler bei ca. drei Prozent. Wenn in der Stichprobe 50 Prozent der Befragten angeben, an einer Demonstration teilgenommen zu haben, dann schwankt der betreffende Wert in der Grundgesamtheit der erwachsenen deutschen Bevölkerung zwischen 47 und 53 Prozent.

Als schwerwiegendes Problem bei der Realisierung von Zufallsstichproben erweisen sich die seit Jahren sinkenden Ausschöpfungsquoten bei Umfragen. Dies betrifft persönliche und, noch stärker, telefonische Befragungen und hat damit zu tun, dass die ausgewählten Personen nicht erreichbar sind oder die Teilnahme an Umfragen verweigern. Dies setzt den Zufallsmechanismus bei der Auswahl der Stichprobe außer Kraft, macht streng genommen die Berechnung des Zufallsfehlers unmöglich und stellt die Aussagekraft der Ergebnisse von Datenanalysen infrage.

Bei der Interpretation sozialwissenschaftlicher Daten durch Laien bleibt der Stichprobenfehler in der Regel unberücksichtigt, was zu problematischen Folgerungen führen kann. Insbesondere in der Auseinandersetzung mit der „Sonntagsfrage" löst die Unkenntnis der Grundlagen statistischer Datenanalysen immer wieder unberechtigte Kritik an vermeintlichen Fehlleistungen der empirischen Wahlforschung aus.

3.5 Datenquellen

Für Sekundäranalysen in der Partizipationsforschung sind mittlerweile zahlreiche Datensätze zugänglich.[2] Ein zusammenfassender Überblick über alle geeigneten Quellen würde bei weitem den Rahmen dieses Kapitels sprengen. Große für die Forschung über politische Partizipation in Deutschland relevante Aggregatdatenbestände sind über das Statistische Bundesamt[3] und die Statistischen Landesämter zugänglich, internationale Vergleiche auf Aggregatdatenbasis ermöglichen die Bestände des Statistischen Amts der EU[4] und der OECD[5].

Auf die Sammlung und Verteilung von Individualdaten haben sich zahlreiche nationale Datenarchive spezialisiert, in Deutschland das Datenarchiv für Sozialwissenschaften bei GESIS e. V.[6] GESIS macht neben Einzelstudien über politische Partizipation und angrenzende Themen die

---

[2] https://guides.lib.umich.edu/c.php?g=282769&p=1884138, letzter Zugriff 19.2.2021.
[3] https://www.destatis.de/DE/Home/_inhalt.html, letzter Zugriff 19.2.2021.
[4] https://ec.europa.eu/eurostat/de/data/database, letzter Zugriff 19.2.2021.
[5] https://data.oecd.org/, letzter Zugriff 19.2.2021.
[6] https://www.gesis.org/institut/abteilungen/datenarchiv-fuer-sozialwissenschaften, letzter Zugriff 19.2.2021.

Daten aus den großen nationalen und internationalen Umfrageprogrammen zugänglich. Die für Partizipationsforschung wichtigste deutsche Umfrage ist die seit 1980 im Zwei-Jahres-Abstand durchgeführte Mehrthemenumfrage ALLBUS. Mit Einschränkungen sind die erstmals im Jahr 2009 durchgeführte, anlässlich jeder Bundestagswahl wiederholte GLES und das Sozioökonomische Panel (SOEP)[7] ebenfalls für die Partizipationsforschung brauchbar.

Daten über das politische Engagement in Deutschland sind außerdem in international vergleichenden Umfrageprogrammen enthalten. Hierbei handelt es sich um den *World/European Values Survey* (seit 1981, seit 1990 im Abstand von ca. fünf Jahren), das *International Social Survey Programme* (seit 1984 jährlich mit wechselnden Themen, einige davon mit Bezug zur Partizipation) und die *Comparative Study of Electoral Systems* (fünf Befragungen zwischen 1996 und 2020). Der *European Social Survey* (seit 2002, in Zwei-Jahres Abständen) liefert die unter methodischen Gesichtspunkten höchstwertigen Daten über politische Partizipation in Deutschland und zahlreichen anderen europäischen Staaten.

3.6 Zusammenfassung

Die Erkenntnisse der empirischen Partizipationsforschung beruhen auf Daten unterschiedlicher Herkunft und unterschiedlichen Objektbezugs. Sie entstammen meist Wahrscheinlichkeitsstichproben und bilden die Grundlage für die Beschreibung und Erklärung politischer Partizipation

---

[7] https://www.diw.de/de/diw_02.c.222518.de, letzter Zugriff 19.2.2021.
/forschungsdatenzentrum_des_soep.html, letzter Zugriff 19.2.2021.

in Deutschland und anderen Nationen. Sie unterscheiden sich in ihren Erhebungs- und Aussageeinheiten und ihrem Zeitbezug. Aggregatdaten informieren über die Merkmalen großer politischer Einheiten, Individualdaten beziehen sich auf Individualmerkmale. Auf der Zeitachse können sozialwissenschaftliche Daten danach unterschieden werden, ob sie zur Analyse von Zuständen oder zur Analyse von Veränderungen verwendet werden. Partizipationsforscher greifen für ihre Analysen vielfach auf die Bestände sozialwissenschaftlicher Datenarchive zurück.

Vertiefende Literatur

Asher, H. A., Richardson, B. M., & Weisberg, H. F. (1984). *Political participation. An ISSC workbook in comparative analysis* (S. 11–25 und 70–76). Frankfurt a. M.: Campus.

Rattinger, H. (2009). *Einführung in die Politische Soziologie* (S. 28–71). München: Olzog.

4

Formen politischer Partizipation

Auch wenn die Einflussnahme auf Entscheidungen den gemeinsamen Nenner aller Partizipationsformen bildet, vollzieht sich dieser Prozess auf unterschiedliche Weise. Verschiedene Formen des politischen Engagements dienen unterschiedlichen Zwecken, laufen in unterschiedlichen Kontexten ab und verursachen einen unterschiedlichen Aufwand (Faden-Kuhne & Gabriel, 2012). Aktivitäten wie Politiker- und Verwaltungskontakte dienen der Artikulation von Forderungen und der Durchsetzung von Anliegen einzelner Personen. Andere Handlungen wie die Mitarbeit in Parteien, Verbänden und Bürgerinitiativen oder die Teilnahme an Protestaktionen werden zwar von Einzelnen getragen, ihre politische Durchschlagskraft ergibt sich aber aus dem Zusammenwirken vieler Menschen, die auf diese Weise kollektive Ressourcen wie Macht und Information bündeln und gemeinsam mobilisieren. In den am weitesten gehenden Formen politischer Partizipation wirken Menschen direkt an verbindlichen Entscheidungen über Personal- und Sachfragen mit. Eine trennscharfe Zuordnung einzelner Beteiligungsformen zu diesen Kategorien ist nicht immer möglich.

Die Chancen zur individuellen und kollektiven Mitwirkung sind zu zahlreich und vielfältig (Theocharis & van Deth, 2018), um einen lückenlosen Überblick über alle existierenden Varianten zu geben. Bei einem Blick auf die aktuelle Partizipationspraxis in Deutschland und anderen Demokratien haben sich vier große Gruppen politischer Aktivitäten herauskristallisiert, die nachfolgend vorgestellt werden: (1) die *Ausübung von Entscheidungsrechten,* (2) die *Mobilisierung kollektiver Ressourcen* zum Zweck der Einflussnahme, (3) die *dialogorientierte* oder *konsultative Beteiligung* und (4) die *individuelle Einflussnahme* auf Entscheidungen.

4.1 Partizipation als Mitwirkung an Entscheidungen

4.1.1 Beteiligung an Wahlen

Bis zum Beginn der 1970er Jahre untersuchte die Partizipationsforschung nahezu ausschließlich die Beteiligung an Wahlen und die mit diesem Vorgang verbundenen Aktivitäten. Ein wichtiger Grund hierfür war der leichte Zugang zu Daten der Wahlstatistik, die das Niveau und die Entwicklung der Wahlbeteiligung ausführlich dokumentiert und ihre wissenschaftliche Analyse ermöglicht (Dalton, 2020, S. 65 ff.; Steinbrecher, 2020).

Doch nicht allein forschungspraktische, sondern auch systematische Erwägungen sprechen für eine hervorgehobene Stellung der Wahlbeteiligung in der Partizipationsforschung.

4 Formen politischer Partizipation

Neben der Forderung nach Grund- und Bürgerrechten spielte der Kampf um ein demokratisches Wahlrecht eine Schlüsselrolle in der Demokratisierung moderner Staaten. Erst mit ihrer Durchsetzung war der Übergang von Autokratien zu Demokratien vollzogen. Seither gelten demokratische Wahlen als Herzstück der Demokratie.

> **Definition**
>
> Durch ihre *Stimmabgabe bei Wahlen* entscheiden die Mitglieder einer politischen Gemeinschaft über die *Auswahl ihrer politischen Repräsentanten.*

Von den meisten Partizipationsformen unterscheidet sich die Wahlbeteiligung durch ihre Verbreitung, ihre Funktion und ihre institutionellen Charakteristika. Abgesehen von den weniger breit genutzten direktdemokratischen Verfahren ist keine andere Form politischer Beteiligung in Verfassungen und Gesetzen so fest institutionalisiert und unterliegt so klaren rechtsförmigen Regelungen wie die Wahlbeteiligung. Wie das Grundgesetz (Art. 20, 38 und 39) garantieren alle demokratischen Verfassungen allgemeine, freie, gleiche und geheime Wahlen. Zusammen mit den Wahlgesetzen regeln sie weitere Details wie den Kreis der Partizipationsberechtigten, die durch Wahlen zu besetzenden Positionen, die Möglichkeiten zur Abwahl von Mandatsträgern, die Dauer der Wahlperiode und das Verfahren der Umsetzung von Stimmen in Mandate (Dalton & Gray, 2008; Gallagher, 2014).

Die detaillierten rechtlichen Regelungen spiegeln die normative und funktionale Bedeutung der Wahlen in repräsentativen Demokratien wider. Durch sie wirken die Bürger direkt an der *Wahl der politischen Führung* mit und *beeinflussen* damit *mittelbar die inhaltliche Gestaltung der*

Politik. In allen Staaten bestellen sie in einer Direktwahl die nationalen Parlamente bzw. deren wichtigste Kammer. In präsidentiellen und semipräsidentiellen Systemen findet in der Regel zusätzlich eine Volkswahl des Staatsoberhaupts statt. Hinzu kommt in vielen Staaten die Wahl der Parlamente der Gliedstaaten, der Regionen und der Gemeinden. Auf der lokalen Ebene kann die Bevölkerung häufig auch die Exekutivspitze in demokratischen Wahlen direkt bestimmen und zudem die personelle Zusammensetzung der Gemeindevertretungen beeinflussen.

Die Bürgerschaft überträgt den Mitglieder der Legislative und der Exekutive durch eine direkte oder indirekte Wahl für die Dauer ihrer Wahlperiode die Kompetenz, für die gesamte Gesellschaft verbindliche Entscheidungen zu treffen. Dieses Mandat ist inhaltlich nicht spezifiziert, sondern begründet einen allgemeinen, nur durch die Rechtsordnung, die zeitliche Befristung der Wahlperiode sowie innerparlamentarische und öffentliche Kontrollen begrenzten Herrschaftsauftrag. Eine direkte Einflussnahme auf einzelne Entscheidungen des Parlamentes und der Regierung ist durch die Stimmabgabe bei Wahlen nicht möglich. Seltene Ausnahmen bilden Wahlen, die stark durch die Auseinandersetzung über ein bestimmtes Sachthema beherrscht werden. In solchen Fällen gibt das Wählervotum Parlament und Regierung einen Hinweis auf die von der Mehrheit der Wähler gewünschte Regelung der betreffenden Frage. Die Gewählten können sich bei ihrer Entscheidung am Votum der Wählermehrheit orientieren, sie müssen dies jedoch nicht tun. Aber sie sind verpflichtet, sich nach Ablauf ihrer Amtszeit erneut dem Wählervotum zu stellen. Dies gibt der Wählerschaft die Möglichkeit, ein allgemeines Urteil über die Amtsführung und die während der Wahlperiode erbrachten Leistungen der Repräsentanten zu fällen und auf dieser Basis ihr Mandat zu erneuern oder zu beenden.

Die Gestaltung des Wahlverfahrens bestimmt über das mit der Stimmabgabe bei Wahlen verbundene Einflusspotenzial: Kurze Wahlperioden ermöglichen den Wählern mehr Einfluss auf die Gewählten als lange; die Vergabe zahlreicher Ämter durch unmittelbare Volkswahlen eröffnet größere Möglichkeiten bürgerschaftlicher Mitwirkung als die Begrenzung des Wählereinflusses auf die Wahl einer Kammer des nationalen Parlaments. Mit dem geltenden Wahlsystem verbinden sich ebenfalls unterschiedliche Möglichkeiten der Einflussnahme: Das Mehrheitswahlrecht oder ein personalisiertes Verhältniswahlrecht gibt den Wählern mehr Einfluss auf die personelle Zusammensetzung der Parlamente als ein reines Verhältniswahlrecht mit festen Listen. Das relative Mehrheitswahlrecht überträgt ihnen zudem die Entscheidung über die parteipolitische Machtverteilung in der Legislative und über die Bestellung der Regierung. Dagegen räumen die durch das Verhältniswahlrecht zumeist generierten Vielparteiensysteme den Parlamentsfraktionen große Handlungsspielräume bei Personal- und Sachentscheidungen ein (Dalton & Gray, 2008).

Im Hinblick auf seine herrschaftslegitimierende Funktion und die vielfältigen Möglichkeiten zur Gestaltung des Einflusses der Wähler bedarf der Wahlakt einer detaillierteren rechtlichen Regelung als andere, auf spezifischere Sachverhalte ausgerichtete Beteiligungsverfahren. In Deutschland legt das Grundgesetz neben den allgemeinen Grundsätzen demokratischer Wahlen den Kreis der Wahlberechtigten und die Dauer der Wahlperiode des Bundestages fest. Wahlberechtigt sind alle Personen, die das 18. Lebensjahr vollendet haben.

Die Dauer der Wahlperiode beträgt vier Jahre. Die Verfassungen der Bundesländer enthalten vergleichbare Bestimmungen für die Landesebene. Spezielle Wahlgesetze des Bundes und der Länder legen weitere Modalitäten fest, auch für Europa- und Kommunalwahlen.

Auf der kommunalen Ebene wurden die mit der Stimmabgabe bei Wahlen verbundenen Einflussmöglichkeiten seit 1990 stark erweitert. Die Reformen zielten in drei Richtungen: Erstens sind in Deutschland wohnhafte *EU-Bürger bei Europa- und Kommunalwahlen stimmberechtigt*. Zweitens sehen alle Gemeindeordnungen die *Direktwahl der Bürgermeister bzw. Oberbürgermeister* vor, und drittens dient die *Personalisierung des Wahlrechts* (Kumulieren und Panaschieren) dazu, den Einfluss der Wähler auf die personelle Zusammensetzung der Kommunalvertretungen zu stärken (Holtmann et al., 2017, S. 85 ff.). In einigen Bundesländern wurde für Kommunal- und Landtagswahlen das aktive Wahlrecht auf das Mindestalter von 16 Jahren gesenkt.

Die Befunde der empirischen Forschung unterstreichen die Sonderrolle der Wahlbeteiligung als Form bürgerschaftlicher Einflussnahme. Unabhängig von der unterschiedlichen Nutzung des Wahlrechts und den hierfür maßgeblichen Gründen stellt die Wahlbeteiligung die einzige Beteiligungsform dar, derer sich die Mehrheit der Bürger zur Einflussnahme auf die Politik bedient (Hooghe, 2014; Steinbrecher, 2020). Vor diesem Hintergrund betrachtet, ist es erstaunlich, dass die von Scharpf (1970, S. 74 ff.) schon vor einem halben Jahrhundert vorgetragene Anregung, die bürgerschaftlichen Beteiligungsmöglichkeiten durch die Stärkung des Gewichts der Wahlen im politischen Prozess zu verbessern, in der wissenschaftlichen und politischen Debatte wenig Resonanz fand.

4.1.2 Beteiligung an direktdemokratischen Verfahren

Nach Artikel 20 GG übt das Volk in Deutschland seine Souveränitätsrechte durch *Wahlen und Abstimmungen* aus. Während Wahlen auf die Auswahl des politischen Führungspersonals gerichtet sind, dienen Abstimmungen der Entscheidung über Sachfragen.

> **Definition**
>
> Die Verfahren zur *unmittelbaren Einflussnahme* der Bürger *auf Entscheidungen über Sachfragen* bezeichnet man als direktdemokratische Partizipation.

In Demokratien existieren viele Spielarten direktdemokratischer Beteiligung. Prinzipiell eröffnen sie den Mitgliedern der politischen Gemeinschaft die Möglichkeit, über die Verabschiedung und Änderung der Verfassung sowie über Gesetze, Haushalts- und Finanzfragen abzustimmen und damit wichtige politische Themen mitzuentscheiden (Vatter et al., 2020). *Obligatorisch* sind diese Verfahren, wenn die Verfassung oder Gesetze bei der Regelung einer Frage immer und ausnahmslos ein Votum des Volkes vorschreiben. Bei *fakultativen* Referenden können Volksabstimmungen durchgeführt werden, dies ist aber nicht zwingend. In *konsultativen* Abstimmungen holt die Regierung oder das Parlament ein Stimmungsbild zu einer Streitfrage ein, ohne aber bei ihrer Entscheidung an das Votum der Wählermehrheit gebunden zu sein. In *verbindlichen* Voten entscheidet das Volk dagegen direkt an Stelle des Gesetzgebers über die zu regelnde Frage. *Reaktive* Verfahren können Initiativen oder Beschlüsse von Entscheidungsträgern, zum Beispiel Gesetze, rückgängig machen. *Proaktive* Verfahren lösen eine entsprechende

Entscheidung des Volkes oder des Gesetzgebers aus. In *top down* Referenden geht die Initiative zur Regelung einer Sachfrage von der politischen Führung aus, in *bottom up* Referenden initiiert die Wählerschaft diese Entscheidung (LeDuc, 2002; Merkel & Ritzi, 2017a, S. 14 ff.).

In Deutschland haben sich Volksbegehren und Volksentscheide als wichtigste Varianten direktdemokratischer Partizipation etabliert, aber nur auf der Landes- und Kommunalebene.

> **Definition**
>
> In *Volksbegehren* setzt die Stimmbürgerschaft ein politisches *Thema auf die Tagesordnung* mit dem Ziel, eine verbindliche Entscheidung des Parlaments oder einen Volksentscheid auszulösen. In *Volksentscheide*n trifft das Volk an Stelle des Gesetzgebers eine *verbindliche Entscheidung* über eine Sachfrage.

Da das Volk durch Abstimmungen – wie durch Wahlen – staatliche Hoheitsrechte ausübt, ist ihre Anwendung an eine Reihe von Formvorschriften gebunden. Sie betreffen die *Entscheidungsgegenstände,* die von den Initiatoren zu erfüllenden *formalen Bedingungen* (Begründung des Vorhabens, Finanzierungsvorschlag) und die für den Erfolg eines Verfahrens erforderliche *Quote zustimmender Voten* (*Beteiligungsquoren* und *Zustimmungsquoren*). Diese Fragen sind von Bundesland zu Bundesland unterschiedlich geregelt. Liberale Bestimmungen (breiter Anwendungsbereich der Verfahren, wenige Formvorschriften, niedrige Quoren, Verbindlichkeit der Ergebnisse), wie sie in Bayern und den Stadtstaaten existieren, stärken die Rolle der Abstimmungsberechtigten im politischen Entscheidungsprozess (Eder & Magin, 2008).

Aufgrund der vermeintlich negativen Erfahrungen mit direktdemokratischen Verfahren in der Weimarer

Republik beschränkt das Grundgesetz deren Anwendung auf der Bundesebene auf eine einzige politische Sachfrage, die Neugliederung des Bundesgebietes gemäß Art. 29 GG. In der politischen Praxis spielte diese Regelung bisher keine große Rolle. Nur in einem Fall, bei der Bildung des Landes Baden-Württemberg im Jahr 1952, führte ein Volksentscheid zu dem von den Initiatoren angestrebten Resultat. Alle anderen Volksentscheide scheiterten am Quorum und bestätigten den territorialen Status Quo (Meerkamp, 2011, S. 341 ff.). Ein im Jahr 1990 möglicher Entscheid über eine neue Verfassung für die Bundesrepublik (Art. 146 GG) unterblieb aufgrund des Beitritts der neuen Länder zur Bundesrepublik.

Gebräuchlicher, wenn auch kein prägender Teil des politischen Lebens, sind Volksbegehren und Volksentscheide in den Bundesländern und in den Kommunen, in denen die Verfahren als *Bürgerbegehren* und *Bürgerentscheide* bezeichnet werden. Einige Landesverfassungen sehen Volksbegehren sowie Volksentscheide über Verfassungsänderungen und Gesetze vor, in anderen ist der Anwendungsbereich enger (Eder & Magin, 2008).

Volksbegehren und Volksentscheide ergänzen die bürgerschaftlichen Einflussmöglichkeiten in einem Bereich, in dem Wahlen als Formen politischer Einflussnahme normalerweise nicht greifen: bei der *Entscheidung über einzelne Sachfragen*. In Wahlen als Kernelementen der repräsentativen Demokratie geht es dagegen um Entscheidungen über Personen und Parteien sowie über die von diesen Akteuren angebotenen komplexen, zahlreiche Einzelthemen umfassenden Programme. Direktdemokratische Verfahren stehen nicht notwendigerweise im Widerspruch zu den für repräsentative Demokratien typischen Strukturen und Prozessen, ihre Einbindung in diesen institutionellen Rahmen hängt von ihrer konkreten Gestaltung ab.

Die durch direktdemokratische Verfahren entstehenden Herausforderungen an die repräsentative Demokratie betreffen nicht die Volksbegehren. Sie geben den aktiven Bevölkerungsgruppen Einfluss auf die politische Agenda, übertragen ihr aber keine verbindlichen Entscheidungsrechte. In repräsentativen, pluralistischen Demokratien können Volksbegehren eine Initiativ- und Korrektivfunktion erfüllen und das für diese Systeme typische politische Kräftespiel sinnvoll ergänzen. Im Unterschied zu anderen Formen der Artikulation von Forderungen, etwa durch Partei- oder Verbandsaktivitäten oder durch Demonstrationen, zwingen erfolgreiche Volksbegehren die politischen Entscheidungsträger zu einer Beschäftigung mit der thematisierten Frage. Die Drohung mit einem Volksentscheid und die damit verbundene Mobilisierung der Öffentlichkeit kann Parlamente unter Druck setzen, engt aber die Entscheidungsfreiheit führungswilliger Akteure bei der Auswahl zwischen politischen Alternativen nicht ein.

Im Gegensatz dazu übertragen Volksentscheide der Bürgerschaft verbindliche Entscheidungsrechte und entziehen diese – auch formal – den gewählten Volksvertretern. Eine solche Umverteilung politischer Entscheidungskompetenzen und Verantwortung zwischen Parlament und Bevölkerung wirft die Frage nach dem demokratischen Mehrwert von Volksentscheiden auf. Auf der Positivseite steht ein größerer Einfluss *partizipationswilliger* Bürger auf verbindliche Sachentscheidungen, der allerdings häufig fälschlicherweise mit einer Stärkung der Rolle des *gesamten Volkes* gleichgesetzt wird. Die Kehrseite davon besteht in einer Schwächung der Kompetenzen und der Verantwortung der gewählten Volksvertretung. Diese

Wirkungen sollten sorgfältig gegeneinander abgewogen werden.

Die intensive normative Debatte über die Frage, welchen Beitrag der Ausbau direktdemokratischer Verfahren zur Verbesserung der demokratischen Qualität politischer Willensbildungs- und Entscheidungsprozesse leisten kann, schlägt sich bislang nicht in einer breiten empirischen Forschung nieder. Die wenigen Studien, die über Beschreibungen hinausgehen und theoretisch-systematische Fragen behandeln, beschäftigen sich zum überwiegenden Teil mit den institutionellen Bedingungen (erfolgreicher) direktdemokratischer Aktivitäten (z. B. Eder & Magin, 2008). Die immer noch spärlichen, umfragegestützten Analysen der Partizipation an Volksentscheiden gelangten zu unterschiedlichen Erkenntnissen über die demokratischen Potenziale dieser Beteiligungsform. Auf die Frage, ob die Ausweitung von Volksentscheiden zu mehr politischer Transparenz, einer breiteren Interessenberücksichtigung, rationaleren politischen Debatten, besseren inhaltlichen Ergebnissen, einer größeren Bürgernähe und Verantwortlichkeit der politischen Entscheidungsträger, einer breiteren Akzeptanz von Entscheidungen und einem Abbau von Politikverdrossenheit führt, gibt die empirische Forschung keine einheitliche Antwort (Merkel & Ritzi, 2017b). Weder die Befürworter noch die Kritiker der direkten Demokratie können ihre Positionen auf mehr als bruchstückhafte empirische Erkenntnisse über die *Folgen* dieser Beteiligungsverfahren stützen (Informationen hierüber liefern z. B. Drewitz, 2012; Gabriel et al., 2014; Kriesi, 2005; Smith & Tolbert, 2004; Vetter & Hoyer, 2016; zusammenfassend: Vatter et al., 2020).

4.2 Partizipation durch Mobilisierung kollektiver Ressourcen

4.2.1 Durch Parteien vermittelte Partizipation

Effektive bürgerschaftliche Einflussnahme vollzieht sich in repräsentativen Demokratien zu einem beträchtlichen Teil durch aktive Mitarbeit in politischen Parteien sowie durch Kontakte zu den Parteien und ihren Mitgliedern, Amts- und Mandatsträgern (Bukow & Poguntke, 2013; Klein, 2020).

> **Definition**
>
> Eine *aktive Mitarbeit in politischen Parteien* gibt Individuen die Möglichkeit, direkt und indirekt *die Gestaltung der staatlichen Politik zu beeinflussen*. Parteimitglieder wirken an *Personal- und Sachentscheidungen* ihrer Organisationen mit, die das Handeln von Wählern, Parlamenten und Regierungen beeinflussen. Durch ihre personellen und programmatischen Angebote *strukturieren* die Parteien darüber hinaus die *Entscheidungen der Wählerschaft*.

Damit erfüllen Parteien im politischen Leben repräsentativ-parteienstaatlicher Demokratien eine Schlüsselfunktion. Das Grundgesetz weist ihnen in Art. 21, Abs. 1 die Aufgabe zu, an der politischen Willensbildung des Volkes mitzuwirken. Das Gebot innerparteilicher Demokratie legitimiert die Mitwirkung der Mitglieder an den Entscheidungen der Parteien.

In § 1 spezifiziert das Parteiengesetz die Aufgabe der Mitwirkung an der politischen Willensbildung wie folgt: „Die Parteien wirken an der Bildung des politischen Willens des Volkes auf allen Gebieten des öffentlichen Lebens mit, indem sie insbesondere auf die Gestaltung der öffentlichen Meinung Einfluß (sic) nehmen, die politische Bildung

4 Formen politischer Partizipation

anregen und vertiefen, die aktive Teilnahme der Bürger am politischen Leben fördern, zur Übernahme öffentlicher Verantwortung befähigte Bürger heranbilden, sich durch Aufstellung von Bewerbern an den Wahlen in Bund, Ländern und Gemeinden beteiligen, auf die politische Entwicklung in Parlament und Regierung Einfluß (sic) nehmen, die von ihnen erarbeiteten politischen Ziele in den Prozeß (sic) der staatlichen Willensbildung einführen und für eine ständige lebendige Verbindung zwischen dem Volk und den Staatsorganen sorgen."

Durch Parteien vermittelte Beteiligung vollzieht sich somit auf zwei Ebenen, erstens als Mitwirkung von Parteimitgliedern an *parteiinternen Willensbildungs- und Entscheidungsprozessen* und zweitens als *Entscheidung der Wähler zwischen* den von *Parteien* unterbreiteten personellen und programmatischen *Angeboten*.

Alle Parteien beteiligen ihre Mitglieder direkt oder vermittelt durch demokratisch gewählte Delegierte an der Auswahl ihres Führungspersonals und ihrer Parlamentskandidaten. Bei den großen Parteien erstreckt sich dies oft auch auf die Auswahl der Kandidaten für die Ämter der Regierungs- bzw. Verwaltungschefs. Mitglieder oder Delegierte wirken an der Verabschiedung von Wahl- und Parteiprogrammen mit, in denen die Parteien der Wählerschaft ihre Vorstellungen von der Gestaltung der staatlichen Politik präsentieren.

Wie empirische Untersuchungen zeigen, steht die parteibezogene politische Beteiligung in engem Zusammenhang der Wahlbeteiligung (Klein, 2020; Steinbrecher, 2009; Teorell et al., 2007; Verba et al., 1978). Parteibezogene Aktivitäten flankieren die Einflussnahme mittels der Stimmabgabe bei Wahlen und verschaffen den Bürgerinnen und Bürgern die Möglichkeit, zwischen zwei Wahlterminen an der Gestaltung der Politik mitzuwirken (Verba & Nie, 1972). In dezentralisierten politischen

Systemen existieren diese Möglichkeiten auf verschiedenen Organisationsebenen des politischen Systems, von den Gemeinden bis zur Nation.

Die Effektivität der durch Parteien gebotenen Partizipationsmöglichkeiten hängt davon ab, in welchem Maße die Binnenstruktur der Parteien den Anforderungen innerparteilicher Demokratie genügt, wie offen Parteien und ihre Repräsentanten den von Nichtmitgliedern an sie herangetragenen Wünschen gegenüberstehen und ob und in welcher Form sie diese in politische Entscheidungsprozesse einbringen. Das Ausmaß der innerparteilichen Demokratie und der Offenheit der Parteien für ihre Umwelt variieren mit dem Parteityp, der Größe der Organisationen sowie ihrer Hierarchisierung, Professionalisierung und Dezentralisierung (Bukow & Poguntke, 2013; Jun, 2013).

Von den beiden traditionellen Parteitypen bieten *demokratische Mitgliederparteien* mehr Partizipationschancen als *Wahlkampfmaschinen*. Mitgliederstarke, sozial und programmatisch heterogene *Großorganisationen* zeichnen sich in der Regel durch einen stärkeren innerparteilichen Wettbewerb aus als sozialstrukturell und ideologisch homogenere Kleinparteien. Als wichtige Antriebskräfte einer breiten innerparteilichen Partizipation wirken flache Hierarchien, eine geringe Professionalisierung und eine dezentrale Organisationsstruktur. Oberhalb der lokalen Ebene partizipieren vornehmlich Funktionäre an innerorganisatorischen Entscheidungen. Als Prototyp großer demokratischer Mitgliederparteien gelten die CDU/CSU und die SPD. In den Jahren nach ihrer Gründung repräsentierten die GRÜNEN einen neuen, durch flache Hierarchien, geringe Professionalisierung und starke Dezentralisierung charakterisierten, partzipationsfreundlichen Parteityp.

Die Position der Parteien an den Zugangsstellen zum politischen System war für die Forschung ein ständiger Anlass für kritische Bewertungen der Art und Weise, in der sie ihre partizipativen und repräsentativen Funktionen erfüllen. Die Parteien ihrerseits unternehmen Anstrengungen zur Weiterentwicklung der innerparteilichen Demokratie. Einige dieser Überlegungen gelten dem Abbau des Machtgefälles zwischen der Parteiführung und den Mitgliedern (z. B. Amtszeitbegrenzung, Trennung von Amt und Mandat), andere richten sich auf eine breitere Beteiligung der Mitglieder an innerparteilichen Personal- und Sachentscheidungen (Urwahl der Parteiführung und von Kandidaten für öffentliche Ämter, Antragsrecht von Parteimitgliedern auf Parteitagen oder mitgliederoffene Parteitage), wieder andere auf die Beteiligung der Öffentlichkeit. Viele dieser Überlegungen blieben auf der Stufe von Denkanstößen und Experimenten stehen und flossen nicht in konsequente Reformen ein (Bukow & Poguntke, 2013; Klein, 2020). Bei den Grünen ist mit zunehmenden Wahlerfolgen und der Übernahme der von Regierungsverantwortung sogar eine Abkehr von einigen ihrer ursprünglich basisdemokratischen Strukturen zu registrieren.

4.2.2 Partizipation durch Freiwilligenorganisationen

Ungeachtet ihrer prominenten Rolle in repräsentativen Demokratien sind Parteien nicht die einzigen politischen Organisationen und Gruppen, derer sich Menschen bedienen, um politischen Einfluss auszuüben.

> **Definition**
> In Demokratien schließen sich Individuen auf der Grundlage *gemeinsamer Interessen und Wertvorstellungen* zu

> *Organisationen* zusammen. Dadurch *bündeln* sie ihre *Ressourcen* und können ihre Ziele effektiver durchsetzen als durch individuelle Aktivitäten.

Politisch relevante gesellschaftliche Vereinigungen entstanden parallel zu den Parteien im Zuge der Industrialisierung und Demokratisierung moderner Staaten. Einige von ihnen – wie Gewerkschaften und religiöse Vereinigungen – waren eng mit Parteien verbunden und kämpften gemeinsam mit ihnen für die Berücksichtigung der Interessen und Wertvorstellungen ihrer Klientel. Mit zunehmender Ausdifferenzierung der modernen Gesellschaften entwickelte sich ein breit gefächertes System von Freiwilligenorganisationen. Sie verfolgen unterschiedliche Ziele, von der Durchsetzung wirtschaftlicher Interessen über den Naturschutz bis hin zur Unterstützung von Museen oder zur Pflege lokaler und regionaler Traditionen. Darüber hinaus unterscheiden sie sich in ihrer Mitgliederzahl, ihrer Organisationsform und ihren Ressourcen. Das Spektrum reicht von mitgliederstarken, hierarchischen Massenorganisationen wie dem Deutschen Sportbund oder dem Deutschen Gewerkschaftsbund bis hin zu dörflichen Karnevals- und Gesangsvereinen mit wenigen Mitgliedern (Maloney & Rossteutscher, 2007; Schmid & Buhr, 2011). Durch Art. 8 (Versammlungsfreiheit) und Art. 9 (Vereinigungsfreiheit) schützt das Grundgesetz das Recht zur Organisationsbildung und zur kollektiven politischen Einflussnahme, wobei kriminelle, verfassungsfeindliche oder gegen die Völkerverständigung gerichtete Vereinigungen verboten sind.

Anders als politische Parteien haben Vereine und Verbände nicht die Aufgabe, Kandidaten für öffentliche Ämter zu nominieren, ein breites Spektrum unterschiedlicher

Interessen zu aggregieren und diese in den politischen Prozess einzubringen. Allein aufgrund ihrer Ziele lässt sich nicht immer klar entscheiden, ob sich die Aktivitäten, Ansprüche und Einflussversuche von Freiwilligenorganisationen direkt an die Politik richten. Einige Gruppen, wie Gewerkschaften, Unternehmerverbände, Menschenrechts- oder Umweltschutzgruppen, verfolgen ausdrücklich und dauerhaft politische Ziele und stellen ihren Mitgliedern und Anhängern entsprechende Partizipationsangebote bereit. Andere, wie die meisten Wohltätigkeitsorganisationen, sind primär auf soziale Hilfeleistung ausgerichtet und werden nur dann politisch aktiv, wenn eine politische Entscheidung ihr Aufgabenfeld betrifft. Ähnliches gilt für Serviceorganisationen wie den ADAC, die ihren Mitgliedern gegen das Zahlen von Beiträgen Dienstleistungen anbieten, sie aber nicht an ihrer Lobbyarbeit beteiligen. Wieder andere wie der Deutsche Sportbund verfolgen nicht ausdrücklich politische Ziele, nutzen aber Ressourcen wie ihre Mitgliederzahl, Finanz- und Organisationskraft zur Durchsetzung ihrer Anliegen. Insofern dient die durch Freiwilligenorganisationen vermittelte Partizipation der Durchsetzung spezifischer, mit dem Organisationsziel verbundener Angelegenheiten. Die von ihnen bereitgestellten Partizipationsmöglichkeiten liegen häufig im Schnittfeld von politischer und sozialer Beteiligung. Sie unterscheiden sich nach dem Grad der Involvierung der Organisationen in das politische Leben und nach der Reichweite der von ihnen vertretenen Ziele. Obgleich sich Parteien und Verbände in ihren Funktionen voneinander unterscheiden, handelt es sich in beiden Fällen um formale, häufig große, professionalisierte und hierarchisch strukturierte Organisationen, innerhalb derer Partizipationsprozesse ähnlich ablaufen. Neben den Zielen der gesellschaftlichen Vereinigungen sind ihre organisatorischen Charakteristika wichtig für die Spielräume und die Effektivität innerorganisatorischer Partizipation (Maloney & Rossteutscher, 2007; Schmid & Buhr, 2011).

Bürgerinitiativen und Neue Soziale Bewegungen sind nicht nur später entstanden als Verbände und Vereine, sie unterscheiden sich von diesen auch durch ihr Selbstverständnis. Aus partizipationstheoretischer Sicht gehört die Mitarbeit in ihnen zur kollektiven politischen Beteiligung, die aus gemeinsamen Interessen und/oder Wertvorstellungen einer größeren Gruppe von Menschen hervorgeht. Da sie in Deutschland eine Erscheinungsform des politischen Protests darstellen, werden sie in diesem Zusammenhang behandelt.

4.2.3 Politischer Protest

Alle bisher beschriebenen Beteiligungsformen bewegen sich innerhalb des institutionellen Rahmens der repräsentativen Demokratie oder ergänzen, wie Volksbegehren und -entscheide, die für diese Systeme typischen Aktivitäten. Andere Formen politischer Partizipation umgehen die traditionellen Strukturen repräsentativer Demokratien und richten sich teils ausdrücklich gegen sie.

> **Definition**
>
> Als *Protestaktivitäten* gelten *kollektive, direkte Aktionen,* deren Teilnehmer durch die *Mobilisierung öffentlichen Drucks Einfluss auf politische Entscheidungsträger* zu nehmen versuchen und dabei die *Verletzung* breit *anerkannter* politischer *Verhaltensregeln* in Kauf nehmen.

Das Heraufziehen einer Epoche des Protests deutete sich bereits in der 1950er Jahren in den Aktionen der US-amerikanischen Bürgerrechts- und der Studentenbewegung an. Ein Jahrzehnt später brachten sie in Deutschland und anderen Demokratien Unterschriftensammlungen, Demonstrationen, Boykotte, Gebäude- und Platzbesetzungen, Verkehrsblockaden, Miet- und Steuerstreiks und andere Aktivitäten bis hin zur Sachbeschädigung und zur Anwendung von Gewalt in die politische Auseinandersetzung ein (Marsh & Kaase, 1979a, S. 65 ff.).

Natürlich entstanden politische Proteste nicht erst nach dem Zweiten Weltkrieg. Bereits im 19. Jahrhundert gab es Protestaktionen mit dem Ziel ein demokratisches Wahlrecht einzuführen, die Lebensbedingungen der Arbeiter zu verbessern oder die Unterdrückung politischer Ideen oder Bewegungen zu beenden. Zumeist initiierten und trugen Parteien oder Verbände diese Aktionen; sie traten aber nur sporadisch auf, und die Mitwirkung an ihnen blieb auf einzelne soziale oder politische Gruppen beschränkt. Demgegenüber entwickelte sich der politische Protest in der zweiten Phase der partizipatorischen Revolution zu einem festen Bestandteil des Verhaltensrepertoires tendenziell aller gesellschaftlichen Gruppen. Teils vollzogen sich die Proteste im Kontext der neuen sozialen Bewegungen und waren weltanschaulich begründet. Teils handelte es sich um pragmatisch begründete Proteste gegen einzelne Entscheidungen oder Nicht-Entscheidungen von Parlamenten oder Verwaltungen (Barnes et al., 1979; Steinbrecher, 2009, S. 152 ff.).

Die mit manchen Protestaktionen verbundenen Verstöße gegen geltende Normen angemessenen politischen Verhaltens veranlassten Barnes u. a. (1979) dazu, die Protestaktivitäten als *unkonventionell* zu charakterisieren und sie durch die Merkmale der *Legalität, Legitimität* und *Institutionalisierung* von *konventioneller* politischer Partizipation abzugrenzen (Kaase, 1997). Jedoch trennt nur die als problematisch eingeschätzte Legitimität überzeugend die unkonventionellen von konventionellen, im Rahmen repräsentativer Demokratien ablaufenden Aktivitäten. Zum Zeitpunkt des Entstehens der Protestbewegung sah die breite Mehrheit der Bevölkerung in den als konventionell bezeichneten Partizipationsformen legitime Mittel der Durchsetzung politischer Ziele, Protestaktivitäten jedoch verstießen gegen die damals gelten politischen Verhaltensnormen. Dagegen eignen sich die Merkmale der Institutionalisierung und der Legalität nicht zu einer Unterscheidung zwischen konventionellem und unkonventionellem Verhalten. Abgesehen von Wahlen, Abstimmungen und einigen Formen der Mitwirkung an Planungen unterliegen Beteiligungsprozesse aller Art, seien sie konventionell oder unkonventionell, keinen klaren rechtlichen Regelungen. Sie sind jedoch geschützt durch die verfassungsmäßig garantierten Rechte, seine Meinung frei zu äußern (Art. 5 GG), sich zu versammeln und Vereinigungen zu bilden (Art. 8 und Art. 9 GG). Das Kriterium der Legalität differenziert zwischen legalen und nicht legalen Formen des Protests, aber nicht zwischen diesen und den konventionellen Aktivitäten. Handlungen wie die Beteiligung an Demonstrationen und Unterschriftenaktionen sind legal, die Besetzung von Plätzen oder Gebäuden, Verkehrsblockaden oder wilde Streiks sind es nicht (Gabriel & Völkl, 2005, S. 545 ff.).

In Deutschland stehen die *Bürgerinitiativen* für den Übergang von den Studentenprotesten zu breit in der Gesellschaft verankerten Aktionen. Diese Gruppen hatten ihren Ursprung auf der lokalen Ebene des politischen Systems und traten teils als Selbsthilfegruppen, teils als locker organisierte, oft spontane Protestaktionen einzelner Akteure auf oder schlossen sich zu sozialen Bewegungen zusammen. Bis heute zeichnen sie sich durch eine nichthierarchische Organisationsstruktur aus, sind auf die Lösung eines spezifischen Problems ausgerichtet und betätigen sich zeitlich befristet. Den thematischen Schwerpunkt ihrer Aktionen bildet die kommunale Infrastrukturpolitik im weitesten Sinn, insbesondere die Bau- und

Verkehrsplanung sowie die Versorgung mit Kindergärten und anderen Betreuungseinrichtungen. Insofern ähneln sie dem von Verba und Nie (1972, S. 56 ff.) beschriebenen Partizipationssystem der Gemeinschaftsaktivitäten.

Bürgerinitiativen bilden die Keimzelle der seit der Mitte der 1970er Jahre bundesweit auftretenden *neuen sozialen Bewegungen* (Grande, 2018). Im Unterschied zu ihren auf die Lösung von Einzelproblemen gerichteten Vorläufern legitimieren diese ihre Aktionen durch die von ihren Anhängern geteilte Wertebasis, den Postmaterialismus. In diesem Sinne richteten sich die ersten sozialen Bewegungen gegen den Bau von Atomkraftwerken. Im Zuge der weiteren Ausdifferenzierung entstanden die Frauenbewegung, die Umweltbewegung und die Friedensbewegung. Neben ihren inhaltlichen Anliegen verfolgten die neuen sozialen Bewegungen von Anfang an prozessuale Ziele und engagieren sich für eine direkte Einflussnahme der Bevölkerung auf politische Entscheidungen. Seit der Jahrtausendwende bildete sich eine gegen postmaterialistische Ziele gerichtete, rechte Protestbewegung, zu deren bisher prominentesten Betätigungsfeldern die Globalisierung, die Migrationspolitik und der Kampf gegen die mit der Corona-Pandemie verbundenen Einschränkungen gehören (Kriesi et al., 2012).

Mit Blick auf die Geschichte Deutschlands verdienen die sozialen Bewegungen besondere Aufmerksamkeit. In den 1980er Jahren formierte sich in der ehemaligen DDR aus der Friedens- und Umweltbewegung die Bürgerrechtsbewegung, die eine maßgebliche Rolle beim Übergang vom kommunistischen Einheitsstaat zu einer pluralistischen Demokratie spielte (Schmitt-Beck & Weins, 1997).

Nachdem die Political Action-Gruppe um Barnes und Kaase erstmals eine international vergleichende Analyse der unkonventionellen politischen Partizipation vorgelegt hatte, blieb der Vergleich von Protestaktivitäten mit konventionellen Partizipationsformen ein wichtiges Thema der empirischen Forschung und brachte interessante Erkenntnisse hervor (van Deth & Zorrell, 2020). Die erste betrifft die Abkehr von der Vorstellung, bei den konventionellen und unkonventionellen Aktivitäten handele es sich jeweils um eindimensionale Handlungssysteme. Allein im Hinblick auf ihre Verbreitung und Akzeptanz erwies sich eine Unterscheidung zwischen *legalen* und *illegalen* Protestaktionen als sinnvoll. Legale Proteste und sind mittlerweile weit verbreitet und treten zunehmend gemeinsam mit traditionellen Formen politischer Partizipation auf. Ihre Bezeichnung als „unkonventionell" hat sich durch die politische Entwicklung überholt. Illegale Protestaktionen überschreiten häufig die Grenzen zur Anwendung von Gewalt und werden nur von einem verschwindend kleinen Teil der deutschen Bevölkerung akzeptiert und von noch wenigeren praktiziert.

In den letzten Jahren entstanden aus den politischen Protesten neue Aktionsformen, deren Einstufung als politische Beteiligung problematisch erscheint. Hierzu gehören die *Konsumentenpartizipation* und die *kreative Partizipation*. Die Konsumentenpartizipation umfasst ethisch motivierte Entscheidungen zum Kauf oder Nicht-Kauf bestimmter Produkte. Diese Aktivitäten können sich auf einzelne Produzenten wie Schlachthöfe oder ganze Produktionssparten wie die Fleischindustrie oder die Herkunftsländer von Produkten richten. Ethisch motivierte Kaufentscheidungen kommen zumeist fair trade-Produkten oder den Produkten regionaler Hersteller zugute. In beiden Fällen betätigen sich die Adressaten der Aktivitäten eher im ökonomischen als im politischen System. Sie zielen mitunter aber auch auf die politische Regulierung ethisch als fragwürdig eingestufter Aktivitäten. Neben der Konsumentenpartizipation haben sich weniger verbreitete und weniger gut untersuchte Formen der kreativen Partizipation entwickelt. Deren Teilnehmer unternehmen den Versuch, durch spektakuläre Aktionen wie Happenings oder die Begrünung dafür nicht vorgesehener Flächen die Aufmerksamkeit der Öffentlichkeit und der Entscheidungsträger zu finden (van Deth & Zorell, 2020).

In der Demokratie gehört der politische Protest zu den legitimen Formen der Interessendurchsetzung. Er wird insbesondere dann wichtig, wenn die politische Führung nicht oder nicht angemessen auf Forderungen reagiert, wenn sie Probleme nicht effektiv löst oder wenn traditionelle Formen der Einflussnahme scheitern. In solchen Situationen dienen spektakuläre Aktionen dazu, die Öffentlichkeit auf Probleme aufmerksam zu machen, sie zu mobilisieren und den Druck auf die politische Führung zu verstärken.

Im Gegensatz dazu sind nicht-legale Proteste schon deshalb problematisch, weil sie definitionsgemäß gegen geltendes Recht verstoßen. Zusätzlich steht auch ihre Legitimität infrage, wenn sie die Rechte anderer Personen einschränken. Verkehrsblockaden verstoßen nicht nur gegen die Straßenverkehrsordnung, sondern beschneiden darüber hinaus die Freiheitsrechte der Menschen, die sich am Ort der Aktion befinden und nicht an der Blockade teilnehmen möchten. Die Berechtigung solcher Aktionen wird umso zweifelhafter, je stärker sie die Rechte Dritter beeinträchtigen, je mehr sie sich als Aktionen einer Minderheit gegen eine von der Mehrheit gebilligte Politik richten und je weiter Entscheidungsprozesse fortgeschritten sind. Die inhaltlichen Rechtfertigungsgründe für illegale Protestaktionen sind subjektiver Natur. Sie sind bestreitbar und werden häufig bestritten.

Während Untersuchungen einiger Facetten des kollektiven politischen Engagements theoretisch und methodisch kaum in die empirische Partizipationsforschung integriert sind, bilden andere hier behandelte Ausprägungen einen festen Bestandteil dieses Forschungsfeldes. In der „Civic Culture"-Studie hatten Almond und Verba (1989, S. 136 ff.) zwischen kollektiven und individuellen Formen politischer Einflussnahme unterschieden. Verba und Nie (1972) teilten die nicht-elektoralen Aktivitäten danach ein, ob sie kollektiv oder individuell ausgeübt werden. Auch spätere empirische Studien untersuchten, ob Bürger allein ihre Ziele durchzusetzen versuchen oder sich zu diesem Zweck zu formalen oder informellen Gruppierungen zusammenschließen (Parry et al., 1992; Teorell et al., 2007).

4.3 Dialogorientierte Beteiligung

Seit den 1970er Jahren gibt es in Deutschland Überlegungen, wie interessierte und betroffene Personen breiter und effektiver an öffentlichen Planungen beteiligt werden können. Die entsprechenden Aktivitäten unterscheiden sich von anderen Beteiligungsformen durch ihre Angebotsabhängigkeit und ihre Formalisierung.

> **Definition**
>
> Die vielfältigen Formen *dialogorientierter Partizipation* zielen darauf, durch geeignete Angebote einen *Austausch zwischen Bürgern, Stakeholdern (betroffene Gruppen/ Organisationen), Planern und Entscheidungsträgern bei der Vorbereitung, Entscheidung und Umsetzung politischer Projekte* in Gang zu bringen. In allen Phasen von Planungsprozessen soll die Laienperspektive die Überlegungen von Planern und Entscheidern ergänzen. Die Transparenz von Planungsprozessen soll erhöht, die inhaltliche Qualität der Planungsergebnisse verbessert, ihre Akzeptanz gesteigert und ihre Umsetzung erleichtert werden. Häufig sind sie rechtlich oder durch Vereinbarungen geregelt.

Ihren Ausgang nahm die Entwicklung dialogorientierter Beteiligung von der Erweiterung der Partizipationsklauseln des Bundesbau- und des Städtebauförderungsgesetzes. Diese Gesetzesnovellen gaben den an Bauplanungen interessierten und durch sie betroffenen Menschen abgestufte Rechte, sich über Planungen zu informieren, sie mit lokalen Entscheidungsträgern zu diskutieren und zu ihnen Stellung zu nehmen. Sie dienten als Modell für weitere Schritte zu einer partizipationsfreundlichen öffentlichen Planung in der Umweltpolitik, in der Verkehrspolitik und auf vielen weiteren Politikfeldern. Typischerweise zielen die Partizipationsrechte der Betroffenen stärker auf Anhörung und Interessenberücksichtigung als – wie im Falle der Interessierten – auf Information. Einige der angebotenen Formate haben verpflichtenden Charakter. Die mit der Planung betrauten lokalen und regionalen Entscheidungsträger können zudem über die Mindestanforderungen hinausgehende Partizipationsangebote unterbreiten (Ziekow, 2012, S. D26 ff.).

Dialogorientierte Formen der Beteiligung an Planungen ergänzen die individuellen Kontakte zu Politik und Verwaltung und tragen zur Öffnung dieser Institutionen für eine breitere bürgerschaftliche Beteiligung bei. Ihr Ziel besteht darin, die *Rechte* der von Planungen betroffenen Personen zu schützen, die *Informationsgrundlagen* der Planung zu verbreitern und zu verbessern, *Interessierte und Betroffene* frühzeitig über Planungen und ihre Auswirkungen zu *informieren* und ein breites Spektrum von *Interessen und Wertvorstellungen* in Planungsprozesse *einzubringen*. In der Regel entfalten die Ergebnisse des Beteiligungsprozesses für die Entscheidungsträger keine rechtlich bindende Wirkung (vgl. auch Remer, 2020, S. 61 ff.).

Dialogorientierte Beteiligungsformen bilden ein ständiges Experimentierfeld für die Entwicklung neuer Verfahren (Landwehr, 2020; Nanz & Fritsche 2012). Sie unterscheiden sich voneinander im *Zweck des Verfahrens,* in seinem *Policybezug,* in der *Rekrutierung der Teilnehmer,* in der *Zusammenarbeit der Partizipanten mit Entscheidungsträgern und Experten,* in der *zeitlichen Platzierung im Planungsprozess* und in weiteren Merkmalen (vgl. Abb. 4.1 sowie Landwehr, 2020, S. 416 ff.; Nanz & Fritsche, 2012, S. 85 ff.; Remer, 2020, S. 148 ff.).

Dialogorientierte Beteiligungsverfahren dienen unterschiedlichen *Zwecken.* Im einfachsten Fall geht es darum, die Öffentlichkeit über Planungen oder Maßnahmen zu informieren. Im Sinne der eingangs gegebenen Definition handelt es sich hierbei nicht um Partizipation, da das Merkmal der Einflussnahme auf Entscheidungen fehlt. Dies ist erst gegeben, wenn der Informationsaustausch zwischen Partizipierenden, Planern und Entscheidungsträgern dazu

Beteiligte	Rekrutierung	Funktion		
		Informations-austausch	Erarbeitung von Problem-lösungen	Konflikt-schlichtung
Einzelne Bürger (Interessierte, Betroffene)	Selbst-rekrutierung	Bürgerver-sammlung	Bürgerhaushalt	Mediation, Dis-kursverfahren
	Zufallsauswahl	Bürgerpanel, Deliberative Polling	Planungszelle, Bürgerforum	Diskurs-verfahren
Stakeholder (betroffene Gruppen)	Delegation, Selbst-rekrutierung	Bürger-versammlung	Konsensus-(Zukunfts-) Konferenz	Mediation

Abb. 4.1 Ausgewählte Merkmale dialogorientierter Beteiligungsverfahren.
Quelle: eigene Darstellung.

dient, die Präferenzen der Öffentlichkeit bzw. spezieller Gruppen Betroffener in die Planung und Entscheidung einzubeziehen. Noch weiter gehen Verfahren, die Partizipierenden aktiv an der Ausarbeitung von Planungen beteiligen oder ihnen ein Recht zur Mitsprache an den zu treffenden Entscheidungen einräumen. Manche Beteiligungsverfahren setzen an vorhandenen oder sich abzeichnenden Konflikten an. Sie zielen darauf, im Vorfeld von Entscheidungen Kompromisse auszuhandeln, die es den Vertretern unterschiedlicher Positionen ermöglichen, eine gemeinsam erarbeitete Lösung mitzutragen oder eine für sie nachteilige Entscheidung zu tolerieren.

Ein weiteres Unterscheidungsmerkmal betrifft den *Policybezug* der Beteiligungsverfahren. Einige setzen an Fachplanungen (z. B. der Umwelt-, Verkehrs- oder Energiepolitik) an. Andere beziehen sich auf die Vorbereitung von Haushalts-, insbesondere Investitionsentscheidungen. Wieder andere zielen auf die Einbindung der Bürger in die Festlegung globaler Entwicklungsziele, wobei diese Ansätze mitunter mit Budgetplanungen verknüpft sind (Remer, 2020, S. 148 f.).

In den meisten Verfahren erfolgt die *Auswahl der Teilnehmer* nach dem für fast alle Partizipationsformen charakteristischen Prinzip der Selbstrekrutierung. Um das damit verbundene Problem der Über- und Unterrepräsentation bestimmter Bevölkerungsgruppen zu umgehen, setzen einige Verfahren auf eine zufallsgesteuerte Auswahl der Teilnehmer. Als dritten Ansatz findet man die Einladung bzw. Delegation von Vertretern betroffener Gruppen (Stakeholder) oder Organisationen (Träger öffentlicher Belange).

Auch im *Modus der Zusammenarbeit* unterscheiden sich dialogorientierte Beteiligungsverfahren voneinander. In *Bürgerpanels* werden die politischen Präferenzen einer großen Zahl in statistischen Wahrscheinlichkeitsverfahren ausgewählter Bürger erhoben und fließen als Informationen in politische Planungs- und Entscheidungsprozesse ein. Ein direkter Meinungsaustausch zwischen den Befragten sowie zwischen diesen und den Entscheidungsträgern findet nicht statt. Die Entscheidungsträger werden durch das erhobene Meinungsbild rechtlich nicht gebunden, sie müssen sich aber allein deshalb ernsthaft mit den ermittelten Präferenzen auseinandersetzen, weil sie die Befragungen im Regelfall in Auftrag geben (Nanz & Fritsche, 2012, S. 49 ff., S. 55 ff.).

Planungszellen, die bei der Entwicklung zahlreicher Dialogverfahren Pate standen, kombinieren die Komponenten Zufallsauswahl der Partizipanten, Vorgabe eines klaren Arbeitsauftrags an diese, zeitliche Befristung der Aktivität und Moderation des Verfahrens durch sachkundige Personen miteinander. Die ausgewählten Bürger arbeiten für eine bestimmte Zeit unter Anleitung von Moderatoren in kleinen Gruppen an der Lösung eines klar eingegrenzten Planungsproblems *(Bürgergutachten).* Sie formulieren nicht nur ihre Präferenzen, sondern unterbreiten den für die Entscheidung zuständigen Gremien Problemlösungsvorschläge. Die Entscheidungsträger werden erst nach dem Abschluss der Arbeit der Planungszelle mit den Ergebnissen konfrontiert und sind nicht an diese gebunden. Experten können die Mitglieder der Planungszelle bei ihrer Arbeit unterstützen, insbesondere dadurch, dass sie am Beginn Informationen über das zu lösende Problem geben (Nanz & Fritsche, 2012, S. 41 ff.).

Konsenskonferenzen, Mediationsverfahren oder *Runde Tische* bedienen sich teils der Zufallsauswahl der Teilnehmer, teils funktionieren sie nach der Logik des Stakeholder-Modells. Durch eine Beteiligung aller betroffenen Gruppen versuchen sie, Konflikte zu vermeiden, zu entschärfen oder zu beseitigen, einen Ausgleich zwischen konfligierenden Interessen herbeizuführen und Konsens zu bilden. Sofern dies nicht gelingt, besteht das Ziel oft darin, durch ein transparentes und faires Verfahren Akzeptanz für Lösungen zu schaffen, denen die Teilnehmer inhaltlich nicht zustimmen. Einige Verfahren geben nur den Vertretern der an einem Konflikt beteiligten Interessengruppen ein Forum zur Präsentation ihrer Positionen und beschränkt die Rolle der breiteren Öffentlichkeit auf die von Zuschauern. Andere versuchen, neben Vertretern von Interessengruppen die interessierte Öffentlichkeit zu beteiligen (vgl. Nanz & Fritsche, 2012, S. 53 ff.).

In einem vielversprechenden Verfahren, den *Bürgerhaushalten,* werden Bürger an der Ausarbeitung von Haushaltsplänen beteiligt. Die bisher entwickelten Ansätze gehen vom Einreichen von Vorschlägen für neue Ausgaben oder zur Streichung vorhandener Etatpositionen bis zur gemeinsamen Erarbeitung von Teilhaushalten durch die Partizipierenden und die Entscheidungsträger. Ein ambitioniertes Konzept wurde in der brasilianischen Stadt Porto Allegre verwirklicht. Gegenstand gemeinsamer Planungen von Bürgern, Verwaltung und Politik war ein Teil des städtischen Investitionshaushaltes, über den im Verfahren de facto auch eine Entscheidung fiel. Das Modell war durch klar geregelte Zuständigkeiten und Abläufe charakterisiert, umfasste stadtteilbezogene, problemgruppenspezifische und gesamtstädtische Komponenten und war mit der kommunalen Entwicklungsplanung verbunden (Nanz & Fritsche, 2012, S. 45 ff.).

Aufgrund der ehrgeizigen Ziele, Humanressourcen für Planungsprozesse zu mobilisieren, inaktive Gruppen in diese einzubinden, einen sich über den gesamten Planungsverlauf erstreckenden Austausch zwischen Bürgern, Stakeholdern, Planern und Entscheidungsträgern in Gang zu setzen, Lernprozesse bei diesen Gruppen zu initiieren und Vertrauen zwischen ihnen zu schaffen, können dialogorientierte

Partizipationsformen einen großen Beitrag zur Verbesserung der Qualität der Demokratie leisten. Dies gelingt vor allem dann, wenn die mit dem Einsatz der Verfahren verfolgten Ziele klar definiert sind, die Verfahren sachkundig moderiert werden und wenn die Entscheidungsträger die erzielten Ergebnisse ernst nehmen. Wie in Einzelstudien gesammelte Erfahrungen zeigen, ist das Erreichen aller dieser Ziele mit einem hohen Zeit-, Informations- und Kostenaufwand verbunden, steigert aber häufig die Akzeptanz der erzielten Ergebnisse (vgl. Fournier et al., 2011). Als Musterbeispiel eines solch komplexen, aufwendigen und gut erforschten Dialogverfahrens gilt die Bürgerversammlung zur Reform des Wahlrechts im kanadischen Bundesstaat British Columbia. Sie zog sich über ein Jahr hin, umfasste eine Vielzahl von Verfahrensschritten und Beteiligungsformaten und wurde mit einem Volksentscheid über die Annahme des von der Bürgerversammlung erarbeiteten Vorschlags abgeschlossen. Obgleich der Vorschlag im Volksentscheid abgelehnt wurde, wurde das Verfahren von der Öffentlichkeit akzeptiert und in anderen Ländern und Regionen nachgeahmt (Fournier et al., 2011, S. 7ff; Landwehr, 2020, S. 423f.).

Dialogorientierte Verfahren unterscheiden sich in vielerlei Hinsicht von den meisten zuvor behandelten Formen politischer Beteiligung. Sie repräsentieren ein breites Spektrum heterogener Versuche, die Bürgerschaft in Planungs- und Entscheidungsprozesse einzubinden. Ihr wichtigster Anwendungsbereich liegt auf der lokalen Ebene des politischen Systems. Hieraus resultiert eine andere Form der Forschung als wir sie z. B. in Untersuchungen elektoraler oder parteibezogener Beteiligung kennen. Die Verbreitung dieser Verfahren in Deutschland ist lückenhaft dokumentiert; über ihre Nutzung durch die Bundesbürger existieren ebenfalls kaum brauchbare Informationen. In der Forschung dominieren – zumeist qualitative – Einzelfallstudien, deren Ergebnisse kaum zu verallgemeinern sind (Remer, 2020, S. 19 ff.).

4.4 Individuelle Einflussnahme

4.4.1 Politiker- und Verwaltungskontakte

In ihrer Partizipationsstudie führten Verba und Nie (1972) Kontakte zu lokalen und nationalen Politikern als eigenständige Form politischer Partizipation ein. Diese Vorstellung erwies sich im Prinzip als zutreffend und wurde in späteren Studien aufgegriffen. Viele von ihnen interessierten sich aber nicht für die Frage, auf welcher Handlungsebene des politischen Systems die Kontakte stattfanden, sondern darauf, ob die Politik oder die Verwaltung als Ansprechpartner für derartige Einflussversuche fungierte (Parry et al., 1992; Teorell et al., 2007).

> **Definition**
>
> *Kontakt zur Politik oder Verwaltung* nehmen einzelne Bürger (oder kleine Gruppen von Personen) in der Regel auf, wenn sie ein spezifisches *Anliegen durchsetzen,* eine politische *Entscheidung herbeiführen* oder *korrigieren* oder eine Behörde zum *Handeln* oder *zum Unterlassen* von Aktivitäten veranlassen wollen.

Obgleich der Zugang zu Politikern und zur Verwaltung durch Verfassung oder Gesetze nicht im Detail geregelt ist, lässt er sich aus dem in Art. 17 GG verankerten Recht jedes Bürgers ableiten, allein oder mit anderen Beschwerden an öffentliche Einrichtungen oder den

Petitionsausschuss des Deutschen Bundestages zu richten (*Petitionsrecht*).

Politiker- und Verwaltungskontakte können aus unterschiedlichen Anlässen stattfinden, sich an unterschiedliche Adressaten richten und in unterschiedlichen Formen ablaufen. Die Korrektur eines Steuerbescheides oder einer Auflage bei einem Bauvorhaben kann ebenso als Anlass eines Kontaktes dienen wie ein Ratsbeschluss über den Bau einer Umgehungsstraße, die Schließung eines Kindergartens oder ein Gesetz über die Erleichterung oder Beschränkung der Zuwanderung nach Deutschland.

Ein elementares Merkmal parlamentarischer Demokratien ist das von der Partizipationsforschung vernachlässigte Petitionsrecht. Mit Petitionen können sich Bürger an den Petitionsausschuss des Parlaments wenden, der sich mit Eingaben bzw. Beschwerden über inhaltlich oder prozedural als unangemessen empfundenes Handeln staatlicher Akteure und Einrichtungen beschäftigt. Petitionsausschüsse sind dazu verpflichtet, die Eingaben zu prüfen, sich um die Lösung der angesprochenen Probleme zu bemühen und den Petenten einen Bescheid über das Ergebnis ihrer Prüfung zukommen zu lassen. Seit 2005 besteht in Deutschland die Möglichkeit, Petitionen online an den Deutschen Bundestag zu richten (Jungherr & Jürgens, 2011).

Neben parlamentarischen Petitionsausschüssen kennen einige Demokratien die Einsetzung von Ombudsleuten als Beschwerdeinstanzen für die Bevölkerung (Ansell & Gingrich, 2008, S. 169 ff.). Im Vergleich mit Petitionsausschüssen haben sie den Vorteil, für die Öffentlichkeit weniger anonym und besser sichtbar zu sein. Ihre Aufgaben ähneln denen von Petitionsausschüssen und werden im Zusammenwirken mit diesen erfüllt. In

Deutschland gibt es Ombudsleute in Rheinland-Pfalz und Schleswig-Holstein. Auf der Bundesebene erfüllen die Wehrbeauftragten, Datenschutzbeauftragten oder Ausländerbeauftragten des Bundestages für Teilbereiche der Politik vergleichbare Funktionen.

Kontakte zwischen Bürgern und Politikern sind ein wichtiger Bestandteil der Repräsentationsfunktion der Parteien und Parlamente. Sie finden bei Parteiveranstaltungen, Wahlkreisbesuchen von Abgeordneten oder anlässlich von Wahlkampagnen statt. Insofern überschneidet sich diese Partizipationsform mit den über politische Parteien vermittelten Formen politischer Einflussnahme. Bürgerkontakte bilden auch einen Bestandteil der allgemeinen Verwaltungstätigkeit. Ihre Verbesserung resultiert aus dem Bemühen um Bürgernähe der Verwaltung und reflektiert den Funktionswandel der öffentlichen Verwaltung von der hoheitlichen über die planende und leistende zur zivilgesellschaftlichen Verwaltung (König et al., 2014). Wie die innerparteilichen Partizipationschancen lassen sich die Interaktionen zwischen Bürger, Politik und Verwaltung durch den Einsatz elektronischer Kommunikationsmöglichkeiten ausbauen und effektivieren (Nanz & Fritsche, 2012, S. 88 ff.).

4.4.2 Digitale Partizipation

Mit dem Aufkommen und der Verbreitung digitaler Kommunikationsformen scheint die Möglichkeit näher zu rücken, eine virtuelle politische Gemeinschaft zu schaffen, in der Menschen über große räumliche Distanzen zusammenkommen können, um über öffentliche Angelegenheiten zu diskutieren und zu entscheiden.

> **Definition**
>
> Als *E-Partizipation* im engeren Sinne bezeichnet man die *Nutzung digitaler Techniken* zum Zweck der *politischen Willensbildung, Einflussnahme und Entscheidung.*

In der Literatur findet man meist ein weiter gefasstes Konzept der E-Partizipation, das den Gebrauch digitaler Kommunikations- und Informationstechniken zur *Beschaffung politischer Informationen* und zur *Unterstützung* des von der Politik, der Verwaltung oder zivilgesellschaftlichen Organisationen angestoßenen *Engagements* einschließt (Aichholzer & Strauss, 2016, S. 60 ff.). Mitunter wird auch das digitale Abrufen staatlicher Leistungen, das Stellen von Anträgen an öffentliche Einrichtungen, elektronische Betriebsratswahlen oder das gemeinsame Erarbeiten von Hausordnungen unter den Begriff der E-Partizipation subsumiert (Sachs et al., 2018). Diese Sicht geht weit über das in der empirischen Politikforschung vorherrschende Verständnis von Partizipation als Versuch der Einflussnahme auf politische Entscheidungen hinaus und verwässert es.

Im Unterschied zu allen zuvor behandelten Formen politischer Beteiligung handelt es sich bei der E-Partizipation nicht um einen speziellen, von anderen Formen politischer Partizipation klar abgrenzbaren Zugang zur Politik, sondern um die Nutzung digitaler Techniken zum Zweck vieler Formen politischer Einflussnahme (vgl. Nanz & Fritsche, 2012, S. 88 ff.; Sachs et al., 2018). Aichholzer und Strauss (2016, S. 60 ff.) unterscheiden zwischen drei großen Feldern der E-Partizipation, der *Information,* der *Kommunikation* und der *Zusammenarbeit.* Diese Klassifikation schließt das Kernelement politischer Partizipation, den Einsatz digitaler Techniken zum Zweck der politischen Einflussnahme und Entscheidung, allerdings nicht ausdrücklich ein.

In der Praxis erstreckt sich die E-Partizipation auf *klassische Beteiligungsformen* wie Politikerkontakte, Petitionen, Protestaktionen, Wahlen oder Abstimmungen. *Dialogorientierte Beteiligungsverfahren* lassen sich durch den Einsatz digitaler Kommunikationstechniken vereinfachen und effektivieren. Wichtige Anwendungsfelder tun sich in Planungsprozessen auf, in denen die digitale Aufbereitung hervorragende Möglichkeiten bietet, geplante Projekte zu visualisieren, sie auf diese Weise anschaulich zu machen und der betroffenen und interessierten Öffentlichkeit das Vortragen von Anregungen und Bedenken zu erleichtern (Spieker, 2021).

In einem sehr frühen Stadium befindet sich die Entwicklung digitaler Verfahren zum Zweck der Beteiligung der Öffentlichkeit an der Parlamentsarbeit (Oertel et al., 2018). Diese Maßnahmen können den Informationsfluss vom Parlament zur Öffentlichkeit verbessern, es ist aber zurzeit noch offen, ob und in welcher Weise sich auf diesem Wege eine effektive Einbeziehung der Öffentlichkeit in die Vorbereitung parlamentarischer Entscheidungen erzielen lässt.

Eine in ihren Wirkungen auf demokratische Prozesse höchst umstrittene und fragwürdige Form der E-Partizipation bilden digitale soziale Netzwerke. Bei ihnen handelt es sich im ungünstigeren Fall um virtuelle Stammtische, die der Artikulation von Unzufriedenheit und der Bestätigung der eigenen Prädispositionen dienen. Im günstigeren Fall können sie als Plattformen dienen, deren Nutzung den Austausch zwischen Regierten und Regierenden sowie die Qualität politischer Informations- und Entscheidungsprozesse verbessern kann (Thimm, 2017).

Die Forschung über E-Partizipation geht von einem diffuseren Partizipationskonzept aus als empirische Untersuchungen von Offline-Aktivitäten. Insgesamt leidet sie an einer schwachen theoretischen Fundierung und an einem Mangel an verallgemeinerbaren Erkenntnissen. Ein Anschluss an die etablierte Partizipationsforschung ist derzeit bestenfalls in Ansätzen erkennbar.

4.5 Zusammenfassung

Seit der Verabschiedung des Grundgesetzes hat sich in Deutschland, wie in anderen demokratischen Staaten, ein breites Spektrum politischer Beteiligungsmöglichkeiten entwickelt. Die damit verbundenen Möglichkeiten zur bürgerschaftlichen Einflussnahme auf die Politik sind auf diese Weise nicht nur breiter, sondern auch vielfältiger geworden. Nicht alle diese Formen sind im Hinblick auf die Teilnahmeberechtigten, die Funktion, den Verfahrensablauf und das Ergebnis rechtlich geregelt. Zudem variieren die Angebotsstrukturen und die Regelungsdichte auf den verschiedenen Handlungsebenen des politischen Systems. Auf der Bundesebene existieren jenseits der Stimmabgabe bei Wahlen nur wenige institutionell geregelte Beteiligungsrechte. Dies ist nicht allein auf die strikt repräsentativ-demokratische Ausrichtung des Grundgesetzes zurückzuführen, sondern resultiert auch aus der für den deutschen Föderalismus typischen Verteilung öffentlicher Aufgaben. Die wichtigsten Bundesaufgaben liegen in den Bereichen der Außen- und Sicherheitspolitik sowie im Setzen allgemeiner Rechtsnormen. Am Vollzug der Gesetze, bei dem direkte Austauschprozesse zwischen politischen Entscheidungsträgern und der Bevölkerung besonders häufig entstehen, ist der Bund kaum beteiligt. Da die Folgen staatlicher Maßnahmen für die Bevölkerung eher beim Vollzug als beim Verabschieden von Gesetzen spürbar werden, folgt die aktuelle Struktur des Partizipationssystems in Deutschland der Funktionslogik des Grundgesetzes.

Die verschiedenen Formen politischer Beteiligung eröffnen der Bevölkerung verschiedene Wege zur politischen Einflussnahme (vgl. Abb. 4.2). Die Palette reicht von der verbindlichen Mitentscheidung über Personal- und Sach-

4 Formen politischer Partizipation

	Teilnahmeberechtigte	Funktionen	Verfahrensablauf	Ergebnis
Wahlen	Alle Staatsbürger, Kommunen und Europawahlen: EU-Bürger	Entscheidung über die Zusammensetzung von Parlamenten (Gemeinden: Wahl des [Ober-]Bürgermeisters, Vorentscheidung über die parteipolitische Zusammensetzung der Regierung, Allgemeine politische Richtungsentscheidung	Formell geregelt	Verbindlich
Direktdemokratische Beteiligung	Alle Bürger der Gebietskörperschaft	Initiierung einer verbindlichen Sachentscheidung (Volks-/Bürgerbegehren), Entscheidung über eine Sachfrage	Formell geregelt	Verbindlich
Durch Parteien vermittelte Beteiligung	Einwohner	Recht zum Parteibeitritt, Einflussnahme auf/durch Parteien	viele informelle Formen der Einflussnahme	nicht bindend
	Parteimitglieder	Mitwirkung an allen parteiinternen Entscheidungen über Personal- und Sachfragen (Auswahl der Kandidaten für öffentliche Ämter, Entscheidung über Führungspersonal der Parteien; politische Programme, Satzungen)	Formelle Regelung von Entscheidungen viele informelle Formen der Einflussnahme	Verbindlich Nicht bindend
Kollektive politische Einflussnahme	Einwohner	Recht zum Beitritt/zur Mitarbeit, Einflussnahme auf politische Sachfragen	viele informelle Formen der Einflussnahme	nicht bindend
	Organisationsmitglieder	Mitwirkung an allen organisationsinternen Entscheidungen über Personal- und Sachfragen	Formelle Regelung von Entscheidungen viele informelle Formen der Einflussnahme	Verbindlich Nicht bindend
Protest	Interessierte, Betroffene	Artikulation von Unzufriedenheit, Einflussnahme auf Entscheidungen	Nicht geregelt	Nicht bindend
Dialogorientierte Beteiligung	Einwohner, Interessierte, Betroffene, Per Zufallsverfahren ausgewählte Personen	Mitwirkung an Planungen und Vorbereitung von Entscheidung durch Einbindung Interessierter und Betroffener	Meist formell geregelte Verfahren, Teilnehmerauswahl, Verwendung der Ergebnisse	In der Regel nicht bindend
Politiker- und Verwaltungskontakte	Einwohner	Einflussnahme auf Regelung individueller und kollektiver Angelegenheiten, meist Einzelfragen	Nicht geregelt, Ausnahme: Petitionen	nicht bindend
E-Partizipation	Einwohner, Bürger, Interessierte, Betroffenheit	Information, Kommunikation, Beratung, Einflussnahme, Entscheidung	Geregelt und nicht geregelt	Entscheidungen: bindend Anderes: Nicht bindend

Abb. 4.2 Charakteristika der existierenden Beteiligungsformen. Quelle: eigene Darstellung.

fragen bis zum Versuch, die Unterstützung von Politik und Verwaltung für die Durchsetzung persönlicher Belange zu gewinnen. In Anbetracht der Vielfältigkeit der Verfahren stellt sich die Frage, ob eine Erweiterung bereits existierender Angebote der dringlichste Schritt ist, um die Qualität der Demokratie zu verbessern oder ob das vorrangige Ziel nicht eher in einer attraktiveren Gestaltung der existierenden Formate liegen sollte.

Vertiefende Literatur

Faden-Kuhne, K., & Gabriel, O. (2012). Mapping political participation. In O. W. Gabriel, S. I. Keil, & E. Kerrouche (Hrsg.), *Political participation in France and Germany* (S. 33–69). Wivenhoe Park: ECPR Press.

5

Politische Beteiligung in Deutschland im Wandel

In Demokratien dient politische Partizipation mehreren Zwecken. Sie soll dazu beitragen, prozedural und inhaltlich gute, gegenüber der Bevölkerung verantwortliche Entscheidungen herbeizuführen (instrumentelle Funktion). Darüber hinaus soll sie die politische Gemeinschaft stärken, indem sie die Bindungen innerhalb der Bürgerschaft sowie zwischen dieser, der politischen Führung und dem politischen System fördert und auf diese Weise zur Integration, Identitätsbildung und zur Akzeptanz in demokratischen Verfahren zustande gekommener Entscheidungen beiträgt (integrative Funktion). Des Weiteren kann bürgerschaftliches Engagement das Selbstbewusstsein und die Zufriedenheit der Partizipanten stärken (expressive Funktion) und diesen Erfahrungen, Einstellungen und Handlungskompetenzen vermitteln, die sich in anderen gesellschaftlichen Lebensbereichen verwenden lassen (Lernfunktion; Parry et al., 1992, S. 9 ff.; Teorell, 2006).

Diese Effekte treten nicht bereits durch die Institutionalisierung von Beteiligungsrechten ein. Nur wenn die Menschen die ihnen zur Verfügung stehenden Möglichkeiten tatsächlich nutzen (können), kann bürgerschaftliches Engagement die mit ihm verbundenen Erwartungen erfüllen. Für die Beurteilung der Qualität von Demokratien sind deshalb nicht allein die geltenden Regelungen, sondern auch die Praxis politischer Beteiligung maßgeblich. Eine gut funktionierende Demokratie bietet allen Mitgliedern der politischen Gemeinschaft vielfältige, allgemein zugängliche und gleiche Beteiligungsrechte und ermöglicht deren Nutzung. Alle Menschen können frei darüber entscheiden, ob und in welcher Weise sie von diesen Gebrauch machen oder darauf verzichten. Neben anderen Charakteristika demokratischer Herrschaft wie Freiheit, Rechtsstaatlichkeit und einem gleichberechtigten Zugang zu staatlichen Leistungen entscheiden die in einem Lande vorhandenen Möglichkeiten zur politischen Beteiligung und ihre faktische Nutzung über die demokratische Qualität eines politischen Regimes.

5.1 Die langfristige Entwicklung einzelner Formen politischer Partizipation

Die lange Zeit kritische Beurteilung der politischen Entwicklung Deutschlands seit dem Beginn der Neuzeit ist nicht zuletzt der schwachen Tradition bürgerschaftlicher Beteiligung an der Regelung der Staatsangelegenheiten geschuldet. Diese Betrachtung ist jedoch verkürzt und wird den politischen Gegebenheiten im Deutschen Kaiserreich nicht gerecht. Als einer der ersten modernen

Verfassungsstaaten führte das Deutsche Reich bereits 1871 auf der nationalen Ebene des politischen Systems ein allgemeines, freies, gleiches und geheimes Männerwahlrecht ein. Während Preußen bis zum Ende des Ersten Weltkrieges auf Landes- und Kommunalebene an einem Drei-Klassen-Wahlrecht festhielt, galt in den süddeutschen Gliedstaaten auch auf diesen Ebenen ein liberales Wahlrecht. Bei der Einführung des Frauenstimmrechts (1919) gehörte Deutschland im internationalen Vergleich keineswegs zu den Nachzüglern.

In der Phase der politischen Modernisierung fiel die Wahlbeteiligung in Deutschland zumindest nicht niedriger aus als in vielen anderen Staaten. Sie stieg zwischen der Reichsgründung und der letzten Reichstagswahl von 50,7 auf 85,4 Prozent.[1] Dennoch galt Deutschland bis in die 1960er Jahre hinein als Prototyp eines Obrigkeitsstaates, in dem die Bürger ihre politische Rolle eher über ihre staatsbürgerlichen Pflichten als über ihre Rechte definierten (Greiffenhagen & Greiffenhagen, 1993, S. 73 ff.).

5.1.1 Politische Partizipation in der alten Bundesrepublik Deutschland

Das Erbe des Obrigkeitsstaates belastete zunächst den Aufbau der Demokratie in der neu gegründeten Bundesrepublik mit einer Hypothek. Nach der Niederlage im Zweiten Weltkrieg und dem damit verbundenen Ende der nationalsozialistischen Diktatur stand das Land vor der Notwendigkeit eines radikalen politischen Neuanfangs. Im Potsdamer Abkommen vom August 1945 hatten die

---

[1] https://de.statista.com/statistik/daten/studie/1045868/umfrage/ergebnisse-der-reichstagswahlen-im-deutschen-reich/

Siegermächte mit der Denazifizierung, Demilitarisierung, Dezentralisierung und Demokratisierung die Grundsätze für den Neuaufbau einer politischen Ordnung festgelegt. Das im Zusammenhang mit dem Thema Partizipation wichtigste Ziel, die Demokratisierung des politischen Lebens, schloss nach Auffassung der Alliierten die Notwendigkeit ein, die Deutschen zu Demokraten umzuerziehen.

Während die Besatzungsmacht im östlichen Landesteil nach der Zwangsvereinigung von SPD und KPD eine kommunistischen Diktatur nach sowjetischem Vorbild installierte, vollzog sich der Aufbau demokratischer Strukturen in Westdeutschland in mehreren Schritten. Bereits kurz vor dem Beginn der Potsdamer Konferenz war die Gründung politischer Parteien erfolgt. Dabei konnten die SPD und die KPD an die politische Tradition der Vorkriegszeit anknüpfen. Die CDU, die CSU und die FDP entstanden dagegen durch die Integration gesellschaftlicher Gruppierungen, die in der Weimarer Republik und im Kaiserreich durch unterschiedliche Parteien repräsentiert worden waren. Die ersten demokratischen Wahlen, bei denen sich Parteien um Sitze in den Verfassungsgebenden Versammlungen, Landtagen und Kommunalvertretungen bewarben, wurden im Jahre 1946 durchgeführt. Auf Bundesebene fanden die ersten demokratischen Parlamentswahlen am 14. August 1949 statt.

Nach Einschätzung der meisten Forscher vollzog sich die angestrebte politische Umerziehung der Deutschen schleppend. Noch in den frühen 1960er Jahren stuften Almond und Verba (1989, S. 312 ff.) Westdeutschland als Untertanenkultur ein. Nach ihren Aussagen blieben die Beziehungen der Bevölkerung zum politischen System formal, passiv und gingen kaum über die Stimmabgabe bei Wahlen hinaus. Es fehle am politischen Selbstbewusstsein ebenso wie an der Bereitschaft zum gemeinschaftlichen politischen Engagement.

Die skeptische Einschätzung der politischen Partizipation in der jungen Bundesrepublik konnte sich nur auf wenige empirische Daten stützen. Außer amtlichen Statistiken über die Beteiligung an Bundestags-, Landtags- und Kommunalwahlen sowie lückenhaften Informationen über die Mitgliederzahlen der Parteien gab es bis zur Mitte der 1970er Jahre kaum national repräsentative Daten über die politische Beteiligung der Westdeutschen. Die wenigen vorliegenden Informationen vermittelten ein differenzierteres Bild als es viele Publikationen zeichneten.

Bereits im ersten Jahrzehnt nach dem Ende des Zweiten Weltkrieges lag die Beteiligung an Bundestags- und Landtagswahlen in der Bundesrepublik auf einem im internationalen Vergleich hohen Niveau. In den 1970er Jahren, als die Beschreibung Deutschlands als verspätete Demokratie noch weit verbreitet war, erreichte die Beteiligung an Bundestagswahlen mit Anteilen von mehr als 90 Prozent ihre bislang höchsten Werte.

Über den gesamten Zeitraum 1949 bis 1990 hinweg betrachtet, lag die Beteiligung an Landtagswahlen bei 79,0 und bei Bundestagswahlen in der bei 87,0 Prozent. Abb. 5.1 stellt die Entwicklung der Teilnahme an Bundes- und Landtagswahlen zwischen 1949 und 2017 dar.

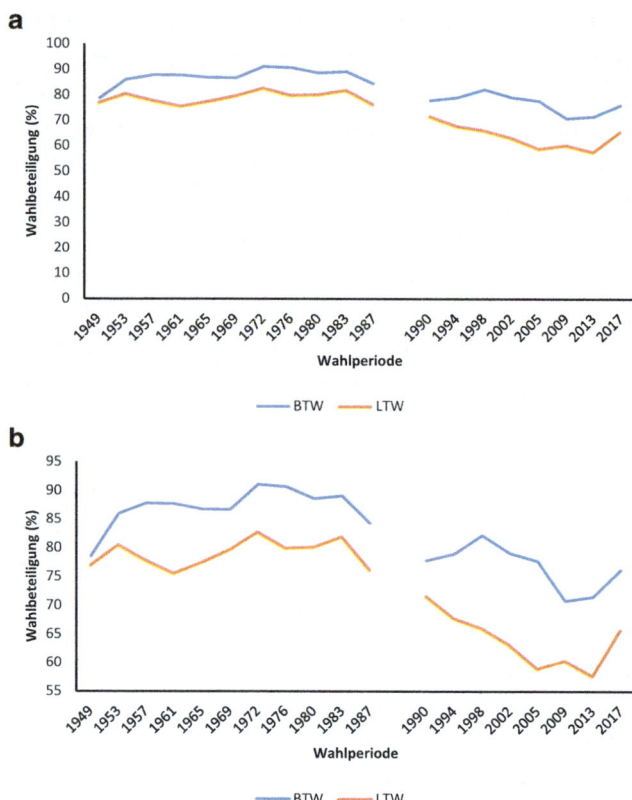

Abb. 5.1 Beteiligung an Bundestags- und Landtagswahlen in Deutschland, 1949 bis 2020. Quellen: https://de.statista.com/statistik/daten/studie/2274/umfrage/entwicklung-der-wahlbeteiligung-bei-bundestagswahlen-seit-1949/ (Bundestagswahlen: BTW) und Wikipedia (Landtagswahlen: LTW)
Erläuterungen: Die Daten über die Beteiligung an Landtagswahlen sind für jeweils eine Wahlperiode des Bundestages zusammengefasst. Wiedergegeben sind die ungewichteten Mittelwerte aller im betreffenden Zeitraum in den Ländern durchgeführten Landtagswahlen.

5 Politische Beteiligung in Deutschland im Wandel

> **Hinweis zur Methode**
>
> Bei der grafischen Darstellung von Verteilungen und Entwicklungen ist auf eine sachgerechte Wahl der Achsenabschnitte zu achten. Um eine Verzerrungen zu vermeiden, muss die y-Achse den möglichen Wertebereich der abhängigen Variablen vollständig abbilden. Bei prozentualen Verteilungen ist dies die Spanne von 0 bis 100, bei Mittelwerten die Spanne zwischen dem möglichen Mindest- und Höchstwert. Die Auswahl kleinerer Achsenabschnitte (Abb. 5.1b: zwischen 55 und 95 Prozentpunkten) überzeichnet die Differenzen zwischen einzelnen Beobachtungen.

Wie die Abbildung zeigt, stieg die Wahlbeteiligung auf Bundesebene zwischen 1949 und 1972 fast kontinuierlich an und ging zwischen 1983 und 1987 erstmals deutlich zurück. Die durchschnittliche Beteiligung an Landtagswahlen folgte um eine Dekade zeitversetzt und auf einem niedrigeren Niveau dem Trend im Bund (vgl. ausführlicher: Steinbrecher, 2020, S. 330 ff.).

Ebenso wenig wie die Wahlbeteiligung liefern die Mitgliederzahlen der politischen Parteien und ihre Entwicklung eindeutige Hinweise auf partizipative Defizite im politischen Leben der jungen Bundesrepublik. Aufgrund des Abschlusses der Entnazifizierungsverfahren nahmen die betreffenden Werte zwischen 1946 und Mitte der 1950er Jahre zwar stark ab. Im folgenden Jahrzehnt stiegen sie zunächst nur geringfügig, bis zum Jahr 1980 aber deutlich. Zwischen 1980 und 1982 erreichten die Mitgliederzahlen der Parteien den bislang höchsten Stand in der Geschichte der Bundesrepublik. Seither ist ein starker Rückgang zu verzeichnen (Niedermayer, 2013, S. 155 ff.).

Mangels geeigneter Daten sind verlässliche Aussagen über die Entwicklung anderer Formen des politischen Engagements in den 1950er und 1960er Jahren nicht möglich. Zwar liegen einzelne auf Umfragedaten gestützte Studien vor. Diese setzten aber unterschiedliche Frageformate ein und bezogen sich auf unterschiedliche politische Einheiten. Aus diesem Grunde sind die Ergebnisse bestenfalls eingeschränkt miteinander vergleichbar (Hinweise bei Gabriel, 2011; Gabriel et al., 2020, S. 43 ff.). Brauchbare Informationen über langfristige Trends liefern nur vergleichbare Daten über eine größere Zahl von Erhebungszeitpunkten.

Mit dieser Einschränkung dokumentiert eine Untersuchung des Gefühls subjektiver politischer Kompetenz in den Jahren 1959/1960 und 1974 eine zunehmende Neigung der Westdeutschen zur politischen Aktivität. Zwischen Ende der 1950er und Mitte der 1970er Jahre stieg das Gefühl, durch eigenes Engagement Einfluss auf lokale Vorgänge nehmen zu können, in der Bundesrepublik Deutschland an, während es sich in den USA und in Großbritannien abschwächte. Die auf die nationale Politik bezogene Einstellung zu den eigenen politischen Einflussmöglichkeiten nahm in Westdeutschland wesentlich stärker zu als in den USA, in Großbritannien ging auch sie zurück. Das in den 1960er Jahren noch stark ausgeprägte Gefälle zwischen den beiden traditionsreichen Demokratien und der Bundesrepublik hatte sich im Prozess der Konsolidierung der deutschen Demokratie abgeschwächt (Kaase & Marsh, 1979b, S. 140 ff.). Vor einer Überinterpretation dieser lückenhaften Daten muss man sich allerdings hüten.

Geeignete Daten für eine Analyse der Entwicklung politischer Beteiligung in (West-)Deutschland sind erst seit etwa 50 Jahren verfügbar. Aus diesem Grund lässt sich der Verlauf der zweiten Phase der partizipatorischen Revolution in Westdeutschland durch Daten gut rekonstruieren (Gabriel,

2011). Abgesehen von der Stimmabgabe bei Bundestags- und Landtagswahlen (Abb. 5.1) und kommunikativen Aktivitäten blieb die traditionell ausgerichtete Einflussnahme auf die Politik in den 1970er und 1980er Jahren eine Sache von Minderheiten. An den in Abb. 5.2 aufgeführten konventionellen politischen Aktivitäten beteiligten sich im Durchschnitt der vier Erhebungsjahre (1974, 1980, 1985, 1989) zwischen zehn und 75 Prozent der Befragten. Kommunikative Handlungen wie die Lektüre des politischen Teils der Zeitung oder Gespräche mit anderen, die nicht als Partizipation im engeren Sinn bezeichnet werden können, waren erheblich weiter verbreitet als einflussorientierte Handlungen wie die Mitarbeit in Bürgerinitiativen oder politischen Parteien oder das Kontaktieren von Politikern. Im internationalen Vergleich wies Deutschland im Jahr 1974 ein hohes Niveau konventioneller politischer Partizipation auf, das nur in den Vereinigten Staaten übertroffen wurde (Marsh & Kaase, 1979a, S. 84 ff.).

Legale Formen des politischen Protests wie die Teilnahme an Demonstrationen und Unterschriftensammlungen sowie die Mitarbeit in Bürgerinitiativen und neuen sozialen Bewegungen fanden Eingang in das Verhaltensrepertoire eines wachsenden Teiles der Bundesbürger. Mindestens so häufig wie konventionelle Aktivitäten setzten die Bundesbürger im Durchschnitt aller in Tab. 5.2 wiedergegebenen Erhebungen legale Formen des politischen Protests zum Zweck politischer Einflussnahme ein. Die Beteiligung an Unterschriftensammlungen erfreute sich sogar einer größeren Beliebtheit als sämtliche konventionellen Partizipationsformen. Das im Jahr 1974 in Deutschland ermittelte Protestpotenzial war kleiner als in den der Vereinigten Staaten und den Niederlanden, aber größer als in Großbritannien und Österreich (Marsh & Kaase, 1979a, S. 80 ff.).

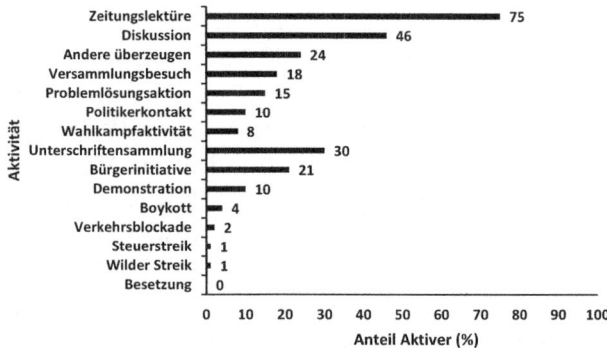

Abb. 5.2 Politische Beteiligung in der Bundesrepublik Deutschland im Durchschnitt der Jahre 1974 bis 1989. Quellen: Political Action I (1973/76) und II (1980), Ansprüche der Bürger an den Staat I (1985) und II (1989) Erläuterungen: keine Angaben zu Gewichtungsfaktoren; N = 8184; angegeben sind die Anteile der Befragten, die nach eigenen Angaben an Protestaktivitäten teilgenommen hatten. Bei den konventionellen Aktivitäten geben die Anteile die Summe der Angaben „oft gemacht" und „manchmal gemacht" wieder. Fragewortlaute und Antwortvorgaben im Anhang.

Im Gegensatz zu legalen Protesten fehlte den Aktionen des zivilen Ungehorsams und der Anwendung von Gewalt zur Durchsetzung politischer Ziele die Unterstützung der deutschen Bevölkerung (Barnes et al., 1979). Wenn man allerdings die prozentualen Anteile in absolute Zahlen umrechnet, dann indizieren sie ein beachtliches Unruhe- und Störpotenzial. Im Durchschnitt der Jahre 1974 bis 1989 umfasste die Gruppe der Bundesbürger, die bei der Durchsetzung ihrer Ziele bereit waren, Recht zu verletzen und die Spielregeln des friedlichen demokratischen Wettbewerbs außer Kraft zu setzen, bis zu 400.000 Personen (zur Schätzung dieses Wertes weiter unten).

Wie Tab. 5.1 zeigt, entwickelten sich die konventionellen Formen politischer Partizipation zwischen

Tab. 5.1 Politische Beteiligung in der Bundesrepublik Deutschland, 1974 bis 1989.

	1974	1980	1985	1989	PPD 89–74
Konventionelle Partizipation					
Andere Überzeugen	22	20	25	28	+6
Problemlösungsaktionen	14	9	19	18	+4
Versammlungsbesuche	22	15	18	18	−4
Politikerkontakte	11	7	11	10	−1
Wahlkampfaktivitäten		7	9	9	(+2)
Unkonventionelle Partizipation					
Bürgerinitiativen		30	13	19	(−11)
Unterschriftensammlungen	31	18	29	43	+12
Demonstrationen	9	5	11	13	+4
Boykotte	4	1	4	6	+2
Verkehrsblockaden	2	1		4	+2
Miet-/Steuerstreiks	1	0		2	+1
Wilder Streiks	1	0		1	0
Besetzung	0	0		1	+1
N	2307	2095	1843	1939	

Quellen: Political Action I (1973/76) und II (1980), Ansprüche der Bürger an den Staat I (1985) und II (1989) Erläuterung: keine Angaben zu Gewichtungsfaktoren.

1974 und 1989 uneinheitlich und diskontinuierlich. Versuche, andere politisch zu überzeugen, die Beteiligung an bürgerschaftlichen Aktionen zum Zweck der Lösung kommunaler Probleme, Politikerkontakte und Versammlungsbesuche nahmen zwischen 1974 und 1980 um vier bis sieben Prozentpunkte ab, stiegen nach 1980 aber um drei (Politikerkontakte, Versammlungsbesuche, Wahlkampfaktivitäten) bis acht (andere überzeugen) bzw. neun Prozentpunkte (Problemlösungsaktionen).

Die Beteiligung an Unterschriftenaktionen und die Mitarbeit in Bürgerinitiativen als die am weitesten verbreiteten Formen des legalen Protests erreichten bereits 1974 bzw. 1980 mindestens das Niveau der am stärksten praktizierten konventionellen Aktivitäten bzw. lagen im Falle der Unterschriftensammlungen sogar deutlich darüber. 1974 gab fast jeder dritte Befragte an, sich schon einmal an einer Unterschriftenaktion beteiligt zu haben. Nach einem Rückgang bis 1980 stieg dieser Wert in der Folgezeit zunächst auf das Niveau des Jahres 1974 und setzte sich bis 1989 an die Spitze aller hier untersuchten Aktivitäten. 1980 erreichte die Mitarbeit in Bürgerinitiativen ein ähnlich hohes Niveau. Sie verlor in den folgenden Jahren an Attraktivität und mobilisierte am Ende des Untersuchungszeitraumes nur noch 19 Prozent der Bundesbürger. Nach 1980 erfreuten sich alle legalen Protestaktivitäten wachsender Beliebtheit.

Nicht-legale Formen des Protests, von Miet- bzw. Steuerstreiks bis hin zu wilden Streiks und Platzbesetzungen blieben unpopulär, allerdings verdoppelte sich die Beteiligung an den meisten von ihnen.

Hinweis zur Methode

Alle in Abb. 5.2 und Tab. 5.1 angegeben Werte beziehen sich auf eine *Zufallsstichprobe* der deutschen Bevölkerung. Bei der Formulierung von Aussagen über die eigentlich interessierende *Grundgesamtheit* muss deshalb der Stichprobenfehler berücksichtigt werden. Bei zweistufigen Zufallsauswahlen wird dieser wie folgt berechnet:

$$e = t * \sqrt{2} * \sqrt{\frac{p * (100 - p)}{n}}$$

e = Stichprobenfehler
t = Sicherheitsgrad der Aussage (bei 95 %: 1,96)

> p = Stichprobenanteil des Merkmals in Prozent
> n = Stichprobenumfang.
>
> Für die kumulierte Stichprobe von 8184 Fällen ergeben sich bei einem Sicherheitsgrad von 95 Prozent die folgenden Stichprobenfehler: *Mit anderen über Politik diskutieren:* 46 % ±1,5 % = 44,5–47,5 %; *Beteiligung an Problemlösungsaktivitäten:* 15 % ±1 % = 13–15 %; *Beteiligung an Unterschriftensammlungen:* 30 % ±1 % = 29–31 %; *Beteiligung an Boykotten:* 4 % ±0,5 % = 3,5–4,5 %.

Die Frage, ob sich in den Jahren vor der Wiedervereinigung in der Bundesrepublik Deutschland eine partizipatorische Revolution vollzog, lässt sich nicht einfach mit „Ja" oder „Nein" beantworten.

Bereits in den 1970er Jahren hatte sich ein vielfältiges Aktionsrepertoire entwickelt. Neben den im internationalen Vergleich breit genutzten traditionellen Formen des politischen Engagements (Wahlbeteiligung, kommunikative Aktivitäten, durch politische Parteien vermitteltes Engagement) hatte sich ein zunächst kleiner, aber wachsender Teil der Bevölkerung mit der Beteiligung an legalen Protestaktionen alternative Wege politischer Einflussnahme erschlossen. Im untersuchten Zeitraum konsolidierte sich das legale Protestverhalten bzw. breitete sich weiter aus. Diese Verhaltensänderungen blieben moderat und zogen keinen Bedeutungsverlust der traditionellen Formen politischer Einflussnahme nach sich.

Ungeachtet der Etablierung von Protestaktivitäten im politischen Leben der Bundesrepublik Deutschland blieb die Stimmabgabe bei Wahlen weiterhin die dominierende Form politischer Beteiligung und war in den 1970er Jahren höher als jemals zuvor in der Geschichte Deutschlands. Etwa zehn Jahre später erreichten auch die Mitgliederzahlen der Parteien einen Höchstwert. Kurz vor der

Vereinigung spielten traditionelle Form der Einflussnahme und legale Protestaktivitäten eine vergleichbar große Rolle im politischen Prozess. Falls die Bundesrepublik in Sachen Partizipation jemals einen Rückstand gegenüber anderen Demokratien aufgewiesen haben sollte, war dieser spätestens dreißig Jahre nach dem Ende des Zweiten Weltkriegs abgebaut (Baker et al., 1981, S. 287).

Vergleichbare Aussagen über die politische Partizipation in der DDR sind nicht möglich. Zwar gab es auch im östlichen Teil Deutschlands Wahlen sowie die Mitgliedschaft und aktive Mitarbeit in Parteien und anderen Massenorganisationen. Die Bevölkerung war in betriebliche Aktivitäten eingebunden, in den letzten Jahren vor der Vereinigung formierte sich sogar eine bürgerschaftliche Protestbewegung. Ob es sich bei diesen Aktivitäten, abgesehen von der Mitarbeit in der Protestbewegung, um politische Partizipation im Verständnis dieses Buches handelte, lässt sich nur schwer sagen. Möglicherweise versuchten einige DDR-Bürger Einfluss auf die Gestaltung der Politik in ihrem Land zu nehmen, andere mögen sich beteiligt haben, um dem System ihre Loyalität zu bekunden und wieder andere wurden vermutlich aus Furcht vor Nachteilen oder aus Opportunismus politisch aktiv. Über die Beweggründe, die hinter der zahlenmäßig beachtlichen Beteiligung an partizipationsähnlichen Aktivitäten stand, kann man nur spekulieren, die Spekulationen lassen sich aber durch Daten weder belegen noch widerlegen.

5.1.2 Politische Partizipation im vereinigten Deutschland

Der 1990 vollzogene Beitritt der neuen Länder zur Bundesrepublik markierte in vielerlei Hinsicht einen Einschnitt in der politischen Entwicklung des Landes.

Die dem Kollaps des SED-Regimes vorausgehenden Massenproteste, die Aktivitäten der Runden Tische und die Aufnahme direktdemokratischer Verfahren in die Verfassungen der wiedergegründeten Länder setzten Impulse für das politische Leben im vereinigten Deutschland und dürften die in der Folgezeit zu beobachtende Ausweitung dialogorientierter und direktdemokratischer Beteiligungsformen begünstigt haben.

Obgleich sich die empirische Forschung seit 1990 intensiv mit der Struktur und Entwicklung politischer Einstellungen und Verhaltensweisen in Ost- und Westdeutschland beschäftigte, liegen über die politische Partizipation der Bundesbürger im unmittelbaren Umfeld der Vereinigung nur wenige bundesweit repräsentative Daten vor. Eine Umfrage aus dem Jahr 1991 ergab für die erfassten Beteiligungsformen (Wählen, Mitarbeit in Bürgerinitiativen, Beteiligung an Unterschriftensammlungen und Demonstrationen) in den alten und neuen Bundesländern höhere Werte als sie 1988 im Westen und 1998 in Gesamtdeutschland gemessen wurden (tabellarisch hier nicht ausgewiesen). Es lässt sich aber nicht mit Bestimmtheit sagen, ob die starke Mobilisierung der Ostdeutschen auf Ausstrahlungseffekte der demokratischen Revolution oder auf die leichten Unterschiede in den Erhebungsformaten der genannten Umfragen zurückgeht. Daten aus den Jahren 1995 und 1996 geben ebenfalls keine Antwort auf die Frage, ob die Wende in der DDR langfristig einen Mobilisierungsschub im vereinigten Deutschland auslöste (Gabriel, 2011; van Deth, 1997; Schmitt-Beck & Weins, 1997).

Die einzige freie Wahl der DDR-Volkskammer am 18. März 1990 brachte mit einer Wahlbeteiligung von 93,4 Prozent ein Niveau, das sogar den Rekordwert der alten Bundesrepublik aus dem Jahr 1972 übertraf. Doch bereits bei der ersten gesamtdeutschen Bundestagswahl war die starke Mobilisierung der ostdeutschen Wählerschaft beendet. In Gesamtdeutschland lag die Wahlbeteiligung mit 77,8 Prozent deutlich unter dem Durchschnittsniveau der alten Bundesrepublik. Im östlichen Landesteil war sie mit 74,4 Prozent fast um 20 Prozentpunkte niedriger als bei der Volkskammerwahl im Frühjahr 1990.

Nach einem leichten Anstieg in den Jahren 1990 bis 1998 nahm der Anteil der Wahlberechtigten, die bei Bundestagswahlen ihre Stimme abgaben, um sieben Prozentpunkte ab und erreichte 2009 mit 70,8 Prozent das niedrigste Niveau, das jemals bei einer Bundestagswahl gemessen wurde. Ungeachtet einer Umkehr des Trends bei der Bundestagswahl 2013 lag auch die bei den letzten Urnengängen erreichte Quote unter dem langfristigen westdeutschen Durchschnitt.

Von einem im Vergleich mit der Bundesebene niedrigen Startniveau ausgehend, sank die Beteiligung an Landtagswahlen zwischen 1990 und 2009 ebenfalls sehr deutlich, stieg aber seither wieder an (Abb. 5.1). Bei der Interpretation dieses Trendwandels muss man berücksichtigen, dass die neueste Phase der Wählermobilisierung zu einem großen Teil die AfD begünstigte, die 2017 beispielsweise 1,2 Mio. frühere Nichtwähler anzog.[2] Im Westen liegt die Wahlbeteiligung auf Bundes- und Landesebene seit 1990 stets um fünf bis zehn Prozentpunkte höher als im Osten.[3]

Einen starken Abwärtstrend verzeichnen auch die Mitgliederzahlen der im Bundestag vertretenen Parteien. Gegenüber 2,41 Mio. im Jahr 1990 gehörten ihnen Ende 2019 nur noch 1,15 Mio. Mitglieder an, also weniger als die Hälfte. Der Mitgliederschwund betraf alle Parteien, die bis zur Vereinigung die Geschichte der Bundesrepublik

---

[2] https://de.statista.com/statistik/daten/studie/753486/umfrage/waehlerwanderung-von-und-zu-der-afd-bei-der-bundestagswahl/

[3] https://www.bpb.de/geschichte/deutsche-einheit/lange-wege-der-deutschen-einheit/47513/wahlverhalten-in-ost-und-westdeutschland

geprägt hatten. Besonders starke Einbußen verzeichnete die FDP (−61,1 %), gefolgt von der SPD (−55,6 %), der CDU (−48,6 %) und der CSU (−25,3 %). Noch stärker erodierte die Mitgliedschaft der PDS/Die Linke (−78,3 %). Ein Wachstum verzeichneten nur die GRÜNEN (+133,5 %) und die 2013 gegründete AfD (+96,5 %; Niedermayer, 2020, S. 424 f.).

Zu einem Teil ist der starke Rückgang dadurch bedingt, dass die Mitgliederzahlen der CDU und der FDP im Jahr 1990 wegen der Aufnahme von Mitgliedern der ehemaligen DDR-Blockparteien (CDU, DBD, LDPD, NDPD) auf einem besonders hohen Niveau lagen. Noch stärker gilt dies für die PDS als Nachfolgepartei der mitgliederstarken SED. Unabhängig von dieser zeitbedingten Verzerrung belegen die Daten die nachlassende Verankerung der politischen Parteien, vor allem der demokratischen Parteien, in der deutschen Gesellschaft. Damit hat ein wichtiger Zugangsweg zum politischen Prozess für viele Bürger an Bedeutung verloren, mit erheblichen Konsequenzen für die Rekrutierung des politischen Führungspersonals und die Kampagnefähigkeit der Parteien. Es muss sich zeigen, ob und in welcher Weise eine verstärkte Nutzung neuer Partizipationsmöglichkeiten die Schwächung der durch Wahlen und Parteien vermittelten Partizipation auszugleichen vermochte.

In den drei nach der Vereinigung durchgeführten ALLBUS-Umfragen kamen weitgehend identische Frageformate zum Einsatz, sodass die erhobenen Daten vergleichbar sind (Tab. 5.2). Obgleich drei Datenpunkte für eine Analyse von Entwicklungstrends nicht ausreichen, liefern sie brauchbare Informationen, nicht zuletzt weil die seit 2002 im Zwei-Jahres-Abstand erhobenen Daten des European Social Survey ähnliche Entwicklungstendenzen erkennen lassen (vgl. Abb. 6.4).

Tab. 5.2 Entwicklung politischer Beteiligung in Deutschland, 1998 bis 2018.

	1998	2008	2018	PPD 2018–1998
Wählen	77	79	87	+10
Politische Meinung sagen	68	76	81	+13
Unterschriftensammlung	36	47	59	+23
An Diskussion teilnehmen	22	27	33	+11
Genehmigte Demonstration	15	21	29	+14
In Bürgerinitiative mitarbeiten	8	11	13	+5
In einer Partei mitarbeiten	4	5	7	+3
Ungenehmigte Demonstration	3	4	5	+2
Aus Protest andere Partei wählen	8	15	17	+9
Stimmenthaltung aus Protest	7	8	6	−1
Kritisch konsumieren		28	39	(+11)
Online-Protest		8	20	(+12)
Volksabstimmung			39	–
In sozialen Medien Meinung sagen			10	–
Online-Petition			2	–
Gebäudebesetzung	1			–
N	3234	3469	3477	

Quelle: ALLBUS 1988 (nur alte Bundesländer), 1998, 2008, 2018
Erläuterungen: Gewichtung: Ost-West-Personengewicht; die Angaben in den Zellen sind Prozentanteile, leere Zellen: Aktivität wurde nicht erhoben; PPD: Prozentpunktdifferenz; Angaben in Klammern: PPD 2018–2008. Fragen und Antwortvorgaben: wie Abb. 5.2.

Wie die Daten zeigen, blieb die Stimmabgabe bei Wahlen nach der Vereinigung die am meisten genutzte Form politischer Einflussnahme. Ein nicht zu übersehender Teil der Bundesbürger setzt die Stimmabgabe bei Wahlen als Mittel des Protests ein, indem sie sich der Stimme enthalten oder eine andere als die bislang bevorzugte Partei wählen (ausführlich: Gabriel, 2019, S. 160 ff.). Die Tatsache, dass die Umfragen den durch die amtliche Wahlstatistik dokumentierten, zeitweise deutlichen Rückgang der Wahlbeteiligung nicht in vollem Umfang widerspiegeln, ist vermutlich durch den bereits erwähnten Effekt der sozialen Erwünschtheit bedingt.

Die Artikulation politischer Meinungen in Veranstaltungen oder im persönlichen Umfeld sind neben den Wahlen die einzigen traditionellen Aktivitäten, an denen sich ein großer Teil der Bundesbürger beteiligt. Sie lassen sich aber nicht ohne Weiteres im Spektrum der konventionellen bzw. unkonventionellen Partizipation verorten.

Die durch Parteien vermittelten Möglichkeiten zur politischen Einflussnahme erfreuen sich im Vergleich damit eines weniger großen Zuspruchs, haben sich aber als Zugangswege zur Politik stabilisiert. Allerdings vermitteln die aus verschiedenen Quellen ableitbaren Erkenntnisse darüber ein widersprüchliches Bild. Auf der einen Seite belegt die Mitgliederstatistik für die meisten im Bundestag vertretenen Parteien einen starken Schwund. Auf der anderen Seite lassen Umfragedaten keinen Rückgang des Anteils *aktiver* Parteimitglieder erkennen (Klein, 2020, S. 381 ff.; Niedermayer, 2020 sowie Tab. 5.2).

Die Teilnahme an Protestaktivitäten entwickelte sich nicht einheitlich. Im Vergleich mit den frühen 1980er Jahren scheint die Mitarbeit in Bürgerinitiativen an Attraktivität verloren zu haben und stagniert bei einem Anteil von etwas mehr als zehn Prozent. Im Gegensatz dazu hat sich die Teilnahme an genehmigten Demonstrationen seit der Vereinigung nahezu verdoppelt, an Unterschriftensammlungen ist sie um mehr als 20 Prozentpunkte gestiegen (vgl. auch van Deth & Zorell, 2020, S. 398 ff.). Auf niedrigerem Niveau nahmen auch die

Protestwahl und die Beteiligung an nicht genehmigten Demonstrationen zu, während die Wahlenthaltung aus Protest zurückging. Diese Zahlen kann man als Hinweise auf ein wachsendes Konfliktpotenzial im politischen Leben Deutschlands interpretieren, nicht zuletzt im Vergleich mit der alten Bundesrepublik (ausführlich: Gabriel, 2019, S. 160 ff.).

Im Jahr 2008 enthielt der ALLBUS erstmals Angaben über die Verbreitung der Konsumentenpartizipation und von Online-Protesten, 2018 kamen die Beteiligung an Volksabstimmungen, die Nutzung sozialer Medien und die Beteiligung an Online- Petitionen hinzu. Wie bereits auf den ersten Blick auffällt, greift ein großer Teil der Bevölkerung auf die Konsumentenpartizipation und die Beteiligung an Volksabstimmungen als Mittel politischer Einflussnahme zurück. Beide Beteiligungsformen nahmen 2018 mit einem Anteil von 39 Prozent Aktiven einen Spitzenplatz im Partizipationssystem Deutschlands ein. Im Vergleich damit waren die digitale Partizipation und die im ALLBUS erstmals 1998 berücksichtigte Protestwahl weniger weit verbreitet. Über die Beteiligung an dialogorientierten Aktivitäten enthält der ALLBUS keine Informationen.

Nach dem Ergebnis der wenigen bisher dazu veröffentlichten Untersuchungen haben sich direktdemokratische und dialogorientierte Beteiligungsformen seit 1990 im Partizipationssystem der Bundesrepublik Deutschland etabliert. Im Jahr 2014 gab mehr als ein Fünftel der Befragten an, bereits an einem Bürgerdialog teilgenommen zu haben, etwas mehr als ein Drittel berichtete über eine Beteiligung an Bürgerbegehren und -entscheiden. Zwischen 2014 und 2018 verdoppelte sich die Nachfrage nach dialogorientierten Beteiligungsformaten, zudem stieg die Nutzung direktdemokratischer Verfahren. Im Vergleich damit fanden digitale Partizipationsmöglichkeiten – mit

Ausnahme von Online-Petitionen und -abstimmungen – in der Öffentlichkeit weniger Anklang. Die neuen Partizipationsformen ergänzen die zuvor existierenden Beteiligungsformate in doppelter Hinsicht. Auf der einen Seite öffneten sie den bereits Aktiven neue Wege zur politischen Einflussnahme. In geringerem Umfange gelang es ihnen aber auch, bisher Inaktive zur politischen Teilnahme zu bewegen (Gabriel & Kersting, 2014, S. 51 ff.; Gabriel, 2019, S. 192 ff.).

Neben den beschriebenen Anzeichen von Stabilität belegen die Daten den seit den 1970er Jahren in Deutschland eingetretenen Wandel der Beteiligungsstrukturen. Die Bedeutung legaler Protestaktivitäten stieg zwischen 1998 und 2018 noch stärker als in den 15 Jahren vor der Vereinigung. Die Beteiligung an Petitionen bzw. Unterschriftensammlungen und genehmigten Demonstrationen ist derzeit weiter verbreitet als sämtliche partei- und wahlbezogenen Formen des politischen Engagements, einschließlich der Ausübung oder Nichtausübung des Wahlrechts als Mittel des Protests. Zu den für repräsentative Demokratien typischen Beteiligungsformen und den legalen Protestaktionen kamen neue Aktivitäten wie die Konsumentenpartizipation, die Beteiligung an Volksabstimmungen und die Nutzung digitaler Beteiligungsangebote hinzu. Daneben fällt der generelle Anstieg der politischen Partizipation im Zeitraum 2008 bis 2018 auf. Studien aus den letzten Jahren unterstreichen diese Tendenzen, die auch bei Berücksichtigung des Stichprobenfehlers ihre Bestand haben (Gabriel, 2019, S. 192 ff.; Gabriel & Kersting, 2014; Klein, 2020; van Deth & Zorell, 2020).

Seit der Gründung der Bundesrepublik hat das politische Engagement der Bürgerschaft nicht nur zugenommen, sondern ist auch vielfältiger geworden (Theocharis & van Deth, 2018, S. 17 ff.). Neben Wahlen,

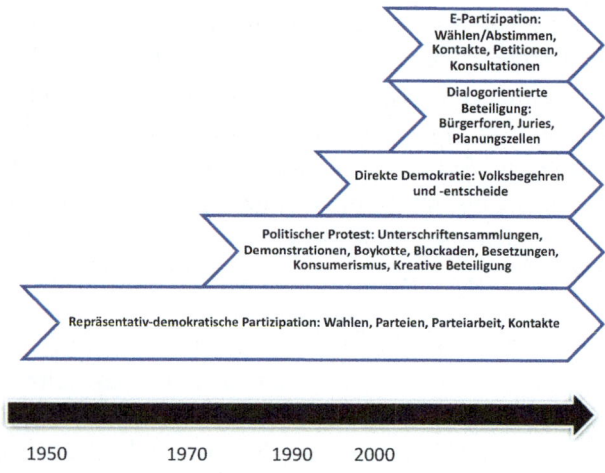

Abb. 5.3 Politische Partizipation im Wandel. Quelle: eigene Darstellung.

wahl- und parteibezogene Aktivitäten und nicht legale Protestaktionen traten um die Jahrtausendwende direktdemokratische, dialogorientierte und digitale Formen politischer Beteiligung. Sie wurden als Ausdruck demokratischer Innovationen und als Zeichen des Überganges zu einer vielfältigen Demokratie gewürdigt, der die repräsentative Demokratie auf eine sinnvolle Weise ergänze und deren Wandlungsfähigkeit unterstreiche (Geissel & Newton, 2012; Geißel et al., 2014). Abb. 5.3 gibt einen Überblick über die Etappen dieses Wandlungsprozesses.

5.2 Politische Beteiligung in den alten und neuen Bundesländern

In Anbetracht des tiefen Einschnittes, den der Beitritt der neuen Länder zur Bundesrepublik für das politische Leben in Deutschland bedeutete, aber auch im Hinblick auf den Beitrag bürgerschaftlicher Proteste zum Systemwechsel in der

5 Politische Beteiligung in Deutschland im Wandel

DDR, bliebe ein Überblick über die politische Beteiligung in Deutschland ohne einen Vergleich der Verhältnisse in den alten und neuen Bundesländern unvollständig.

Im ersten Jahr nach der Vereinigung unterschieden sich Art und Ausmaß der politischen Partizipation in Ost- und Westdeutschland noch relativ klar voneinander: Aktivitäten wie die Beteiligung an Unterschriftenaktionen und Boykotten waren im Westen weiter verbreitet als im Osten. Dagegen setzten die Ostdeutschen stärker als die Westdeutschen auf Demonstrationen als Mittel politischer Einflussnahme (tabellarisch nicht ausgewiesen). Bereits vier Jahre später hatten sich die Partizipationsstrukturen in beiden Landesteilen weitgehend aneinander angeglichen (Gabriel & Völkl, 2005, S. 539 ff.; Schmitt-Beck & Weins, 1997; van Deth, 1997). Dieser Trend verstärkte sich in den folgenden Jahren (Gabriel, 2011, 2019; Steinbrecher, 2009, S. 111 ff.).

Die Daten in Abb. 5.4 bestätigen dies. Zwar gaben im Durchschnitt der Jahre 1998 bis 2018 weniger Ostdeutsche ihre Stimme bei Wahlen ab als dies Westdeutsche

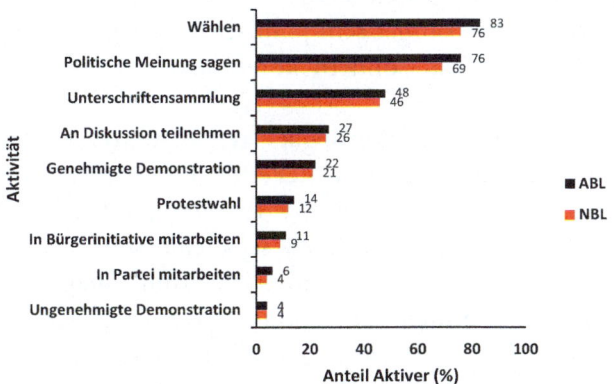

Abb. 5.4 Politische Partizipation in Deutschland im Durchschnitt der Jahre 1998 bis 2018. Quellen und Erläuterungen wie Tab. 5.2

tun, und eine gleich große Differenz zeigt sich auch bei öffentlichen Meinungsäußerungen. Bei allen anderen, nicht zuletzt den aufwendigeren, Aktivitäten lag die West-Ost-Differenz im Bereich des statistischen Stichprobenfehlers. Wegen der großen Ähnlichkeit zwischen West und Ost besteht keine Notwendigkeit, den auftretenden Unterschieden in den folgenden Kapiteln größere Aufmerksamkeit zu widmen.

5.3 Zusammenfassung

Der Überblick über Niveau und Wandel politischer Beteiligung zeichnet ein klares Bild des Weges Deutschlands von einer Zuschauerdemokratie zu einer repräsentativen Demokratie mit partizipativen Elementen. Seit der Gründung der Bundesrepublik blieb die Stimmabgabe bei Bundestags- und Landtagswahlen die häufigste und für viele Menschen einzige Form politischer Einflussnahme. Trotz eines globalen Abwärtstrends auf allen Ebenen des politischen Systems erwies sie sich als das Herzstück des Partizipationssystems. Allerdings beschränkt fast jeder zweite Bürger sein politisches Engagement nicht auf diese Aktivität, sondern kombiniert sie mit anderen Partizipationsformen.

Nach der Funktionslogik repräsentativer Demokratien sollte dies an erster Stelle für die mit Wahlen und Parteien zusammenhängenden Formen politischer Einflussnahme gelten. Tatsächlich setzt eine starke Minderheit der Bundesbürger zusätzlich zum Wählen auf traditionelle Formen des politischen Engagements wie die aktive Mitarbeit in Parteien und das Kontaktieren von Politikern. Abgesehen von der Parteimitgliedschaft sind diese Aktivitäten in den letzten Jahrzehnten nicht spürbar zurückgegangen. Das Aktionsrepertoire der Bevölkerung wurde jedoch um neue Formen des Engagements ergänzt. Insbesondere seit der Wiedervereinigung spielen direktdemokratische, dialogorientierte und digitale Partizipationsformen eine wachsende Rolle. Das Beteiligungssystem Deutschlands ist im Laufe der Zeit nicht nur breiter und inklusiver, sondern auch vielfältiger geworden.

Vertiefende Literatur

Gabriel, O. W. (2011). Von der parlamentarischen Demokratie zur Bürgergesellschaft? In G. Abels (Hrsg.), *Deutschland im Jubiläumsjahr 2009. Blick zurück nach vorn* (S. 161–196). Baden-Baden: Nomos.

Gabriel, O. W. (2019). Politische Partizipation im dritten ausgehenden Jahrzehnt des vereinigten Deutschland. In E. Holtmann (Hrsg.), *Die Umdeutung der Demokratie. Politische Partizipation in Ost- und Westdeutschland* (S. 143–217). Frankfurt a. M.: Campus.

6

Partizipationssysteme in Deutschland

Die Veränderungen der politischen Partizipation, insbesondere die zunehmend komplexer werdenden Formen des politischen Engagements in Deutschland und anderen Demokratien, hinterließen in der empirischen Partizipationsforschung ihre Spuren. Wenn auch mitunter verzögert, griff sie den Wandel des politischen Verhaltens in ihren Datenerhebungen und Analysen auf und versuchte den Veränderungsprozess korrekt zu beschreiben und angemessen zu erklären. Diese Bemühungen schlossen die Klärung der Beziehungen zwischen den verschiedenen Formen politischer Beteiligung ein, die sich in mancherlei Hinsicht ähneln, in anderen Merkmalen jedoch voneinander unterscheiden.

> **Definition**
>
> Durch bestimmte Merkmale eng miteinander verbundene Formen des politischen Engagements bezeichnet man als *Partizipationssysteme* (Verba & Nie, 1972, S. 44 ff.).

6.1 Dimensionen politischer Partizipation

In ihrer Frühphase hatte die Partizipationsforschung ihren Blick auf Aktivitäten wie Diskussionen mit Anderen über politische Themen, die Mitarbeit in politischen Parteien oder die Unterstützung von Kandidaten und Parteien im Wahlkampf gerichtet. Diese enge Sicht auf den Gegenstand spiegelte die Partizipationswirklichkeit der 1950er Jahre wider. Für den weitaus größten Teil der Bevölkerung bestand aktives politisches Engagement tatsächlich in der Stimmabgabe bei Wahlen und in kommunikativen Aktivitäten wie dem Lesen des politischen Teils der Zeitung oder politischen Diskussionen mit Familienmitgliedern, Freunden, Nachbarn und Arbeitskollegen. Nur eine kleine Gruppe betätigte sich in Parteien oder unterstützten Parteien und Kandidaten in Wahlkämpfen.

Als einer der ersten Forscher stellte Milbrath (1965) Überlegungen an, wie man die vorherrschende Beschäftigung mit Einzelaktivitäten zu einer systematischen Analyse der Struktur politischer Partizipation weiterentwickeln könne. Seinen Vorstellungen zu Folge unterschieden sich die vorhandenen Formen politischer Partizipation vor allem durch den mit ihnen verbundenen *Aufwand* und die daraus resultierende *Verbreitung* voneinander. Dementsprechend ordnete er alle Aktivitäten auf einer Pyramide an, an deren Basis er die *Inaktiven* platzierte und deren Spitze die *Aktivisten* (Gladiatoren) einnahmen. In einer Zwischenposition lokalisierte er die *Zuschauer*, die sich auf Wahlen und kommunikative Aktivitäten beschränkten. Diese Klassifikation beruhte nicht auf einer empirischen Analyse der Struktur des Beteiligungssystems, sondern stützte sich ausschließlich auf Plausibilitätsüberlegungen.

6 Partizipationssysteme in Deutschland

Mit der weiteren Ausdifferenzierung des Aktionsrepertoires der Bevölkerung erwies sich die Behandlung politischer Partizipation als eindimensionale Menge von Aktivitäten als zu einfach. Nicht zuletzt neuere statistische Verfahren machten es möglich, die zunehmend komplexeren Verhaltensformen in empirischen Analysen abzubilden. Den ersten Schritt in diese Richtung unternahmen Verba und Nie (1972, S. 44 ff.) in ihrer Analyse der politischen Partizipation in den USA. In dieser Studie wiesen sie nach, dass sich politische Aktivitäten nicht allein im *Ausmaß*, sondern auch in der *Qualität* voneinander unterschieden. Neben dem bereits bekannten Kriterium des durch die Aktivitäten verursachten *Aufwandes* führten sie zur Abgrenzung zwischen verschiedenen Partizipationssystemen drei weitere Merkmale ein: der *Art der Interaktion* zwischen Bürgern und Eliten bzw. den *Zweck,* dem Aktivitäten dienen (Vermittlung von Informationen bzw. Ausüben von politischem Druck), den *Grad* der mit ihnen verbundenen *Konflikte* (konfliktgeladen bzw. nicht konfliktgeladen) und die *Reichweite* der durch ihren Einsatz herbeigeführten *Ergebnisse* (individuell oder kollektiv).

Auf der Grundlage dieser Merkmale grenzten sie vier Partizipationssysteme voneinander ab, die *Stimmabgabe bei Wahlen,* die Ausführung von *Wahlkampfaktivitäten* (elektoral), die *Mitwirkung an kooperativen Aktivitäten* und die von den Bürgern initiierten *Kontakte* zu politischen Entscheidungsträgern (nicht-elektoral). Jedes dieser vier Beteiligungssysteme weist eine eindeutige Kombination der vier oben genannten Merkmale auf und unterscheidet sich dadurch von den anderen Systemen (Abb. 6.1).

	Elektorale Aktivitäten		Nichtelektorale Aktivitäten	
Partizipationssystem Merkmal	Wahlbeteiligung	Wahlkampf- aktivitäten	Kooperative Aktivitäten	Von Bürgern initierte Kontakte
Art der Interaktion mit Eliten	Druck	Information und Druck	Information und Druck	Information
Konflikthaftigkeit	stark	stark	mäßig	gering
Reichweite des Ergebnisses	kollektiv	kollektiv	kollektiv	individuell
Erforderliche Initiative	gering	mäßig	mäßig bis groß	groß

Abb. 6.1 Partizipationssysteme nach Verba und Nie.
Quelle: Verba & Nie, 1972, S. 54.

Im Gegensatz zu früheren Studien unterzogen Verba und Nie ihre Annahmen über die Struktur des Beteiligungssystems einer empirischen Prüfung. Mittels einer Faktorenanalyse gelang es ihnen, vier Beteiligungssysteme voneinander abgrenzen, von denen sich zwei etwas anders gruppierten als ursprünglich angenommen. Für nicht-elektorale Aktivitäten erwies es sich nicht als entscheidend, ob sie individuell oder gemeinsam mit anderen ausgeführt wurden. Ausschlaggebend war vielmehr die Frage, ob sie auf die Durchsetzung *individueller oder kollektiver Ziele* ausgerichtet waren. Dem entsprechend bezeichneten Verba und Nie eines der Beteiligungssysteme als kooperative Aktivität/Kontakte in gesellschaftlichen Angelegenheiten und das andere als Kontakte in eigener Sache.

Eine Schwachstelle im insgesamt überzeugenden Partizipationskonzept von Verba und Nie war die Nichtberücksichtigung der zum Zeitpunkt ihrer Studie bereits weit verbreiteten Protestaktivitäten. Diese nahm das wenig später durchgeführte Political Action-Projekt von Barnes et al. (1979) in den Blick. Wie Verba und Nie behandelten die Political Action-Forscher politische Partizipation als mehrdimensionale Größe. Sie entwickelten jedoch ein über das bisherige Verständnis hinausgehendes Konzept, das auf einen Vergleich traditioneller („konventioneller") und neuer („unkonventioneller") Beteiligungsformen ausgerichtet war.

> **Definition**
>
> Die *konventionellen* Formen politischer Beteiligung umfassen nach Kaase (1997, S. 160) Aktivitäten, die mit *hoher Legitimationsgeltung* auf *institutionalisierte Elemente des politischen Prozesses* bezogen sind. Sie laufen innerhalb der Strukturen und Prozesse repräsentativer Demokratien ab. Die *unkonventionellen* Beteiligungsformen entsprechen dagegen *nicht den Rechts- und Verhaltensnormen,* die für das politische Leben in repräsentativen Demokratien gelten. Inglehart (1983) bezeichnete die traditionellen und neuen Formen politischer Partizipation als *elitegesteuert* bzw. die *Eliten provozierend.*

Beide Gruppen von Aktivitäten bilden analytisch voneinander zu trennende, empirisch aber miteinander verbundene, hierarchisch aufgebaute Beteiligungssysteme. Zu den wenig aufwendigen und häufig praktizierten konventionellen Aktivitäten zählten die Forscher kommunikative Handlungen, zu den aufwendigen parteibezogene Aktionen. Als einfache unkonventionelle Aktivitäten galten die Beteiligung an Petitionen und Demonstrationen, als komplexe Formen die Mitwirkung an wilden Streiks oder Verkehrsblockaden (Marsh & Kaase, 1979a). Bei der empirischen Prüfung dieser Annahme zeigten sich in sämtlichen untersuchten Ländern zwei eindimensionale, hierarchisch organisierte Systeme, die jeweils die als konventionell und unkonventionell klassifizierten Einzelaktivitäten umfassten. Die Position der Aktivitäten in der Hierarchie von Partizipationsformen wies allerdings einige hier nicht interessierende nationale Besonderheiten auf.

Da konventionelle und unkonventionelle Formen des politischen Engagements miteinander verbunden waren, kombinierten Kaase und Marsh (1979b) diese beiden Beteiligungssysteme zu einer Typologie politischer Aktionsstile. Sie umfasste die folgenden fünf Gruppen von Partizipanten: (1) *Inaktive,* die sich nicht oder nur geringfügig engagieren, (2) *Konformisten* und (3) *Protestierer,* die sich jeweils ausschließlich konventioneller oder unkonventioneller Aktionsformen bedienen, (4) *Reformisten,* die traditionelle Formen des Engagements mit der Beteiligung an legalen Protesten kombinieren und (5) *Aktivisten,* die das gesamte Arsenal politischer Einflussmöglichkeiten nutzen.

Ungeachtet einiger Schwächen wie der Einbeziehung durch die Definition nicht abgedeckter Aktivitäten in die Messung politischer Beteiligung legten die Arbeiten der Forschergruppen um Sidney Verba und um Samuel Barnes die Basis der modernen empirischen Partizipationsforschung. In der Folgezeit machte die Ausbreitung neuer Aktionsformen (kreative Beteiligungsformen, digitale, direkt-demokratische und dialogorientierte Verfahren) Erweiterungen des Partizipationskonzepts erforderlich. Diese stellten aber die Unterscheidung zwischen elektoralen und nicht-elektoralen sowie wahl- und parteibezogenen Aktivitäten und Protestaktionen nicht in Frage (vgl. Parry et al., 1972; Teorell et al., 2007). Mit Ausnahme der Konsumentenpartizipation sind die neuen Formen des politischen Engagements theoretisch und methodisch kaum in die Mainstream-Partizipationsforschung integriert, sodass sie in neueren empirischen Analysen der Struktur von Beteiligungssystemen nur selten Berücksichtigung fanden (Gabriel et al., 2020, S. 48 ff.).

6.2 Strukturen politischer Beteiligung in Deutschland

Wie intensiv engagieren sich die Deutschen im politischen Leben und auf welche Arten von Aktivitäten greifen sie zurück, wenn sie politische Vorgänge beeinflussen wollen? Der Suche nach Antworten auf diese beiden Fragen liegen zwei vielfach bestätigte Erkenntnisse der empirischen Forschung zugrunde: Erstens weisen alle als Partizipation bezeichneten Aktivitäten Gemeinsamkeiten auf, die sich aus der *Definition* des Konzepts ergeben. Dies bildet die Basis für empirische Analysen des *Ausmaßes* politischer Partizipation. Zweitens existieren *qualitativ unterschiedliche Partizipationssysteme.* Sie fassen einander ähnliche, von anderen Arten politischer Partizipation durch bestimmte Merkmale unterscheidbare Aktivitäten zu Gruppen zusammen. Die Analyse ihrer Nutzung ergänzt Untersuchungen des Ausmaßes des politischen Engagements.

Nachdem im fünften Teil dieses Buches Erkenntnisse über die Verbreitung und Entwicklung *einzelner Formen* politischer Partizipation in Deutschland vorgestellt wurden, werden in den folgenden Abschnitten die in Deutschland identifizierbaren *Partizipationssysteme* beleuchtet. Aus methodischen Gründen basiert dieser Teil der Untersuchung auf den Daten des ESS 2002 bis 2018. Sie enthalten über den gesamten Untersuchungszeitraum neben der Wahlbeteiligung jeweils drei auf dieselbe Weise gemessene Indikatoren konventioneller und unkonventioneller Partizipation.

6.2.1 Das Ausmaß des politischen Engagements

Wie diese Daten zeigen, waren im Durchschnitt der Jahre 2002 bis 2018 fast 90 Prozent der Bundesbürger in irgendeiner Weise politisch aktiv. Die Gruppe der gänzlich Inaktiven umfasste neun Prozent der Befragten. Von denjenigen, die sich nach ihren Angaben im Laufe des zurückliegenden Jahres politisch engagiert hatten, waren die meisten moderat aktiv. Ein Drittel berichtete von der Teilnahme an einer Aktivität. Knapp ein Viertel der Befragten nutzte zwei Formen politischer Partizipation, 17 bzw. 16 Prozent übten drei bzw. vier und mehr Aktivitäten aus. Damit liegt der Anteil der stark Engagierten fast doppelt so hoch wie der der gänzlich Passiven (tabellarisch nicht ausgewiesen).

Unter den Aktiven beschränkte sich ungefähr jede vierte Person auf die Stimmabgabe bei Wahlen. Folglich fällt das Engagement deutlich niedriger aus, wenn man ausschließlich die über die Wahlbeteiligung hinausgehenden Aktivitäten in den Blick nimmt. In diesem Falle gehörten im Durchschnitt der Jahre 2002 bis 2018 43 Prozent der Befragten zu den Inaktiven, 26 Prozent beteiligten sich an einer Aktivität, 17 Prozent an zwei und 14 Prozent an drei oder mehr Aktivitäten. Auch ohne Berücksichtigung der von vielen Menschen als Staatsbürgerpflicht betrachteten Stimmabgabe bei Wahlen partizipierte etwa die Hälfe der Bundesbürger aktiv an der Politik. Ein ungefähr gleich großer Anteil war moderat engagiert, mehr als zehn Prozent waren den politischen Aktivisten zuzurechnen (tabellarisch nicht ausgewiesen). Wenn man berücksichtigt, dass bei der Messung kommunikative Aktivitäten unberücksichtigt blieben und dass sich die Angaben lediglich auf die Partizipation im Jahr vor der Befragung beziehen, dann dokumentieren die Daten für Deutschland ein in seinem Ausmaß beachtliches Engagement.

Eine Trendanalyse spiegelt die Veränderungen wider, die schon im Überblick über die einzelnen Aktivitäten beschrieben wurden. Zwischen 2002 und 2006 stieg der Anteil politisch Inaktiver von zehn auf 15 Prozent, ging aber in den folgenden zwölf Jahren auf die Hälfte des Wertes von 2006 zurück. Spiegelbildlich dazu, wenn auch im Ausmaß geringer, nahm der Anteil der Aktivisten zwischen 2002 und 2006 von 13 auf 11 Prozent ab, um sich in der Folgezeit zu verdoppeln. Der Anteil der Befragten, die eine bis drei Aktivitäten ausführten, schwankte im untersuchten Zeitraum um die 75-Prozent-Marke, nahm aber geringfügig zugunsten des Anteils der Aktivisten ab (Abb. 6.2).

Sehr deutlich belegt ein Vergleich der Situation am Beginn (2002) und am Ende des Beobachtungszeitraumes (2018) den Partizipationsschub in Deutschland. Im Jahr 2002 war die Hälfte der Befragten (49 %) politisch nicht oder nur minimal engagiert (keine oder eine Aktivität), die Gruppe der stark Engagierten (drei und mehr Aktivitäten) umfasste 28 Prozent. Gut eineinhalb Jahrzehnte später hatte sich das Verhältnis zwischen schwach Involvierten (34 %) und Aktivisten (42 %) nahezu umkehrt.

Der seit Mitte der 1970er Jahre zu beobachtende Partizipationsschub setzte sich nach der Vereinigung Deutschlands fort, auch wenn nicht alle Aktivitäten zunahmen und wenn die Entwicklung von kurzfristigen Rückschritten unterbrochen wurde.

Noch etwas anschaulicher als die prozentuale Verteilung dokumentiert die Entwicklung der durchschnittlichen Zahl von Aktivitäten Ausmaß und Wachstum der politischen Partizipation in Deutschland. Im Jahr 2002 beteiligten sich die Bundesbürger im Durchschnitt

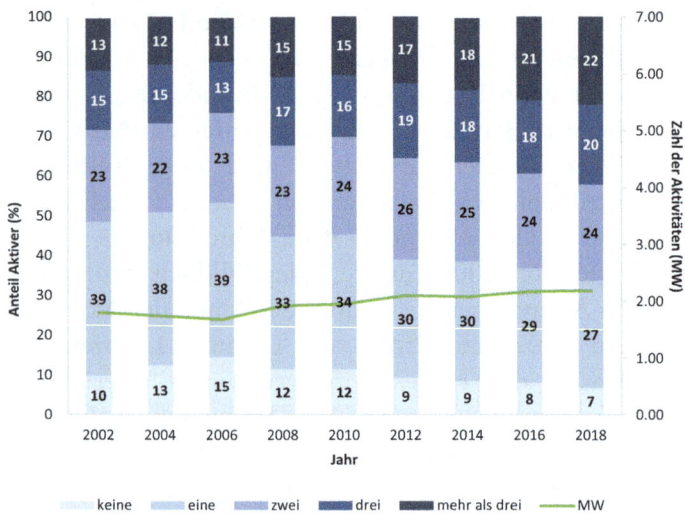

Abb. 6.2 Ausmaß politischer Partizipation in Deutschland, 2002 bis 2018.
Quelle: European Social Survey, 1. bis 9. Welle, eigene Auswertung. N: 2076 (2018) bis 2420 (2016); demografische Gewichtung der Daten
Erläuterungen: Die Angaben sind Prozentanteile (Balken) und Mittelwerte (Linie). Den zum Erhebungszeitpunkt nicht wahlberechtigten Befragten wurden bei der Indexbildung fehlende Werte zugewiesen. Dadurch ergeben sich geringfügig niedrigere Anteilswerte als bei einer Beschränkung der Untersuchung auf die Wahlberechtigten. Frageformulierungen, Antwortvorgaben und Angaben zur Indexbildung im Anhang.

an 1,80 Aktivitäten, dieser Wert stieg bis 2018 auf 2,19 (Abb. 6.2). Das Engagement der Deutschen bewegt sich somit auf einem moderaten Niveau und geht jedoch bei den meisten über die Stimmabgabe bei Wahlen hinaus. Diese auf der Grundlage von Stichproben berechneten Werte liefern mit einer Schwankungsbreite von weniger als 0,1 Skalenpunkten eine sehr genau Schätzung des Niveaus politischer Partizipation in der Grundgesamtheit der wahlberechtigten deutschen Bevölkerung.

> **Hinweis zur Methode**
>
> Der Stichprobenfehler für den Mittelwert wird nach der folgenden Formel berechnet:
>
> $$SE_x = \frac{sd}{\sqrt{n}}$$
>
> SE_x: Stichprobenfehler des Mittelwertes der Grundgesamtheit,
> sd: Standardabweichung des Stichprobenwertes,
> n: Stichprobenumfang.
>
> Bei einer Stichprobengröße von 2685 Fällen und einer Standardabweichung von 1,32 bewegt der sich Mittelwert der Grundgesamtheit im Jahr 2002 (1,80) zwischen 1,77 und 1,83. Bei Berücksichtigung des Sicherheitsniveaus (95 % = 1,96) und der Zahl der Auswahlstufen (2) ergibt sich eine Schwankungsbreite von 1,73 bis 1,87.

Das Ausmaß der politischen Beteiligung in Deutschland entspricht nicht den Idealvorstellungen der partizipativen Demokratietheorie. Es bestätigt aber auch nicht die skeptische Sicht der realistischen Demokratietheorie, nach der die Durchschnittsbürger zwischen zwei Wahlterminen die Rolle passiver Zuschauer einnehmen. Seit Beginn der Jahrtausendwende erwiesen sich die Deutschen weder als dauerhaft hoch mobilisiert noch als apathisch. Wie aus einer realistischen Perspektive auf die politische Motivation der Normalbürger nicht anders zu erwarten ist, engagieren sie sich moderat, fallbezogen und zielorientiert (vgl. dazu auch Almond, 1989a, S. 339 ff.). Im Normalfall reicht das vorhandene Ausmaß politischer Partizipation dazu aus, die politischen Führungsgruppen an ihre Verantwortung gegenüber der Bürgerschaft zu erinnern. Hierzu trägt unter anderem bei, dass neben den aktuell Engagierten eine große Gruppe von Bundesbürgern im Bedarfsfall dazu bereit ist, vorübergehend vom Lager der politisch Inaktiven in das der Aktiven zu wechseln. Auf der anderen Seite ist die Bevölkerung politisch nicht hypermobilisiert und lässt der politischen Führung den Handlungsspielraum, den sie für eine effektive Erfüllung der Staatsaufgaben benötigt.

6.2.2 Typen des politischen Engagements

Seit der Ausbreitung von Protestaktivitäten in den westlichen Demokratien ist die Beziehung zwischen traditionellen und neuen Formen politischer Beteiligung umstritten. Einige Forscher interpretierten die Zunahme des Protests als Indiz für die Unzulänglichkeit der traditionellen Beteiligungssysteme, neuen Partizipationsansprüchen und den mit ihnen verbundenen Forderungen nach einer stärkeren Berücksichtigung der Anliegen der Neuen Politik gerecht zu werden. Mit dieser Annahme verband sich die Erwartung, „elitenprovozierende" Aktivitäten würden auf lange Sicht die „elitengesteuerten" Formen des Engagements verdrängen (Inglehart, 1983, S. 435 ff.). Mit der verstärkten Nutzung direktdemokratischer, dialogorientierter und digitaler Beteiligungsformen erhielt die Debatte über die Notwendigkeit partizipativer Innovationen neuen Auftrieb. Wie früher die Protestaktivitäten gilt die Ausbreitung dieser neueren Aktionsformen als Hinweis auf Schwächen, wenn nicht ein Versagen, der traditionellen, wahl- und parteizentrierten Aktionsmuster (Geißel et al., 2014; kritisch abwägend: Newton, 2012).

Diese Interpretation der Beziehung zwischen traditionellen und neuen Beteiligungsformen als Konkurrenzverhältnis blieb nicht unwidersprochen. Die Kritik an dieser Annahme kann sich auf die Ergebnisse der empirischen Forschung stützen, die nahezu ausnahmslos eine komplementäre Beziehung zwischen alten und neuen Beteiligungsformen belegen. Für die meisten Bürger stellt sich bei der Entscheidung über die Übernahme einer aktiven Rolle im politischen Leben primär die Frage nach dem „Ob?" und erst in zweiter Linie die Frage nach dem „Wie?" (Gabriel & Kersting, 2014, S. 50 ff.).

Die Daten in Abb. 6.3 ermöglichen eine erste Annäherung an die Beziehung zwischen der Wahlbeteiligung, den traditionellen Aktivitäten und dem legalen Protest. Zwischen 2002 und 2006 ging zwar die Wahlbeteiligung leicht zurück, dies gilt aber auch für die legalen Protestaktivitäten. Dagegen nahm die Mitwirkung an konventionellen Aktivitäten leicht zu. Seit 2006 verlaufen die Trends der drei Beteiligungsformen parallel, was der Annahme einer Konkurrenzbeziehung zuwiderläuft. Noch klarer sprechen die positiven, wenn auch schwachen, Korrelationen zwischen den verschiedenen Formen des individuellen politischen Engagements für eine Ausweitung des politischen Aktionsrepertoires der Bundesbürger (Anmerkungen zu Abb. 6.3).

Im individuellen politischen Verhalten zeigt sich kein Gegensatz zwischen traditionellen und neuen Partizipationsformen. Vielmehr überschneiden sich legale Proteste mittlerweile stärker mit wahl- und parteibezogenem Engagement als dies die beiden traditionellen Formen des politischen Engagements tun. Die Beteiligung an direktdemokratischen Aktivitäten korreliert ebenfalls positiv mit anderen Formen politischer Partizipation, insbesondere mit der Beteiligung an legalen Protesten (vgl. Anmerkungen zu Abb. 6.3 sowie Gabriel & Kersting, 2014, S. 50 ff.). Dies bedeutet, dass die schlichte Gegenüberstellung von

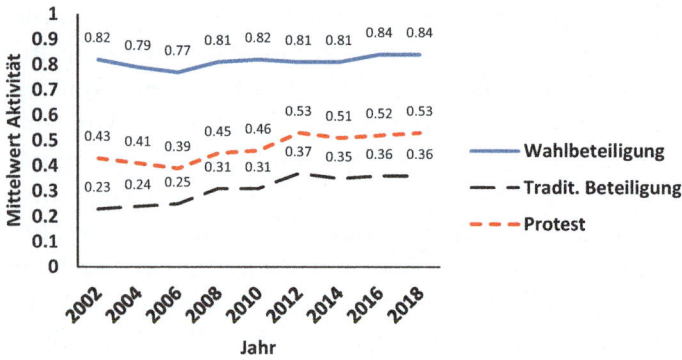

Abb. 6.3 Entwicklung der Wahlbeteiligung, traditioneller Aktivitäten und legaler Protestaktionen in Deutschland, 2002 bis 2018.
Quelle: European Social Survey, 1. bis 9. Welle, eigene Auswertung.
N: 2076 (2018) bis 2420 (2016); demografische Gewichtung der Daten
Erläuterungen: Um Niveau und Entwicklung der verschiedenen Beteiligungsformen miteinander vergleichen zu können, wurden die Wertebereiche standardisiert und haben die Extrempunkte 0 (keine Partizipation) und 1 (Beteiligung an allen Aktivitäten). Die dazwischen liegenden Werte sind durch gleiche Abstände voneinander getrennt. Beziehung zwischen den drei Typen politischer Aktivität: Wahlbeteiligung*traditionelle Partizipation: r ,16, p ,000; traditionelle Partizipation*legaler Protest: r ,31, p ,000; Wahlbeteiligung*legaler Protest: r ,16, p ,000; Wahlbeteiligung*Volksabstimmung: r ,07, p ,000; traditionelle Partizipation*Volksabstimmung: r ,12, p ,000; legaler Protest*Volksabstimmung: r ,12, p ,000.

traditionellen und neuen politischen Aktivitäten überholt ist, weil sich Parteiaktivisten stärker als andere Personen neuer Formen der politischen Einflussnahme bedienen und vice versa.

Weitere Erkenntnisse über die Strategien politischer Einflussnahme vermittelt eine Untersuchung der Art und Weise, in der Individuen die Partizipationsmodi Wählen, parteibezogene Aktivitäten und legaler Protest zu Aktionstypen kombinieren (vgl. auch Kaase & Marsh, 1979). Die *Inaktiven* sind in keine der drei Typen von Aktivitäten involviert, sondern bleiben dem politischen Leben völlig fern. Die *Wähler* beteiligen sich ausschließlich an Wahlen, gehen aber nicht darüber hinaus. Die *Traditionalisten* gehen zur Wahl und führen zusätzlich mindestens eine für das parteienstaatliche Engagement typische Aktivität aus. Die Protestierer lassen sich in zwei Gruppen aufteilen. Zur Gruppe der *integrierten Protestierer* gehören Personen, die sich an legalen Protesten und Wahlen beteiligen. Die Gruppe der *radikalen Protestierer* umfasst diejenigen, die nicht zur Wahl gehen, sondern ausschließlich auf den Protest als Mittel zur Durchsetzung politischer Ziele setzen. Die letzte Gruppe, die *Aktivisten*, gehen zur Wahl und beteiligen sich zudem an konventionellen und unkonventionellen Aktivitäten.

Im Durchschnitt aller zwischen 2002 und 2018 durchgeführten Erhebungen bildeten die Nur-Wähler mit 30 Prozent der Befragten die größte Gruppe, gefolgt von den integrierten Protestierern (23 %) und den Aktivisten (20 %). Der Anteil der Inaktiven belief sich durchschnittlich auf 12 Prozent, jeder Zehnte setzte ausschließlich auf parteibezogene Aktivitäten, sechs Prozent sind der Gruppe der radikalen Protestierer zuzurechnen.

Abb. 6.4 stellt die Entwicklung des Aktionsstils der deutschen Bevölkerung in den letzten beiden Jahrzehnten dar. Der über den gesamten Beobachtungszeitraum eingetretene Rückgang des Anteils der Inaktiven wurde bereits beschrieben und muss nicht erneut kommentiert werden. Bei den Nur-Wählern ist ebenfalls ein Rückgang von 36 auf 25 Prozent zu verzeichnen. Am Beginn des Untersuchungszeitraumes bildeten die Nur-Wähler die größte Gruppe, am Ende war ihr Anteil ebenso groß wie derjenige der Aktivisten und der integrierten Protestierer.

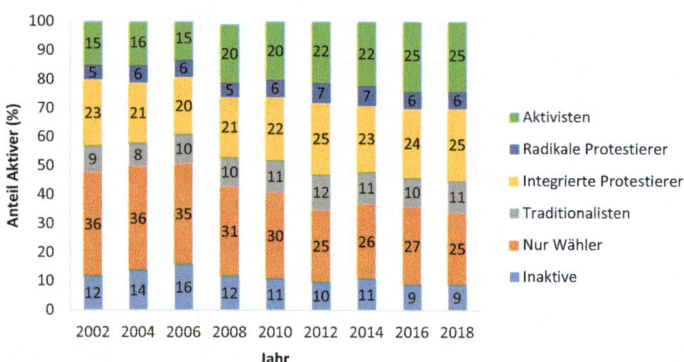

Abb. 6.4 Typen politischer Beteiligung in Deutschland, 2002 bis 2018.
Quelle: European Social Survey 1.- 9. Welle, eigene Auswertung.
N: 2076 (2018) bis 2420 (2016); demografische Gewichtung der Daten
Erläuterungen: Die Angaben sind Prozentanteile der jeweiligen Aktionstypen an der Gesamtzahl der Aktiven. Die Aktionstypen sind im Text beschrieben.

Um kleine, in ihrem Anteil weitgehend stabile Gruppen handelt es sich bei den Traditionalisten (9 bis 12 %) und den radikalen Protestierern (5 bis 7 %). Der Anteil der integrierten Protestierer schwankte im untersuchten Zeitraum diskontinuierlich zwischen einem Fünftel und einem Viertel der Befragten. Die Aktivisten bilden die Gruppe mit dem stärksten Wachstum. Lag ihr Anteil in den ersten drei Erhebungen noch bei 15 bzw. 16 Prozent, so stieg er bis zum Ende der Untersuchungsperiode auf 25 Prozent. Ein Viertel der bundesdeutschen Bevölkerung geht demnach zu Wahlen und hat sich in dem der Befragung vorausgehenden Jahr an mindestens einer Protestaktion und einer konventionellen Aktivität beteiligt. Diese Verteilungen sind mit einer Abweichung von maximal drei

Prozentpunkten in der gesamten deutschen Bevölkerung zu erwarten.

Die beschriebene Entwicklung unterstreicht die Etablierung ehemals als unkonventionell bezeichneter Formen politischer Partizipation und deren Verflechtung mit traditionellen Aktivitäten wie der Wahlbeteiligung und parteibezogenen Formen der Einflussnahme. Die Zahl der Inaktiven sinkt, Parteiaktivitäten werden zunehmend mit der Beteiligung an legalen Protesten kombiniert, der Anteil der Aktivisten, die alle Formen politischer Einflussnahme nutzen, verzeichnete den größten Zuwachs.

Parteien und Wahlen haben ihre Bedeutung im Partizipationssystem keineswegs verloren. Statt als Filter beim Zugang der Normalbürger zum politischen Prozess zu wirken, wurden sie zu Bestandteilen eines vielgestaltigen Systems politischer Einflussnahme, in dem viele Menschen ihr Partizipationsmenu je nach ihren situationsspezifischen Bedarfen zusammenstellen. Die Beteiligung an dialogorientierten, direktdemokratischen und digitalen Aktivitäten scheint diese Entwicklung fortzuschreiben (Geißel et al., 2014).

6.3 Zusammenfassung

Auf Grund der Veränderung des Partizipationssystems stehen Politiker und politische Institutionen zunehmend einer Bevölkerung gegenüber, die zur Durchsetzung ihrer Interessen und Wertvorstellungen traditionelle politische Wege beschreitet, sich aber gleichzeitig legaler Proteste sowie digitaler, dialogorientierter und direktdemokratischer Beteiligungsformen bedient. Der Anteil der „Nur-Wähler" ist geschrumpft, doch ebenso beschränken sehr kleine Gruppen ihr Engagement auf konventionelle

Beteiligungsformen oder Protestaktionen. Ein starkes Wachstum verzeichnet dagegen die Gruppe, die sich an Wahlen beteiligt und zum Zweck politischer Einflussnahme zusätzlich auf konventionelle und/oder unkonventionelle Aktivitäten setzt. Auf den ersten Blick mag sich die Entwicklung Deutschlands von einer elitengesteuerten Parteiendemokratie zu einer vielfältigen Demokratie als Vitalisierung des politischen Lebens darstellen, der Bedeutungsverlust von Wahlen und Parteien markiert jedoch die Schattenseite dieser Entwicklung.

Zusammen mit dem Mitgliederschwund deutet der rückläufige Stimmenanteil der etablierten Parteien auf eine nachlassende Integrationskraft der einstmals großen Volksparteien hin. Dies stellt ein Problem dar, weil mitgliederstarke, programmatisch voneinander unterscheidbare, aber kompromissfähige und kooperationswillige Parteien für das Funktionieren einer Demokratie unerlässliche Aufgaben erfüllen, die der Integration, Kandidatenrekrutierung und Regierungsbildung. Als einzige Institutionen bzw. Verfahren des politischen Systems ermöglichen Parteien und Wahlen den Mitgliedern der politischen Gemeinschaft eine Einflussnahme auf die Besetzung politischer Führungspositionen und generelle politische Richtungsentscheidungen. Die seit der Vereinigung gewachsene Fragmentierung und Polarisierung des Parteiensystems und die verbreitete Nutzung der Stimmabgabe bei Wahlen als Mittel eines diffusen Protests gegen das Establishment erschwert die Erfüllung dieser Aufgaben. Mehrfach machten Wählervoten die Bildung handlungsfähiger Regierungen schwierig und führten zur Formierung großer Koalitionen. Die damit verbundene Schwäche der parlamentarischen Opposition und die

Notwendigkeit des langwierigen Aushandelns schwieriger, inhaltlich nicht immer überzeugender Kompromisse zwischen den Regierungsparteien stärkte die zentrifugalen Kräfte im politischen System der Bundesrepublik.

Die Schwächung der Parteien bringt ein weiteres gravierendes Problem mit sich. Sie erschwert die Heranbildung einer ausreichenden Zahl qualifizierter Kandidaten für Wahlämter im Bund, in den Ländern und – insbesondere – in den Kommunen. Schwache, in der Gesellschaft kaum noch verankerte Parteien können wichtige systemische Funktionen nur unzulänglich erfüllen.

Diese problematischen Entwicklungen lassen sich nicht durch Aktivitäten kompensieren, deren Zweck in der Beeinflussung einzelner Sachentscheidungen besteht. Viele der in den letzten Jahrzehnten entstandenen Beteiligungsformen geben den aktiven Teilen der Bevölkerung Mitwirkungsrechte an der Regelung einzelner Sachfragen und fördern dadurch einen fragmentierten, auf die Lösung von Einzelproblemen gerichteten Politikstil. Anders als dialogorientierte Verfahren können Protestaktionen und direktdemokratische Beteiligungsformen die durch Parteien und Wahlen geleistete Aggregation von Einzelinteressen nicht ersetzen. Die Qualität der Demokratie verbessert sich nicht dadurch, dass neue Beteiligungsformen die traditionellen verdrängen. Da verschiedene Formen des politischen Engagements unterschiedliche Funktionen erfüllen und einander ergänzen, brauchen Demokratien ein vielfältiges Beteiligungssystem, in dem das Zusammenspiel der Einzelelemente es gewährleistet, dass alle Systemfunktionen gut erfüllt werden.

Vertiefende Literatur

Pattie, C., Seyd, P., & Whiteley, P. (2004). *Citizenship in Britain. Values, participation and democracy* (S. 76–109). Cambridge: Cambridge University Press.

Theocharis, Y., & van Deth, J. W. (2018). *Political participation in a changing world. Conceptual and empirical challenges in the study of citizen engagement* (S. 85–112). Milton Park: Routledge.

7

Empirische Theorien politischer Partizipation

Abweichend vom populistischen (Miss-)Verständnis der Demokratie als Herrschaft des Volkes als einer homogenen Einheit nehmen keineswegs alle Menschen ihr Recht zur politischen Partizipation wahr. Aus Sicht normativer Demokratietheorien stellt dies ein Problem für eine demokratische Ordnung dar. Normative politische Theorien machen Aussagen über *Sollzustände*. Ihre Geltungsstandards sind Vorstellungen über das wünschenswerte Verhältnis der Menschen zu Staat und Politik und über eine den Bedürfnissen der Menschen entsprechende Gestaltung staatlicher Herrschaft. Dementsprechend möchten normative Demokratietheorien eine Antwort auf die Frage geben, welche Werte, Normen, Strukturmerkmale und Bürgerqualitäten zu einer guten Demokratie gehören und betonen dabei den Selbstwert einer umfassenden politischen Partizipation (Zimpel, 1970; einen Überblick über die normativen Partizipationstheorien geben Lembcke et al., 2014).

7.1 Grundannahmen und Varianten empirischer Theorien

Empirischen Partizipationstheorien verfolgen nicht das Ziel, die Notwendigkeit einer breiten und vielfältigen politischen Beteiligung zu rechtfertigen. Ihnen geht es um die Erklärung der politischen Wirklichkeit, und ihr Geltungsstandard ist die Übereinstimmung von Theorien mit der beobachtbaren Realität.

> **Erläuterung**
>
> Die *Leitfrage empirischer Partizipationstheorien* lautet demnach: „Wer engagiert sich aus welchen Gründen, in welcher Form und mit welchen Folgen in der Politik?"

Empirische Theorien politischer Partizipation erklären, aus welchen Gründen sich manche Individuen aktiv am politischen Leben beteiligen, während andere passiv bleiben, welche Faktoren Art und Intensität des politischen Engagements beeinflussen und wie sich dies auf das Verhältnis der Menschen zur Politik und auf die Funktionsweise des politischen Systems auswirkt.

In Erklärungen dieser Art spielt politische Partizipation aus wissenschaftstheoretischer Sicht eine doppelte Rolle. Sie nimmt entweder die Position einer *abhängigen Variablen*, eines durch andere Faktoren zu erklärenden Tatbestandes, oder einer *unabhängigen Variablen*, eines Erklärungsfaktors, ein. Im ersten Fall ist beispielsweise die Frage zu klären, ob für die Teilnahme an einer Demonstration das Verfolgen wirtschaftlicher Eigeninteressen wichtiger ist als die Überzeugung, auf diese Weise ein staatsbürgerliches Recht auszuüben. Als unabhängige Variable fungiert politische Partizipation zum Beispiel in einer Untersuchung der Frage, ob ein zunehmendes Engagement der Bevölkerung die Ausgaben des Staates für sozialpolitische Maßnahmen und Programme steigert.

Die Erklärungsansätze der empirischen Partizipationsforschung variieren in ihrer *Reichweite*. Theorien *großer Reichweite* wie die ökonomische Verhaltenstheorie (Downs, 1957) zielen auf allgemeine, von Spezifika des Raumes und der Zeit unabhängige Erklärungen. Ökonomische Theorien führen politische Partizipation, wie alle menschlichen Handlungen, auf das Streben nach Maximierung des individuellen Nutzens zurück. Am anderen Ende des Theoriekontinuums stehen Ansätze *geringer Reichweite*, denen es darum geht, in Raum und Zeit genau festgelegte Ereignisse zu erklären, zum Beispiel die Beteiligung am Volksentscheid über das Rauchverbot in Bayern.

Die meisten verhaltenstheoretischen Erklärungsansätze verstehen sich als Theorien *mittlerer Reichweite*, die Art und Ausmaß politischer Partizipation in aktuell existierenden Demokratien erklären wollen. Sie verwenden sozioökonomische und psychologisch-kulturelle, mitunter auch institutionelle Größen oder Kombinationen dieser Faktoren zur Erklärung politischer Partizipation (vgl. Abb. 7.1). *Mikrotheorien* stellen eine Verbindung zwischen der *individuellen politischen Beteiligung* und *anderen individuellen Merkmalen* her (Wertorientierungen, Persönlichkeitsfaktoren, politische Einstellungen, soziales Engagement und gesellschaftliche Position; z. B. Verba et al., 1978; Barnes et al., 1979; van Deth et al., 2007). *Makrotheorien* interessieren sich dafür, wie die *Verteilung des politischen Engagements in Gesellschaften*, Regionen oder Gemeinden mit *anderen Systemmerkmalen* wie der Sozialstruktur, der Geschichte und der politischen Kultur des

Inhalt / Analyseebene	institutionell	sozioökonomisch	sozialpsychologisch-kulturell
Mikro	(Theorie institutioneller Bindungen)	Ressourcen-, Status-, Netzwerktheorien	Rational Choice, Theorie geplanten Verhaltens, Sozialisations-, Motivations-, Deprivationstheorien
Makro	Neoinstitutionalismus, politische Modernisierung	Sozialstruktur, sozioökonomische Modernisierung	Politische Kultur, (Wertewandel), Sozialkapital

Abb. 7.1 Erklärungsansätze in der empirischen Partizipationsforschung.
Quelle: nach Gabriel, 2012, S. 11.

betreffenden Kollektivs zusammenhängt (Norris, 2002). Manche dieser Erklärungsansätze, z. B. die Wertewandel- (Inglehart, 1971) oder die Sozialkapitaltheorie (Putnam, 1993) beziehen sich gleichermaßen auf die Mikro- und der Makroebene bzw. integrieren in *Mehrebenenanalysen* Mikro- und Makrovariablen in ein Erklärungsmodell (z. B. van Deth & Tausendpfund, 2013; Norris, 2002).

Neben einem gemeinsamen methodologischen Grundverständnis teilen die empirischen Partizipationstheorien eine Erklärungsstrategie, die ursprünglich der psychologischen Theorien des Behaviorismus entstammt und menschliches Verhalten durch eine einfache Hypothese erklärt:

> **Hypothese**
>
> Wenn sich die *Umwelt* oder die *Persönlichkeitsmerkmale von Individuen* ändern, dann ändert sich ihr *politisches Verhalten*.

Diese Hypothese überträgt das psychologische **S**timulus-**O**rganism-**R**esponse-Schema auf die Analyse des politischen Verhaltens. Demnach fungiert die Umwelt als

7 Empirische Theorien politischer Partizipation

Quelle externer Reize (Stimulus), die auf die Persönlichkeit von Individuen (Organism) einwirken. Im Organismus laufen Prozesse der Informationsverarbeitung ab und lösen politisches Verhalten (Response) aus. Diese Abläufe liegen jeder Form bewussten Verhaltens zugrunde. Dementsprechend sind Verhaltensunterschiede durch verschiedenartige Ausprägungen von Umwelt- und Persönlichkeitsfaktoren zu erklären.

Die Verhaltensmodelle unterscheiden sich darin, wie sie die Variablenblöcke „Umwelt", „Persönlichkeit" und „Politische Partizipation" inhaltlich füllen und gewichten und welche Annahmen sie über die Beziehungen zwischen diesen Erklärungsfaktoren formulieren. Rein *soziologische* und *psychologische* Modelle, die individuelles Verhalten ausschließlich auf Umwelt- (Modelle 1 in Abb. 7.2) bzw. Persönlichkeitseinflüsse zurückführen (Modell 2) konnten sich in der Partizipationsforschung nicht durchsetzen. Die meisten empirischen Partizipationsstudien basieren auf dem sozialpsychologischen Modell 3i: Es unterstellt

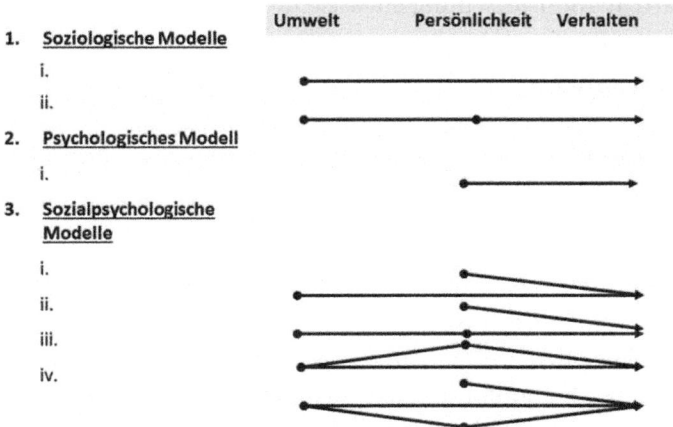

Abb. 7.2 Behavioralistische Modelle zur Erklärung politischer Partizipation.
Quelle: Falter, 1972, S. 549.

direkte, unabhängig voneinander wirkende Einflüsse von Umwelt- und Persönlichkeitsfaktoren auf das individuelle politische Verhalten und versteht sich als Theorie mittlerer Reichweite.

7.2 Frühe behavioralistische Erklärungsmodelle

Die ersten in den Vereinigten Staaten durchgeführten empirischen Verhaltensstudien betrachteten die individuelle politische Partizipation als Resultat der Stellung von Menschen im sozialen und wirtschaftlichen Gefüge einer Gesellschaft. In einem der Klassiker der empirischen Wahlforschung stellten Lazarsfeld et al. (1944, S. 27) fest: „A person thinks, politically, as he is, socially. Social characteristics determine political preference." Auf der Basis dieser Annahme entstand die soziologische Theorie des Wählerverhaltens, aus der sich eine soziologisch ausgerichtete Schule der empirischen Partizipationsforschung entwickelte.

> **Hypothese**
> Je unterschiedlicher die Position von Menschen in der Gesellschaft ist, desto stärker unterscheidet sich ihr politisches Verhalten.

Empirische Studien bestätigten die Annahme, dass es sich bei den politisch Aktiven überdurchschnittlich stark um Personen mit einem *hohen sozioökonomischen Status* (Bildung, Einkommen, qualifizierte Berufstätigkeit), *Männer*, Angehörige der *ethnischen Mehrheit* und *Personen mittleren Alters* handele. Menschen, die diese Merkmale nicht aufweisen, waren politisch eher inaktiv (Nie et al.,

1969a, b; zusammenfassend: Milbrath & Goel, 1977, S. 86 ff.; Asher et al., S. 31 ff.).

Im Gegensatz dazu behandelten die psychologischen Ansätze stabile Persönlichkeitscharakteristika und politische Einstellungen als ausschlaggebende Bestimmungsfaktoren politischer Partizipation (Asher et al., 1984, S. 36 ff.).

> **Hypothese**
>
> Je unterschiedlicher die Persönlichkeitscharakteristika von Menschen sind, desto stärker unterscheidet sich ihr politisches Verhalten.

Die frühen Partizipationsstudien basierten nicht auf ausformulierten Theorien. Typisch war vielmehr eine durch Variablen gesteuerte Forschung. Die Wirkungsannahmen, die der Auswahl der Erklärungsvariablen zugrunde lagen, wurden selten thematisiert und diskutiert.

7.3 Neuere soziologische Ansätze zur Erklärung politischer Partizipation

Seit den 1970er Jahren legt die Forschung Wert auf eine theoretische Fundierung empirischer Analysen. So folgten die Arbeiten einer Forschergruppe um Sidney Verba einem demokratietheoretisch inspirierten soziologischen Ansatz (Nie et al., 1969a, b; Verba & Nie, 1972, Verba et al., 1978, Schlozman et al., 2018). Wie die älteren soziologischen Ansätze gehen auch die neueren Studien von der Annahme aus, dass das politische Engagement von Individuen mit ihrem Zugang zu sozio-ökonomischen Ressourcen und ihrer sozialen Integration steige.

In einer Sekundäranalyse der Civic Culture-Daten ermittelten Nie et al. (1969a, S. 364 ff.) einen engen Zusammenhang zwischen dem sozialen Status und der Mitgliedschaft in Freiwilligenorganisationen einerseits und dem Grad der politischen Aktivität andererseits. Während über 60 Prozent der in den USA, Großbritannien, Deutschland und Italien befragten Personen mit einem hohen Sozialstatus und einer starken Einbindung in Freiwilligenorganisationen sich politisch engagierten, lag dieser Anteil bei den sozial wenig integrierten, ressourcenschwachen Menschen durchweg unter zwanzig Prozent. Bei einer gleichzeitigen Berücksichtigung für das politische Engagement relevanter Einstellungen schwächten sich diese Zusammenhänge deutlich ab und verschwanden teilweise. Diese Muster erwiesen sich als länderübergreifendes Phänomen (Nie et al., 1969b).

Die Studie „Participation in America" (Verba & Nie, 1972) nahm ihren Ausgang von der Frage, welche Bedeutung der Ausstattung von Individuen mit sozioökonomischen Ressourcen für das politische Engagement zukomme. Als demokratietheoretische Leitfrage thematisierte die Untersuchung die Gefährdung des demokratischen Prinzips der politischen Gleichheit durch die ungleiche Wahrnehmung von Partizipationsrechten. In ihrem methodischen Vorgehen bewegte sich die Studie zunächst in der bisherigen Forschungstradition. Sie prüfte den Einfluss der sozialen Position von Individuen (Bildungsniveau, Einkommen und Beruf des Haushaltsvorstandes) auf Ausmaß und Art politischer Beteiligung und bestätigte die hierzu vorliegenden Erkenntnisse für das Ausmaß politischer Partizipation, für die Wahlbeteiligung, die wahlkampfbezogene Partizipation und die Mitwirkung an Gemeinschaftsaktionen. Dagegen war der sozioökomischen Status für das Engagement in eigener Sache weitgehend bedeutungslos (Verba & Nie,

1972, S. 125 ff.). Bestätigung fanden darüber hinaus die bisherigen Erkenntnisse über das besonders starke Engagement von Angehörigen der mittleren Altersgruppen (Verba & Nie, 1972, S. 138 ff.) und die im Vergleich mit Farbigen stärkere Partizipation der Weißen. Eine differenziertere Prüfung der Auswirkung der ethnischen Zugehörigkeit auf die politische Partizipation führte zu dem interessanten Ergebnis, dass ihrer ethnischen Identität bewusste Farbige politisch ebenso aktiv waren wie Weiße (Verba & Nie, 1972, S. 149 ff.).

In der international vergleichenden Studie „Participation and Political Equality" entwickelten Verba et al. (1978) einen theoretisch und methodisch innovativen Ansatz zur Analyse des Zusammenhangs zwischen Partizipation und politischer Gleichheit. Den Ausgangspunkt ihrer Überlegungen bildete der bekannte Befund, dass die Ausstattung mit sozioökonomischen Ressourcen die individuelle politische Beteiligung fördert, während eine schwache Ressourcenausstattung als Partizipationsbarriere wirkt. Als neues Element brachten die Forscher die Rolle politischer Institutionen als Vermittlungsgrößen zwischen der individuellen Ressourcenausstattung und der Intensität und Art des politischen Engagements ein und erweiterten dadurch das Ressourcenmodell der Studie von 1972 zum Ressourcen-Institutionen-Modell. Dies diente der Klärung der Frage, ob institutionelle Faktoren die durch eine ungleiche Ressourcenlage hervorgerufene Gefährdung des Prinzips der politischen Gleichheit abschwächen oder neutralisieren könnten. Als Erfahrungshintergrund dieser Frage diente die Rolle von Gewerkschaften bei der politischen Mobilisierung der Arbeiterschaft. Das Modell richtete den Blick auf die *subjektiven Bindungen* der Menschen *an politische Institutionen* (Parteiidentifikation, politisierte Mitgliedschaft in sozialen Organisationen) als Vermittlungsgröße zwischen den genannten Variablen.

Nach den Annahmen des Ressourcen-Institutionen-Modells können institutionelle Bindungen den Effekt der Ressourcenausstattung auf die politische Partizipation verstärken oder abschwächen. Ein verstärkender Effekt liegt dann vor, wenn institutionelle Bindungen den Einfluss sozioökonomischer Ressourcen auf die politische Partizipation vergrößern, z. B. durch das Erfordernis einer Mitgliedschaft in Freiwilligenorganisationen, hohe Beiträge oder zusätzliche zeitliche oder moralische Verpflichtungen (Abb. 7.3).

In ihren theoretischen Überlegungen modellierten Verba et al. (1978, S. 80 ff.) verschiedene Arten von Institutioneneffekten (vgl. auch die grafische Übersicht bei Gabriel & Völkl, 2005, S. 563). Als Extremfälle stellten sie *schwache* und *dominante Institutioneneffekte* dar. Im ersten Fall scheitert der Versuch, die durch die Ressourcenlage

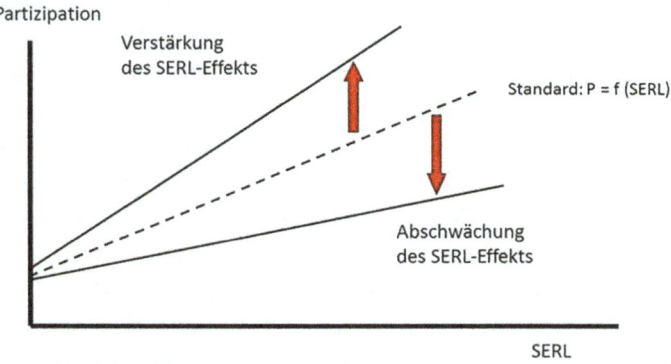

Abb. 7.3 Die Grundstruktur des Ressourcen-Institutionen-Modells von Verba, Nie und Kim.
Quelle: eigene Darstellung nach Verba, Nie & Kim, 1978
Erläuterung: SERL bedeutet Socioeconomic Resource Level.
P = f(SERL): Partizipation ist ein Effekt des sozioökonomischen Ressourcenniveaus.

bedingte ungleiche Wahrnehmung von Partizipationsrechten durch die Bindung an politische Institutionen zu korrigieren. Ein solcher Effekt kann dadurch entstehen, dass sich sehr stark mit sozialen Organisationen verbundene Menschen, zum Beispiel aktive Mitglieder von Service Clubs wie Rotary oder Lions, überdurchschnittlich stark aus den ressourcenstarken Gruppen der Gesellschaft rekrutieren. Ressourcenschwäche wirkt damit sowohl dem sozialen und als auch dem politischen Engagement entgegen, und beide Effekte verstärken einander.

Beim Vorliegen dominanter Institutioneneffekte schalten institutionelle Bindungen den Einfluss der Ressourcenlage auf das politische Engagement völlig aus. Sie bewirken nämlich, dass alle Menschen mit starken institutionellen Bindungen politisch aktiv sind, während alle Ungebundenen passiv bleiben. Die Bindung an eine Organisation und die Aktivität in ihr vermitteln beispielsweise ein so großes politisches Wissen, Interesse und Selbstbewusstsein, dass sie ihre Anhänger quasi automatisch an das politische Engagement heranführen. Auf diese Weise lässt sich die Funktion von Gewerkschaften und kirchlichen Verbänden als Reservoir für das Engagement in sozialdemokratischen bzw. christlich-demokratischen Parteien erklären.

Zwischen diesen beiden Extremen liegen *verstärkende, mobilisierende* und *restriktive* Wirkungen institutioneller Bindungen auf die Beziehung zwischen Ressourcenlage und politischer Partizipation. Verstärkende Wirkungen institutioneller Bindungen ähneln in ihrer Art den schwachen Bindungen, sind aber im Ausmaß stärker. Mobilisierende und restriktive Wirkungen treten nur bei institutionell gebundenen oder ungebundenen Personen auf und kombinieren dominante und verstärkende Wirkungen. Da die Annahmen über das Zusammenwirken von Ressourcenlage und institutionellen Bindungen empirisch nicht bestätigt und in späteren Studien nicht weiterverfolgt wurden, müssen sie hier nicht im Detail erläutert werden. Im Gegensatz zu den Annahmen der Verba-Gruppe weisen die meisten empirischen Analysen unabhängige Wirkungen der Ressourcenlage und Organisationsbindung nach.

7.4 Neuere sozialpsychologische Ansätze

Wie die soziologischen Erklärungsansätze führen die sozialpsychologischen Theorien unterschiedliche Bestimmungsfaktoren politischer Partizipation ein. Das politische Interesse, das subjektive Gefühl politischer Kompetenz (political efficacy), die Parteiidentifikation, das politische Vertrauen und die Internalisierung von Partizipationsnormen (civic duty) sind jedoch Bestandteil der meisten dieser Erklärungsansätze. Zumindest teilweise durch die Datenlage bedingt, unterscheiden sich die Erklärungsmodelle in der Gewichtung dieser Größen, in der Annahme der zwischen ihnen auftretenden Wechselwirkungen und in der Begründung ihres Einflusses auf die politische Partizipation (Milbrath & Goel, 1977, S. 35 ff.). In vereinzelten Studie untersuchte *allgemeine, langfristig stabile Persönlichkeitsmerkmale* (z. B. Offenheit und Dogmatismus) konnten sich in der empirischen Forschung als Erklärungsfaktoren politischer Beteiligung nicht durchsetzen.

Einen theoretisch anspruchsvollen Versuch, politische Partizipation durch einen Rückgriff auf sozialpsychologische *Entfremdungstheorien* zu erklären, unternahmen Forscher bereits vor einem halben Jahrhundert (z. B. Schwartz, 1973). Nach ihren Annahmen entscheidet das Zusammenspiel von politischem Misstrauen und politischem Selbstwertgefühl darüber, ob Individuen passiv bleiben oder ihre Ziele durch Protest oder konventionelle Aktivitäten durchzusetzen versuchen. Eine Forschergruppe um Edward Muller kombinierte diese Überlegungen mit weiteren sozialpsychologischen Elementen (Muller & Jukam, 1983). Auch wenn Bezüge auf Entfremdungstheorien später aufgegeben wurden, behielten das politische Vertrauen und die Systemunterstützung ihre Relevanz als mögliche Erklärungsgrößen politischer Partizipation.

Einstellungsvariablen gehören zu den wichtigsten Erklärungsfaktoren politischer Partizipation. Zumeist in Kombination mit sozialen Charakteristika von Individuen, sind sie in allen einschlägigen empirischen Studien enthalten. Vereinzelt wird ihre Wirkung nicht nur durch Umfragedaten, sondern auch durch Experimente getestet. Allerdings liegt der Auswahl von Variablen und der Formulierung von Hypothesen keine allgemein anerkannte Theorie zugrunde. So stehen zahlreiche Einzelstudien nebeneinander, die vom gemeinsamen Grundverständnis der empirischen Verhaltenstheorie ausgehen und deren inhaltliche Annahmen sich zumeist nicht ausschließen, die aber in ihren Details variieren. Die folgenden Abschnitte geben einen knappen Überblick über die für die aktuelle empirische Forschung einflussreichsten Ansätze.

7.4.1 Wertewandel und kognitive Mobilisierung

Die gesellschaftliche Entwicklung seit dem Ende des Zweiten Weltkrieges gilt zu Recht als rasch ablaufender, umfassender und tiefgreifender Modernisierungsprozess. Der Anstieg des Bildungsniveaus und des Wohlstandes, die Verstädterung der Gesellschaft, der Übergang von der Industrie- zur Dienstleistungsgesellschaft, die Zurückdrängung traditioneller

Pflicht- und Akzeptanzwerte durch Selbstverwirklichungswerte, die partizipatorische und die digitale Revolution sowie die Globalisierung gehören zu den wichtigsten Charakteristika dieses Modernisierungsprozesses, der in der westlichen Welt am weitesten fortgeschritten ist.

Einen wichtigen Beitrag zur Analyse der politischen Folgen dieser gesellschaftlichen Veränderungen leistete der amerikanische Politikwissenschaftler Ronald Inglehart (1971, 1983). Unter der Überschrift „Stille Revolution" beschreibt und erklärt er den Übergang von materialistischen zu postmaterialistischen Wertvorstellungen und die Konsequenzen dieses Prozesses für die Infrastruktur des politischen Lebens, nicht zuletzt für Ausmaß und Art politischer Partizipation.

> **Definition**
>
> *Materialistische Wertorientierungen* betonen nach Inglehart die Prinzipien *Sicherheit, Wohlstand, Anpassung und Akzeptanz*, *postmaterialistische Werte* priorisieren die Ziele der *Zusammengehörigkeit, Selbstverwirklichung* und *Optimierung der Lebensqualität*.

Als Träger des Wertewandels gelten die jungen, akademisch gebildeten Mitglieder der Nachkriegsgeneration. Dies ergibt sich aus den kollektiven und individuellen Lebensbedingungen, denen sie in ihrer formativen Phase, dem Lebensalter von zehn bis fünfzehn Jahren, ausgesetzt waren bzw. sind. Während die älteren Generationen unter Bedingungen von Unsicherheit und Mangel aufwuchsen, stand die formative Phase der Nachkriegsgeneration unter den Vorzeichen von Frieden, sozialer Sicherheit und Massenwohlstand. Infolgedessen räumen Mitglieder der Vorkriegsgeneration den in ihrer späten Kindheit und Jugend knappen Gütern von Wohlstand und Sicherheit einen hohen Stellenwert ein. Für

Mitglieder der Nachkriegsgeneration ist der Zugang zu diesen Gütern selbstverständlich, was sie dazu veranlasst, andere Dinge als knapp zu bewerten und ihnen einen hohen Stellenwert zuzuweisen. Hierzu gehört die Befriedigung des Wunsches nach Zugehörigkeit, Anerkennung und Selbstverwirklichung, die Inglehart als postmaterialistische Prioritäten bezeichnet.

Der Übergang von materialistischen zu postmaterialistischen Werten bringt zahlreiche Veränderungen im politischen Leben mit sich und gilt unter anderem als Katalysator der partizipatorischen Revolution. Eingang in die Partizipationsforschung fand diese Annahme durch die Political Action-Studie (Barnes et al., 1979), zu deren Mitverfassern Inglehart gehörte. Auf der Basis international vergleichender Umfragedaten untersuchte sie die Bedeutung der gesellschaftlichen Modernisierung, insbesondere der kognitiven Mobilisierung und des Wertewandels, für die politische Partizipation in modernen Demokratien.

> **Hypothese**
>
> Je stärker die kognitive Mobilisierung von Individuen und ihre Präferenz für postmaterialistische Werte ist, desto stärker partizipieren sie politisch, insbesondere an Protestaktionen.

Den ersten Effekt begründete Inglehart mit den verbesserten objektiven und subjektiven Voraussetzungen politischer Partizipation, die ihrerseits aus dem Anstieg des Bildungsniveaus, dem leichteren Zugang zu politischen Informationen, dem gestiegenen individuellen Urteilsvermögen und der Aufwertung partizipativer Prinzipien resultierten. Zugleich hielten die Menschen aktives politisches Engagement für notwendig, weil den politischen Eliten die Bereitschaft fehle, ihre Politik an

Gleichheits- und Lebensstilwerten auszurichten. Dadurch sänken das politische Vertrauen und die Überzeugung von der Responsivität der Politik, während im Gegenzug die politische Unzufriedenheit steige. In ihrem Zusammenspiel lösten diese Faktoren eine stärkere Neigung zu Protestaktivitäten aus (Inglehart, 1983, S. 433 ff.).

Ihren empirischen Analysen legten die Political Action-Forscher mehrere Hypothesen zugrunde, die neben der Wirkung der Wertorientierungen und der kognitiven Mobilisierung die der demografischen Standardgrößen Bildung, Einkommen und Alter betrafen. Nicht alle Annahmen konnten für Deutschland empirisch bestätigt werden. In Übereinstimmung mit seinen Hypothesen wies Inglehart (1979) jedoch nach, dass postmaterialistische Wertorientierungen, die politischen Urteilsfähigkeit und das Bildungsniveau die konventionelle politische Partizipation und das Protestpotenzial förderten. Insgesamt bestätigte die Theorie der Stillen Revolution vorliegende Erkenntnisse und identifizierte einige neue Wirkungszusammenhänge (Barnes et al., 1979).

7.4.2 Sozialkapital

Wie Ingleharts Theorie der Stillen Revolution eine wichtige Rolle in der Politikwissenschaft der 1970er und 1980er Jahre spielte, zog das von Putnam in die politikwissenschaftliche Forschung eingebrachte Sozialkapitalmodell in den folgenden beiden Jahrzehnten die Aufmerksamkeit der Forschung auf sich. In Studien über die politische und gesellschaftliche Infrastruktur der italienischen Verwaltungsregionen (Putnam, 1993) und der US-Bundesstaaten (Putnam, 2000) stellte Putnam einen engen Zusammenhang zwischen der Sozialkapitalausstattung von Regionen, ihrem wirtschaftlichen Erfolg und der Vitalität der Demokratie fest.

> **Definition**
> Als Sozialkapital bezeichnete Putnam (1993, S. 167) *„features of social organization,* such as *trust, norms,* and *networks,* that can improve the efficiency of society by facilitating coordinated actions."*

Diese Definition enthält den Verweis auf zwei Komponenten des Sozialkapitals, die strukturelle und die kulturelle. Die *strukturelle Komponente* des Sozialkapitals umfasst die *Einbindung* der Menschen in aktive informelle und formale *soziale Netzwerke,* d. h. die individuelle Unterstützung anderer Menschen und die Mitwirkung in Freiwilligenorganisationen. Zur *kulturellen Komponente* des Sozialkapitals gehören *Werte* und *Normen der Reziprozität* (Soziale Verantwortung, Solidarität, Bindung an die gesellschaftliche Gemeinschaft) und das *interpersonale Vertrauen*. Alle diese Elemente sind eng miteinander verbunden und lösen eine Reihe positiver Wirkungen auf Individuum und Gesellschaft aus (Putnam, 1993, S. 83 ff., 163 ff.). Zur Erklärung politischer Partizipation auf der System- und der Individualebene lassen sich aus der Sozialkapitaltheorie die folgenden Hypothesen ableiten:

> **Hypothese**
>
> *Makro-Hypothese:* Je breiter die *formalen und informellen Netzwerke sozialen Engagements* in einer Gesellschaft ausgelegt sind, desto *stärker* unterstützen die Menschen *prosoziale Orientierungen*. Mit der Verbreitung dieser beiden Faktoren in einer Gesellschaft *steigt* das *Niveau politischer Partizipation*.
> *Mikro-Hypothese:* Je enger Individuen in *soziale Netzwerke eingebunden* sind, desto *stärker* internalisieren sie

> *prosoziale Orientierungen* und desto *stärker beteiligen* sie sich politisch.

Putnam unterzog seine Annahmen über den Einfluss des Sozialkapitals auf das Niveau individueller politischer Partizipation und ihrer Verbreitung in modernen Gesellschaften keinen systematischen empirischen Tests. Viele andere Studien wiesen aber einen Einfluss des Engagements in Freiwilligenorganisationen und der Unterstützung partizipativer Werte und Normen auf das individuelle politische Engagement nach. Das soziale Engagement erwies sich dabei als einer der wichtigsten Bestimmungsfaktoren. Ein konsistenter Einfluss prosozialer Orientierungen auf die politische Aktivität konnte dagegen nicht nachgewiesen werden (Armingeon, 2007; Gabriel et al., 2002, S. 145 ff., 238 ff.; Norris, 2002, S. 137 ff.; Zmerli, 2008, S. 253 ff.).

7.4.3 Das Civic Voluntarism-Modell

Eine Integration mehrerer Ansätze zur Erklärung politischer Partizipation leistet das von Verba et al. (1995) entwickelte Civic Voluntarism-Modell, das die individuelle Entscheidung zur politischen Partizipation bzw. zur Inaktivität auf die bisher getrennt voneinander vorgestellten sozialen Charakteristika und Persönlichkeitsfaktoren zurückführt (vgl. auch: Schlozman et al., 2018, S. 50 ff.):

> **Hypothese**
>
> „We focus on three factors to account for political activity. We suggested earlier that one helpful way to understand the three factors is to invert the usual question and ask instead why people do *not* become political activists.

7 Empirische Theorien politischer Partizipation

> Three answers come to mind: because they can't; because they don't want to; or because nobody asked. In other words, people may be inactive because they lack *resources*, because they lack *psychological engagement with politics*, or because they are *outside of the recruitment networks that bring people into politics*" (Verba et al., 1995, S. 268).

Damit bietet die Verba-Gruppe ein komplexes Erklärungsmodell an, das Elemente verschiedener Ansätze miteinander verbindet. Die auch im Ressourcen- und im Postmaterialismus-Modell enthaltenen *sozioökonomischen* und *kognitiven Ressourcen* geben Individuen die *Möglichkeit*, politisch zu partizipieren. Diese Gruppe von Variablen ergänzt das Civic Voluntarism-Model durch die Ressourcen Zeit und Geld sowie im Beruf, in Freiwilligenorganisation und in religiösen Gemeinschaften erworbene staatsbürgerliche Kompetenzen (Verba et al., 1995, S. 288 ff.; Schlozman et al., 2018, S. 50 ff.). Das *mentale politische Engagement* mit den Komponenten politisches Interesse, politische Informiertheit, Gefühl politischer Kompetenz und Parteibindung steht für die Internalisierung partizipationsfördernder *Motive*. Die Einbindung in *politisierende soziale Netzwerke* stellt soziale *Anreize* bereit, die individuelles Engagement fördern. Sie werden über eine qualifizierte Berufstätigkeit, die Bindung an Freiwilligenorganisationen und die religiöse Bindung modelliert. Damit liefert das Civic Voluntarism-Modell eine umfassende, theoretisch gut begründete und überzeugend in die empirische Demokratietheorie eingebettete Erklärung politischer Partizipation. Neben den bewährten Erklärungsvariablen Bildung, Einkommen und mentale politische Involvierung bezieht es mit den im vorpolitischen Raum erworbenen Kompetenzen, der verfügbaren Zeit und der Artikulationsfähigkeit neue Elemente ein.

In Übereinstimmung mit zahlreichen anderen Befunden erwiesen sich beim Test des Modells das politische Interesse und das Bildungsniveau als die wichtigsten Bestimmungsfaktoren politischer Partizipation. Es folgten die politische Informiertheit, das Gefühl politischer Kompetenz, die organisatorischen Kompetenzen und das Einkommen. Neben der seit langem als Erklärungsfaktor politischer Beteiligung untersuchten Parteibindung spielten die im Beruf und im kirchlichen Umfeld erworbenen Kompetenzen eine nachrangige, statistisch aber signifikante Rolle. Bei einer Zusammenfassung zu einem Kompetenzindex wurde diese Variable nach dem politischen Interesse zum zweitwichtigsten Bestimmungsfaktor der Intensität politischer Partizipation. Als unbedeutend hierfür erwiesen sich die Artikulationsfähigkeit und die freie Zeit.

Das Civic Voluntarism-Modell eignete sich nicht nur dazu, die Intensität des politischen Engagements zu erklären, sondern auch einzelne Gruppen politischer Aktivität (Spenden für politische Zwecke, Stimmabgabe bei Wahlen, zeitaufwendige politische Partizipation). Für das Spenden galt dies weniger als für das Wählen und die übrigen Partizipationsformen. Wie beim Ausmaß der Aktivitäten waren politische Einstellungen für die Erklärung des Wählens und der zeitaufwendigen Aktivitäten am wichtigsten (Verba et al., 1995, S. 350 ff.).

Nach in anderen empirischen Untersuchungen vielfach bestätigten Erkenntnissen der Studie von Verba, Schlozman und Brady (z. B. Armingeon, 2007; Dalton, 2020, S. 65ff.; Gabriel & Völkl, 2005; Parry et al., 1992; Pattie et al., 2004; Stark, 2019, S. 90ff.; Steinbrecher, 2009, Zmerli, 2008) spielen Ressourcen, Motive und mobilisierende Netzwerke eine wichtige Rolle für Art und Ausmaß der politischen Partizipation.

7.5 Zusammenfassung

Die ersten empirischen Untersuchungen politischer Partizipation beschränkten sich auf Beschreibungen und Erklärungen der Wahlbeteiligung und wahlbezogener Aktivitäten. Seit den 1970er Jahren entwickelte die Partizipationsforschung auf der Grundlage des behavioralistischen Verhaltensmodells verschiedene Erklärungsansätze und bediente sich zunehmend anspruchsvoller Methoden der Datenanalyse. Die Arbeiten der Verba- und der Political Action-Gruppe vollzogen den Übergang zu einer durch *Theorien mittlerer Reichweite* angeleiteten, *international vergleichenden empirischen Forschung*. Auch wenn eine allgemein anerkannte Theorie zur Erklärung politischer Partizipation bis heute fehlt, gehen alle neueren empirischen Studien von der Annahme aus, dass die Entscheidung von Individuen zum politischen Engagement aus einem Zusammenspiel ihrer gesellschaftlichen Stellung, der sozialen Integration und individuellen Einstellungen zur Politik resultiert.

Wegen der unterschiedlichen Forschungsfragen und den zu ihrer Beantwortung gewählten Erklärungsansätzen und Methoden lassen sich die vorliegenden Forschungsergebnisse nicht in jedem Detail miteinander vergleichen. Dennoch erwiesen sich das *Bildungsniveau*, die *kognitive politische Involvierung* und die *soziale Partizipation* als die wichtigen Bestimmungsfaktoren von Ausmaß und Art des politischen Engagements.

Diese Erkenntnisse können mit verschiedenen Theorien großer oder mittlerer Reichweite verbunden werden. Bei den von der ökonomischen Politiktheorie ("Public Choice") betonten Vorteilen und Kosten des politischen Engagements handelt es sich teils um Ressourcen und teils um Motive. Aus der Auseinandersetzung mit den stark vereinfachten Annahmen der ökonomischen

Verhaltenstheorie über die politische Realität resultierte eine produktiven Verschmelzung ihrer Erklärungsgrößen mit solchen der Sozial- und Persönlichkeitspsychologie (z. B. Pattie et al., 2004).

Die Arbeiten der Verba-Gruppe nahmen ihren Ausgang vom empirisch vielfach belegten Einfluss sozioökonomischer Ressourcen auf Ausmaß und Art politischer Partizipation und vom damit verbundenen Widerspruch zum demokratischen Ideal politischer Gleichheit. Die Suche nach Möglichkeiten, diesen Konflikt abzumildern, führte zur Entwicklung eines Erklärungsmodells, das die Bedeutung politischer Institutionen und mobilisierender Netzwerke für das politische Engagement in den Blick nahm und Parallelen zur Sozialkapitaltheorie aufweist. Das Interesse am Einfluss von Wertorientierungen auf Art und Ausmaß politischer Partizipation bildet eine Schnittstelle zwischen der Erforschung des Wertewandels einerseits und des Sozialkapitals andererseits. Das Civic Voluntarism-Modell führt diese verschiedenen Ansätze der Partizipationsforschung überzeugend in einem integrierten Modell zusammen.

Erwähnung verdient schließlich die durch die Entwicklung statistischer Mehrebenenanalysen ermöglichte simultane Schätzung des Einflusses systemischer und individueller Faktoren auf die individuelle politische Partizipation (van Deth & Tausendpfund, 2013).

Trotz der auf dem Weg zu einer kumulativen empirischen Partizipationsforschung erzielten Fortschritte trüben einige Schwächen die Bilanz der Theorieentwicklung. Wichtige Faktoren fanden bisher nicht die ihnen gebührende Aufmerksamkeit. Vor allem fehlt es an theoriegeleiteten Untersuchungen der Angebotsseite politischer Partizipation, zum Beispiel der Wahrnehmung und Bewertung von

Beteiligungsangeboten durch die Bevölkerung als Antriebskräfte des politischen Engagements.

Kaum bekannt ist auch, ob partizipationsfreundliche Einstellungen und Verhaltensweisen der politischen Führungsgruppen Anreize zur Beteiligung schaffen. Offenbar fasziniert von den methodischen Möglichkeiten der Mehrebenenanalyse formulierten einige Studien dagegen naive Annahmen über die Wirkung institutioneller Variablen auf das politische Verhalten. Die Liste der vernachlässigten Themen und der Schwachstellen der Forschung ließe sich verlängern. Einige Fragestellungen lassen sich mithilfe von Experimenten besser bearbeiten als durch umfragestützte Studien. Gleichwohl erwiesen sich die verschiedenen Theorien mittlerer Reichweite als Quelle der Inspiration für die Weiterentwicklung der empirischen Partizipationsforschung.

Vertiefende Literatur

Gabriel, O. W. (2012). Political participation in France and Germany – Traditions, concepts, measurements, patterns and explanations. In O. W. Gabriel, S. I. Keil, & E. Kerrouche (Hrsg.), *Political participation in France and Germany* (S. 11–22). Wivenhoe Park: ECPR Press.

Norris, P. (2002). *Democratic phoenix* (S. 19–31). Cambridge: Cambridge University Press.

Pattie, C., Seyd, P., & Whiteley, P. (2004). *Citizenship in Britain. Values, participation and democracy* (S. 137–151). Cambridge: Cambridge University Press.

Steinbrecher, M. (2009). *Politische Partizipation in Deutschland*. (S. 56–92). Baden-Baden: Nomos.

Zimpel, G. (1970). *Der beschäftigte Mensch. Beiträge zur politischen und sozialen Partizipation*. München: Juventa.

8

Bestimmungsfaktoren des individuellen politischen Engagements in Deutschland

8.1 Fragestellungen und Vorgehen

Nach den Annahmen verhaltenstheoretischer Erklärungsansätze hängt das politische Engagement von Menschen von Umwelt- und Persönlichkeitsfaktoren ab. Sozial gut gestellte, integrierte und aktive Menschen mittleren Alters, Personen mit einem stark ausgeprägten kognitiven Engagement und Unterstützer demokratischer Prinzipien engagieren sich demnach stärker für die Durchsetzung ihrer politischen Anliegen als Personen, denen diese Merkmale fehlen. Die verschiedenen Erklärungsmodelle sind aneinander anschlussfähig und thematisieren ähnliche, hinter der politischen Partizipation stehende Wirkungskräfte.

Nach den Standards der empirischen Wissenschaftslehre müssen Partizipationstheorien empirisch zutreffende Erklärungen der Art und des Ausmaßes individueller politischer Partizipation (Mikroanalyse) und der Verteilung des politischen Engagements in Gesellschaften

(Makroanalyse) liefern. Einfache *bivariate Analysen* geben erste Informationen über Hintergründe des politischen Engagements. So belegen zahlreiche empirische Studien auf Makro- und Mikroebene eine mit zunehmendem Bildungsniveau steigende politische Aktivität. Diese Erkenntnis untermauern sie durch Kreuztabellierungen, Mittelwertvergleiche, Korrelations- und Regressionsanalysen.

Da Art und Ausmaß der politischen Partizipation nicht nur dem Einfluss des Bildungsniveaus, sondern auch dem weiterer Faktoren unterliegen (zum Beispiel: politische Einstellungen und Integration in soziale Netzwerke), greifen empirische Studien zur Erklärung dieser komplexen Zusammenhänge auf *multivariate Analyseverfahren* zurück. Diese ermöglichen es, gleichzeitig mehrere Erklärungsfaktoren zu berücksichtigen und auf diese Weise zu prüfen, wie sich ein bestimmter Einflussfaktor (Bildung) bei Kontrolle anderer relevanter Größen (soziale Partizipation) auf die abhängige Variable auswirkt. Am häufigsten werden zu diesem Zweck *multiple lineare Regressionsanalysen* eingesetzt (**O**rdinary **L**east **S**quare-Regression) (vgl. Backhaus et al., 2016, S. 63 ff.; Urban & Mayerl, 2018; Völkl & Korb, 2018, S. 271 ff.; dort finden sich auch Informationen über die Voraussetzungen der Anwendung dieses Verfahrens).

> **Hinweis zur Methode**
> Die multiple lineare Regressionsanalyse verfolgt das Ziel, den *Wert einer abhängigen Variablen (y)*, hier des Ausmaßes politischer Partizipation, *durch eine Kombination mehrerer unabhängiger Variablen,* hier verschiedener Ressourcen-, Motivations- und Netzwerkfaktoren (x_1 bis x_n), zu schätzen.

8.1.1 Beispiel einer bivariaten Regressionsanalyse mit Aggregatdaten

In den folgenden Abschnitten werden die Grundzüge der multiplen linearen Regressionsanalyse und das Vorgehen bei der Interpretation ihrer Ergebnisse an einem einfachen Beispiel vorgestellt. Wie alle theoriegeleiteten empirischen Studien sollte eine Untersuchung der politischen Beteiligung in Deutschland mit einer eindeutigen *Forschungsfrage* beginnen, etwa mit der Frage: Hängt die Höhe der Wahlbeteiligung in Gemeinden vom Bildungsniveau der Bevölkerung ab? Danach wird die Forschungsfrage in eine (oder mehrere) empirisch prüfbare *Hypothesen* übersetzt, zum Beispiel:

> **Hypothese**
>
> (1) Je höher der Anteil der in Gemeinden lebenden Hochschulabsolventen ist, desto höher fällt die Beteiligung an Kommunalwahlen aus

In dieser Hypothese hat die Höhe der Beteiligung an Kommunalwahlen in Gemeinden den Status der abhängigen Variablen (y). Als unabhängige Variable fungiert der Anteil von Hochschulabsolventen in den untersuchten Einheiten (x). Eine Veränderung von x bewirkt nach der Hypothese eine Veränderung von y, oder formal ausgedrückt:

$$(2)\ y = f(x)$$

Der in Abb. 8.1a gezeigte Punkteschwarm repräsentiert die in zehn fiktiven Gemeinden ermittelten Werte der Höhe der Wahlbeteiligung und des Anteils der Hochschulabsolventen. In der Grafik sind die Werte der abhängigen Variablen (Wahlbeteiligung) auf der y-Achse abgetragen und bewegen sich zwischen einem Minimum von 25 und einem Maximum von 98 Prozent. Auf der x-Achse befinden sich die Werte der unabhängigen Variablen (Anteil der Hochschulabsolventen). Sie weisen einen Mindestwert von sieben und einen Höchstwert von 45 Prozent auf.

a) Beobachtungsdaten

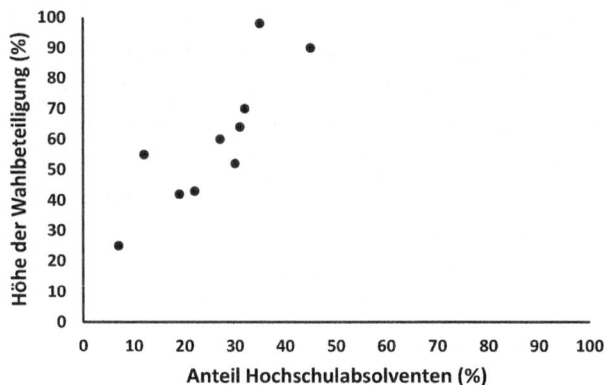

b) Regressionsmodell

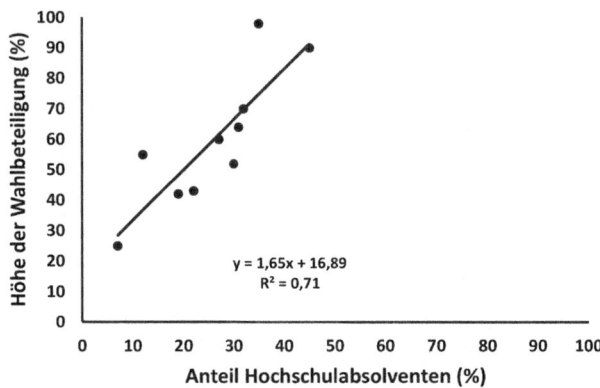

Abb. 8.1 Beispiel eines bivariaten OLS-Regressionsmodells zur Schätzung der Höhe der Wahlbeteiligung.
Quelle: eigene Darstellung.
Erläuterung: Fiktive Daten (N: 10).

8 Bestimmungsfaktoren des individuellen ...

Mittels der linearen Regressionsanalyse wird geprüft, ob die Beobachtungsdaten den angenommenen Einfluss des Bildungsniveaus auf die Wahlbeteiligung bestätigen und wie stark diese beiden Größen miteinander zusammenhängen. Eine durch den Punkteschwarm gelegte Regressionsgerade schätzt die Richtung und Stärke dieses Zusammenhanges (Abb. 8.1b). Deren Verlauf minimiert die sogenannten Residuen, d.h. die Abstände zwischen den beobachteten Werten der abhängigen und unabhängigen Variablen und den durch das Modell geschätzten Werten. Ihr Verlauf ergibt sich aus den Gleichungen (3) und (4),

$$(3)\ y = a + b * x + \varepsilon$$

Im gewählten Beispiel schätzt das Regressionsmodell die in Gleichung 4 wiedergegeben Parameter der Werte:

$$(4)\ y = 16{,}89 + 1{,}65 * x + 0{,}29\varepsilon$$

Die Elemente der Gleichung und ihre Werte sind wie folgt zu interpretieren:

Hinweis zur Methode

- y repräsentiert den *geschätzten Wert der abhängigen Variablen* (Höhe der Wahlbeteiligung). Er wird nach Formel 3 aus den übrigen Parametern der Regressionsgleichung berechnet.
- x steht für einen gemessenen oder angenommenen *Wert des Einflussfaktors* (unabhängige Variable), hier

des Prozentanteils der Hochschulabsolventen in den Gemeinden. Er kann im gewählten Beispiel Werte zwischen 0 und 100 Prozent annehmen.
- **b** zeigt den *Steigungskoeffizienten der Regressionsgeraden (nicht standardisierter Regressionskoeffizient)* an. Dieser gibt die geschätzte Stärke des Einflusses der unabhängigen Variablen x auf die abhängige Variable y wieder. Um diesen Betrag verändert sich die Höhe der Wahlbeteiligung y, wenn sich x (Anteil der Hochschulabsolventen) um eine Einheit, hier um einen Prozentpunkt, verändert. Der Wert des Steigungskoeffizienten kann positiv (x erhöht den Wert von y) oder negativ sein (x verringert den Wert von y) oder 0 betragen (x hat keinen Einfluss auf y). Das in Abb. 8.1b dargestellte Modell schätzt einen Steigungskoeffizienten von 1,65. Somit steigt die Wahlbeteiligung um 1,65 Prozentpunkte, wenn der Anteil der Hochschulabsolventen um einen Prozentpunkt zunimmt. Sie liegt in Gemeinden mit einem Anteil von zwanzig Prozent Hochschulabsolventen um 16,5 Prozentpunkte höher als in Gemeinden mit zehn Prozent Hochschulabsolventen. In Gemeinden mit 30 Prozent Hochschulabsolventen liegt sie um 16,5 Prozentpunkte höher als in solchen mit 20 Prozent Hochschulabsolventen und um 33 Prozentpunkte höher als in Gemeinden mit einem Anteil von zehn Prozent Hochschulabsolventen. Da die Veränderung von x auf allen Niveaus eine gleich große Veränderung von y bewirkt, spricht man von einem *linearen Zusammenhang* zwischen x und y.
- Das Symbol **a** *(Konstante)* gibt den Wert der abhängigen Variablen y für den Fall an, dass der Steigungskoeffizient **b** den Wert 0 aufweist. In diesem Fall verläuft die Regressionsgerade im Abstand von a parallel zur x-Achse, im gewählten Beispiel sind dies 16,89 Skalenpunkte. Für Gemeinden, in denen keine Wahlberechtigten mit Hochschulabschluss leben, schätzt das Modell somit eine Wahlbeteiligung von 16,89 Prozent.
- **ε** (Epsilon) repräsentiert den Einfluss *nicht im Modell enthaltener Variablen* und von *Zufallsfaktoren* auf **y** (unerklärte Streuung) und misst damit die Erklärungsleistung des Modells. Er wird aus den Differenzen zwischen den beobachteten und den geschätzten Werten berechnet (Residuen). Eine vollständige

Erklärung liegt vor, wenn alle tatsächlich erhobenen Werte auf der geschätzten Regressionsgeraden liegen. Dieser Fall tritt ein, wenn außer x (Anteil der Hochschulabsolventen) keine weiteren Faktoren den Wert von y (Höhe der Wahlbeteiligung) beeinflussen. Unter diesen Bedingungen nimmt ε den Wert 0 an. Ein Wert von 1 für ε ergibt sich dann, wenn x keinerlei Einfluss auf y ausübt, b also den Wert 0 aufweist. Die *Differenz zwischen 1* (vollständige Erklärung) *und* ε (nicht erklärter Teil der Streuung) ergibt die Erklärungsleistung des Schätzmodells und wird als multiples Bestimmtheitsmaß oder *Determinationskoeffizient* bezeichnet (R^2) bezeichnet. Er bewegt sich zwischen den Werten 0 (keine Erklärungsleistung) und 1 (vollständige Erklärung der abhängigen durch die unabhängigen Variablen) und hat im Beispielfall den Wert von ,71. Die Streuung der Beobachtungswerte um die geschätzte Regressionsgerade (Varianz) verringert sich um 71 Prozent (1-unerklärte Varianz von ,29), wenn man den Anteil der Hochschulabsolventen in den Gemeinden kennt.

Die Daten in Tab. 8.1 zeigen die Ergebnisse der auf der Basis von Gleichung (4) vorgenommenen Schätzung der Wahlbeteiligung bei unterschiedlichen Anteilen von Hochschulabsolventen und belegen einen beträchtlichen Einfluss des Bildungsniveaus auf die Höhe der Wahlbeteiligung.

Tab. 8.1 Beispiel der Ergebnisse eines bivariaten OLS-Regressionsmodells zur Schätzung politischer Partizipation.

Konstante a	16,89	16,89	16,89	16,89	16,89	16,89
Anteil Hochschulabsolventen ($b_1 = 1{,}65$)	0	10	20	30	40	50
Geschätzte Wahlbeteiligung	16,89	33,39	49,89	66,39	82,89	99,39

Quelle: eigene Darstellung.

8.1.2 Beispiel einer multiplen Regressionsanalyse mit Aggregatdaten

Multiple Regressionsanalysen schätzen den gleichzeitigen Einfluss mehrerer unabhängiger Variablen auf eine abhängige Variable und werden dadurch der Komplexität des politischen Verhaltens besser gerecht als bivariate Analysen. In ihrer Logik unterscheiden sich diese beiden Verfahren nicht voneinander. Bei der Schätzung und Interpretation der Ergebnisse multipler Regressionsanalysen sind lediglich die aus der Erweiterung des Modells um zusätzliche Variablen resultierenden Parameter zu berücksichtigen. Sie schätzen die Richtung und Stärke jedes Einflussfaktors bei Kontrolle aller anderen in die Schätzung einbezogenen unabhängigen Variablen. Hypothese 1 und Regressionsgleichung 3 sind bei Übergang zur multivariaten Analyse wie folgt zu erweitern.

> **Hypothese**
>
> (5) Je höher der Anteil der in Gemeinden lebenden Hochschulabsolventen und der Mitglieder von Freiwilligenorganisationen ist, desto höher fällt die Beteiligung an Kommunalwahlen aus
>
> $$(6)\ y = a + b_1 * x_1 + b_2 * x_2 + \ldots + b_n * x_n + \varepsilon$$

In Regressionsgleichung (7) gibt b_1 die Richtung und Stärke des Einflusses des Bildungsniveaus und b_2 den Effekt des Anteils der Mitglieder von Freiwilligenorganisationen wieder.

$$(7)\ y = 12,90 + 1,07 * x_1 + 0,98 * x_2 + 0,25\varepsilon$$

8 Bestimmungsfaktoren des individuellen ...

Tab. 8.2 Beispiel der Ergebnisse eines multiplen OLS-Regressionsmodells zur Schätzung politischer Partizipation.

Konstante a	12,9	12,9	12,9	12,9	12,9	12,9
Anteil Hochschulabsolventen ($b_1 = 1{,}07$)	0	0	10	20	10	30
Anteil Mitglieder FWO ($b_2 = {,}98$)	0	10	0	10	20	30
Geschätzte Wahlbeteiligung	12,9	22,7	23,6	44,1	43,2	74,4

Quelle: eigene Darstellung.

Tab. 8.2 zeigt beispielhaft die Veränderung der Höhe der Wahlbeteiligung bei ausgewählten Ausprägungen des Bildungsniveaus und der Mitgliedschaft in Freiwilligenorganisationen. In einer Gemeinde ohne Hochschulabsolventen und ohne Mitglieder von Freiwilligenorganisationen läge sie bei knapp 13 Prozent. Hätten die beiden Einflussfaktoren Werte von 30 Prozent, dann stiege die Wahlbeteiligung auf etwas mehr als 74 Prozent. Demnach beeinflussen die beiden untersuchten Faktoren die Höhe der Wahlbeteiligung deutlich.

Mit einer Spannweite von 7 bis 45 Prozent weist der Anteil der Hochschulabsolventen eine größere Streuung auf als derjenige der Mitglieder von Freiwilligenorganisationen (8 bis 32 %). Aus diesem Grunde ist es in multiplen Regressionsanalysen sinnvoll, neben den nicht standardisierten Regressionskoeffizienten b die *standardisierten Effektkoeffizienten β* (Beta) zu berechnen und zu interpretieren. Diese bereinigen die nicht standardisierten Regressionskoeffizienten um die Streuung (Standardabweichung) der unabhängigen Variablen und zeigen jeweils deren relativen Einfluss auf die abhängige Variabler an.

> **Hinweis zur Methode**
>
> Der standardisierte Effektkoeffizient β (Beta) gibt den *Quotienten aus b und der Standardabweichung σ der unabhängigen Variablen x* wieder. Er bereinigt den Effekt von b um die Streuung der Variablen und wird als Grundlage der Interpretation der *relativen Bedeutung der* im Modell enthaltenen *Einflussfaktoren* verwandt.

Die Werte von β bewegen sich zwischen -1 (vollständig negativer Zusammenhang zwischen den Variablen) und 1 (vollständig positiver Zusammenhang). Wie beim nicht standardisierten Regressionskoeffizienten drückt ein standardisierter beta-Koeffizient von 0 das Fehlen eines Zusammenhanges aus. Die im Beispiel geschätzten beta-Koeffizient betragen ,55 (Anteil der Hochschulabsolventen) bzw. ,35 (Anteil der Mitglieder von Freiwilligenorganisationen). Demnach beeinflussen beide Merkmale die Wahlbeteiligung positiv, dabei ist der Einfluss des Bildungsniveaus stärker als der des Mitgliederanteils von Freiwilligenorganisationen. Alle anderen Parameter haben im multivariaten Modell die gleiche Bedeutung wie oben beschrieben. Durch die Einbeziehung der Beteiligung in Freiwilligenorganisationen verbessert sich die Erklärungsleistung des Modells (R^2) im Vergleich mit dem bivariaten Modell um vier Prozentpunkte von 21 auf 25 Prozent. Der absolute Einfluss des Bildungsniveaus (b_1) sinkt von 1,65 auf 1,07. Dies geht darauf zurück, dass die beiden Erklärungsvariablen relativ stark miteinander korrelieren (r ,84). Da sich Mitglieder von Freiwilligenorganisationen überdurchschnittlich stark aus der Gruppe der Hochschulabsolventen rekrutieren, überschneidet sich der Einfluss dieser beiden Größen auf die Wahlbeteiligung. Dies wird im multivariaten Modell kontrolliert und um die Überschneidung bereinigt. Wegen des zusätzlichen Erklärungsbeitrages der Mitgliedschaft in Freiwilligenorganisationen sinkt auch der Wert der Konstanten a, in dem sich die Wirkung unbekannter Einflussfaktoren niederschlägt, von 16,89 auf 12,90.

Bei Analysen von Daten aus Zufallsstichproben sind Angaben über die statistische Signifikanz und die Stichprobenfehler von a, b und R^2 erforderlich. Wegen der atypisch kleinen Fallzahl (N = 10) ist es sinnvoll, diese Parameter erst im nächsten Abschnitt zu erläutern.

8.1.3 Interpretation der Ergebnisse einer multiplen Regressionsanalyse mit Individualdaten

In der Partizipationsforschung sind Untersuchungen auf der Systemebene seltener und theoretisch meist weniger ergiebig als Studien auf der Basis von Individualdaten. Aus diesem Grund basieren die folgenden Anleitungen zur Interpretation der Ergebnisse multipler Regressionsanalysen auf Individualdaten. Sie greifen auf ähnliche Variablen wie die zunächst dargestellte Aggregatdatenanalyse zurück. Als Datengrundlage verwenden sie den kumulierten ALLBUS 2008 und 2018, auf den sich auch die später folgende Schätzung der Bestimmungsfaktoren politischer Partizipation in Deutschland stützt. Wie in Abschnitt 8.3 fungiert das Partizipationsniveau als abhängige Variable. Es wird als Summenindex der neun in Abb. 5.2 dargestellten Aktivitäten gemessen (Wählen, Politische Meinung sagen, Beteiligung an Unterschriftensammlung, Teilnahme an Diskussionen, Teilnahme an genehmigten Demonstrationen, aus Protest Wahl einer anderen Partei, Mitarbeit in einer Bürgerinitiative, Mitarbeit in einer Partei, Teilnahme an einer nicht genehmigten Demonstration). Der Wortlaut der

Erhebungsfragen findet sich im Anhang (Angaben zu Abb. 2.2). Der Index weist einen Mindestwert von 0 (keine Aktivität) und einen Höchstwert von 9 (alle neun Aktivitäten) auf. Sein Mittelwert liegt bei 2,92 und seine Standardabweichung bei 1,69 Skalenpunkten. Die Skalenpunkte geben die Zahl ausgeführter Aktivitäten wieder.

Die unabhängigen Variablen „Bildungsniveau" und „Engagement in Freiwilligenorganisationen" werden nunmehr als Individualmerkmale gemessen (genaue Angaben dazu im Anhang, Tab. 8.6).

Wie alle Analysen, über die in diesem Band berichtet wird, wurden die im folgenden Abschnitt vorgestellten Ergebnisse mithilfe des Programmpakets SPSS[1] ermittelt. Als Grundlage der Interpretation dienen die vom Programm ausgegebenen Ergebnislisten (Output), die in den folgenden Schritten interpretiert werden sollten (vgl. auch: Urban & Mayerl, 2018, S. 160 ff.):

- Die Bewertung der *Erklärungskraft des Gesamtmodells,*
- die Interpretation der *Regressionskoeffizienten,*
- die *Ableitung weiterer Informationen* aus der Gleichung,
- die Prüfung der *Übertragbarkeit der Stichprobenergebnisse auf die Grundgesamtheit,*
- Die angemessene *tabellarische und grafische Darstellung* der SPSS-Ergebnisliste.

8.1.3.1 Bewertung der Erklärungskraft des Gesamtmodells

Am Beginn der Dateninterpretation sollte die Prüfung der Erklärungskraft des Gesamtmodells stehen. Sie ent-

---

[1] Beim statistischen Programmpaket SPSS handelt es sich um eines der am weitesten verbreiteten Programme zur computergestützten sozialwissenschaftlichen Datenanalyse.

scheidet darüber, ob der gewählte theoretische Ansatz sich dazu eignet, das Ausmaß der politischen Partizipation in Deutschland zu erklären und ob damit eine tiefer gehende Prüfung der Einzeleffekte sinnvoll ist. Die für die Bewertung der Modellgüte entscheidenden Größen sind die Höhe des multiplen Bestimmtheitsmaßes R^2 und dessen durch einen F-Test geprüfte statistische Signifikanz.

In der SPSS-Ergebnisliste finden sich die Angaben über den Determinationskoeffizienten unter der Überschrift „*Modellzusammenfassung*". Die in der Liste zusätzlich gegebenen Informationen über den multiplen Korrelationskoeffizienten R und den Standardfehler des Schätzers können bei der Interpretation der Ergebnisse vernachlässigt werden und werden deshalb nicht erläutert.

Wie bereits gezeigt wurde, gibt der multiple Determinationskoeffizient R^2 Auskunft darüber, um wie viele Prozentpunkte sich die Streuung der Beobachtungsdaten um die Regressionsgerade verringert, wenn man die Werte der ins Schätzmodell einbezogenen unabhängigen Variablen kennt. Die SPSS-Ergebnisliste berichtet die multiplen Bestimmtheitsmaße R^2 und korrigiertes R^2. Das korrigierte Maß R^2_{korr} berücksichtigt die Zahl der in die Schätzung einbezogenen unabhängigen Variablen. In Modellen mit mindestens zwei unabhängigen Variablen ist sein Wert in der Regel etwas kleiner als der des nicht korrigierten Maßes. Wegen der kleinen Zahl von Erklärungsvariablen weisen beide Effektkoeffizienten im gewählten Beispiel mit ‚15 den gleichen Wert auf. Das Modell erklärt somit 15 Prozent der Varianz des Ausmaßes individueller politischer Partizipation, 85 Prozent bleiben dagegen unerklärt (vgl. Tab. 8.3). Für Schätzungen auf Individualdatenbasis ist dies ein niedriger Wert. Dies geht

Tab. 8.3 Interpretation der Regressionsanalyse: Das multiple Bestimmtheitsmaß.

Modellzusammenfassung

Modell	R	R-Quadrat	Korrigiertes R-Quadrat	Standardfehler des Schätzers
1	,385[a]	,148	,148	1,56953

[a]Einflussvariablen: (Konstante), Engagement in Freiwilligenorganisationen, Bildungsabschluss;
Fragewortlaute und Antwortvorgaben im Anhang.

zum großen Teil darauf zurück, dass mit dem Bildungsabschluss und dem Grad des Engagements in Freiwilligenorganisationen lediglich zwei der zahlreichen potenziellen Einflussfaktoren in die Schätzung des Partizipationsniveaus eingingen. Grundsätzlich eignet sich das Modell jedoch zur Erklärung des Ausmaßes politischer Partizipation.

Bei der Schätzung auf der Grundlage von Zufallsstichproben ist neben der Höhe des Determinationskoeffizienten seine statistische Signifikanz zu berücksichtigen. Ebenso wie das multiple Bestimmtheitsmaß lässt sich der F-Wert aus den in der SPSS-Ergebnisliste unter der Überschrift „*ANOVA*" angegebenen Werten einer multiplen Varianzanalyse berechnen (Einzelheiten bei Backhaus et al., 2016, S. 173 ff.). Für die Interpretation der Ergebnisse ist lediglich das in der letzten Spalte von Tab. 8.4 angegebene Signifikanzniveau notwendig. Das Gesamtmodell ist statistisch hoch signifikant (p ,000) und gilt demnach nicht nur für die Stichprobe, sondern auch für die Grundgesamtheit. Deshalb ist eine weitere Prüfung der Ergebnisse sinnvoll.

8 Bestimmungsfaktoren des individuellen …

Tab. 8.4 Interpretation der Regressionsanalyse: Die statistische Signifikanz des multiplen Bestimmtheitsmaßes.

ANOVA[a]

Modell		Quadratsumme	df	Mittel der Quadrate	F	Sig
1	Regression	2910,970	2	1455,485	590,835	**,000**[b]
	Nicht standardisierte Residuen	16.759,303	6803	2,463		
	Gesamt	19.670,274	6805			

[a]Abhängige Variable: Ausmaß der Partizipation, Additive Skala (0–9)
[b]Einflussvariablen: (Konstante), Engagement in Freiwilligenorganisationen, Bildungsabschluss.

8.1.3.2 Interpretation der Regressionskoeffizienten

Bisher wurde dargestellt, wie die Prüfung des Gesamtmodells vor sich geht und zu welchem Ergebnis sie führte. Um über die empirische Gültigkeit der am Beginn dieses Kapitels formulierten Hypothesen entscheiden zu können, müssen die Effekte der unabhängigen Variablen (Bildung, Engagement in Freiwilligenorganisationen) auf das Partizipationsniveau geprüft werden. Die entsprechenden Angaben findet man im SPSS Output unter der Überschrift „*Koeffizienten*" (vgl. Tab. 8.5). Da die Bedeutung der entsprechenden Statistiken bereits oben erläutert wurden, genügen hier einige kurze Anmerkungen zu ihrer Interpretation.

In der dritten Spalte enthält die SPSS-Ergebnisliste Angaben über die Werte der Konstante a und der nicht standardisierten Regressionskoeffizienten (b_1 und b_2). Die *Konstante a* (gerundet 2,00) entspricht der geschätzten Zahl politischer Aktivitäten, wenn beide in das Erklärungsmodell einbezogene unabhängigen Variablen, der Bildungsabschluss und das Engagement in Freiwilligenorganisationen, den Wert 0 aufweisen (keine abgeschlossene Schulausbildung, kein Engagement in Freiwilligenorganisationen). Für den Bildungsabschluss schätzt das Modell einen nicht standardisierten Effektkoeffizienten von ‚32, für das Engagement in Freiwilligenorganisationen von ‚43 (gerundet). Beide Regressionskoeffizienten weisen ein positives Vorzeichen auf. Das heißt: jedes dieser beiden Merkmale erhöht – bei Konstanz des jeweils anderen – die Zahl der partizipativen Aktivitäten. Wenn der Bildungsabschluss um eine Stufe steigt, z. B. von einer nicht abgeschlossenen Schulbildung zu einem Volks-/Hauptschulabschluss, dann steigt das Partizipationsniveau auf der Skala von 0 bis 9 um 0,32 Skalenpunkte. Dieser Effekt zeigt sich auf allen Stufen des Engagements in Freiwilligenorganisationen, bei den Inaktiven ebenso wie bei den sehr stark Engagierten. Zur Schätzung der Stärke

Tab. 8.5 Interpretation der Regressionsanalyse: Die Stärke und statistische Signifikanz der Effektkoeffizienten. Koeffizienten[a]

Modell		Nicht standardisierte Koeffizienten		Standardisierte Koeffizienten	T	Sig	95,0 % Konfidenzintervalle für B	
		RegressionskoeffizientB	Std.-Fehler	Beta			Untergrenze	Obergrenze
1	(Konstante)	**1,997**	0,041		48,764	**0,000**	1,917	2,077
	Bildungsabschluss	**0,320**	0,016	**0,231**	20,144	**0,000**	0,289	0,351
	Engagement FWO	**0,432**	0,019	0,262	22,867	**0,000**	0,395	0,469

[a]Abhängige Variable: Ausmaß der Partizipation, Additive Skala (0–9)
[b]Einflussvariablen: (Konstante), Engagement in Freiwilligenorganisationen, Bildungsabschluss.

des Einflusses der nicht standardisierten Effektkoeffizienten auf das Partizipationsniveau benötigt man zusätzlich Informationen über die gemessenen Werte des Bildungsniveaus (0 bis 4) und des Engagements in Freiwilligenorganisationen (0 bis 4). Für beispielhafte Schätzungen der Stärke der Effekte kann man diese Werte auch festlegen.

Die in der vierten Spalte berichteten Standardfehler der Regressionskoeffizienten werden erst bei der Übertragung der Stichprobenergebnisse auf die Grundgesamtheit relevant. Nach einer Faustregel ist der Effektkoeffizient b nur dann als substanziell bedeutsam zu betrachten, wenn er mindestens zweieinhalbmal so groß ist wie der Standardfehler.

Wie bereits gezeigt wurde, geben die in Spalte 5 aufgeführten standardisierten Regressionskoeffizienten β_1 und β_2 das relative Gewicht der Einflussgrößen Bildungsabschluss und Engagement in Freiwilligenorganisationen an. Da sie sich zwischen einem Minimum von -1 und einem Maximum von +1 bewegen, sind sie relativ leicht zu interpretieren, aber weniger anschaulich als die nicht standardisierten Effekte. Nach einer Faustregel gelten in Individualdatenanalysen Einflussstärken von $\beta \leq ,10$ als substanziell unbedeutend, zwischen ,10 und ,20 als schwach, zwischen ,20 und ,40 als mäßig und von $\geq ,40$ als stark.

Mit Werten von ,23 bzw. ,26 üben der Bildungsabschluss und das Engagement im Freiwilligensektor einen nahezu gleich starken, moderat positiven Einfluss auf die politische Partizipation der Bundesbürger aus. Die weiterhin aufgeführten Werte der T-Tests der statistischen Signifikanz der Effekte und der Konfidenzintervalle der Effektkoeffizienten sind statistisch hoch signifikant und lassen damit Rückschlüsse auf in der Grundgesamtheit vorliegende Zusammenhänge zu. Die Ergebnisse der Regressionsanalyse bestätigen nicht allein die Brauchbarkeit des gewählten Erklärungsmodells, sondern sie stützen auch Hypothese 5, nach der sowohl der Bildungsabschluss als auch das Engagement in Freiwilligenorganisationen das Ausmaß der individuellen politischen Partizipation, d. h. die Zahl der partizipativen Aktivitäten, erhöht.

8.1.3.3 Ableitung weiterer Erkenntnisse aus der Regressionsgleichung

Aus dem Produkt der Effektkoeffizienten in Regressionsgleichung 8 und empirisch beobachteter Werte der unabhängigen Variablen lässt sich schätzen, wie stark bestimmte Ausprägungen des Bildungsniveaus und des Engagements in Freiwilligenorganisationen die politische Partizipation der Befragten beeinflussen. Die sich aus den Werten in Tab. 8.5 ergebende Regressionsgleichung lautet:

$$(8)\ y = 2{,}00 + 0{,}32 * x_1 + 0{,}43 * x_2 + 0{,}85\varepsilon$$

Demnach führen Befragte ohne abgeschlossene Schulbildung (0) und ohne Engagement in Freiwilligenorganisationen (0) durchschnittlich zwei politische Aktivitäten aus $((y = 2{,}00 + ({,}32*0) + ({,}43*0) = 2{,}00))$. Für Personen mit Hochschulreife (4), die sich maximal sozial engagieren (4), schätzt das Modell ein Partizipationsniveau von fünf Aktivitäten $y = 2{,}00 + ({,}32*4) + ({,}43*4) = 5{,}00$. Stark in Freiwilligenorganisationen engagierte Personen mit hohem Bildungsniveau partizipieren demnach zweieinhalbmal so stark wie Personen ohne Schulabschluss und ohne Engagement in Freiwilligenorganisationen. Dies belegt einen im Ausmaß beträchtlichen Einfluss des Bildungsniveaus und des sozialen Engagements auf die politische Partizipation der befragten Personen.

8.1.3.4 Prüfung der Übertragbarkeit der Stichprobenergebnisse auf die Gesamtpopulation

Aus den bisherigen Ausführungen blieb die Frage ausgeklammert, ob und mit welchen Fehlermargen die in der Stichprobe von 6806 Befragten ermittelten Zusammenhänge auf die Grundgesamt der erwachsenen deutschen Bevölkerung übertragen werden können. Da sich alle einschlägigen Koeffizienten als statistisch hoch signifikant erwiesen hatten, ist diese Frage sowohl für das Gesamtmodell als auch für die in ihm enthaltenen Hypothesen positiv zu beantworten. Die bei der Übertragung von der Stichprobe auf die Grundgesamtheit auftretenden Standardfehler der Regressionskoeffizienten sind aus der dritten Spalte der SPSS-Ergebnisliste in Tab. 8.5 ablesbar. Sie betragen gerundet jeweils ,02 für den Effekt des Bildungsniveaus und des Engagements in Freiwilligenorganisationen und gehen in die Berechnung der Konfidenzintervalle der Effektschätzer ein (Spalten 8 und 9 von Tab. 8.5). Der Effekt des Bildungsniveaus auf das Ausmaß politischer Partizipation bewegt sich in der Grundgesamtheit gerundet zwischen Werten von mindestens ,29 und höchstens ,35, der des Engagements in Freiwilligenorganisationen zwischen ,40 und ,47, der der Konstanten zwischen 1,92 und 2,08.[2] Die beiden Regressionskoeffizienten schätzen mit einer Abweichung von 0,03 Skalenpunkten das Partizipationsniveau der Bundesbürger, liefern also recht präzise Ergebnisse.

Nach den Ergebnissen der Regressionsanalyse erbringt die als Beispiel benutzte, stark vereinfachte Variante des

---

[2] Das Konfidenzintervall wird durch die Multiplikation des Standardfehlers der Schätzer mit dem Wert ± 1,96 (für eine gewünschte Wahrscheinlichkeit von 95 %) berechnet. Der Wert gibt an, dass der Populationswert mit einer 95 Prozentigen Wahrscheinlichkeit zwischen dem oberen und unteren Grenzwert des Konfidenzintervalls liegt (Urban und Mayerl 2018, S. 127).

Civic Voluntarism-Modells eine zunächst nur schwache, aber verallgemeinerbare Erklärung des Ausmaßes der politischen Beteiligung in Deutschland. Die Hypothesen über die partizipationsfördernde Wirkung von Bildung und Engagement in Freiwilligenorganisation wurden empirisch bestätigt. Beide Größen üben einen annähernd gleich starken Einfluss auf das Niveau politischer Beteiligung aus. Die Stärke ihrer Effekte wird deutlich, wenn man die Bevölkerungsgruppe mit einer besonders schwachen Ausprägung der beiden Einflussfaktoren derjenigen mit der stärksten Ausprägung gegenüberstellt. Bei Vernachlässigung des Stichprobenfehlers liegt das Partizipationsniveau der ersten Gruppe bei zwei, das der zweiten bei fünf von neun möglichen Aktivitäten. In der Gesamtbevölkerung bewegt sich der Wert der ersten Gruppe zwischen einem Minimum von 1,92 und 2,08 Aktivitäten. Für die zweite Gruppe liegt er zwischen 4,76 und 5,28 Aktivitäten und schwankt nur geringfügig um die Stichprobenwerte.

8.1.3.5 Tabellarische und grafische Darstellung der Ergebnisse

Für die Darstellung der Ergebnisse von Regressionsanalysen sind die SPSS-Ergebnislisten zu unübersichtlich und enthalten viele für Dokumentationszwecke wichtige, für die Interpretation aber nicht benötigte Informationen. Da Statistik in sozialwissenschaftlichen Untersuchungen kein Selbstzweck, sondern ein wichtiges Hilfsmittel bei der Lösung inhaltlicher Probleme ist, müssen die in Ergebnislisten enthaltenen Informationen in Publikationen zu ansprechenderen Tabellen und Grafiken verarbeitet werden. Die Aufbereitung der SPSS-Ergebnislisten dient dem Zweck, große Informationsmengen auf die für substanzielle Informationen erforderlichen Kennziffern begrenzen. Sofern man eine vollständige Reproduzierbarkeit der Daten sicherstellen möchte, können weitere statistische Hintergrundinformationen im Anhang von Texten wiedergegeben werden.

Die Information, was in der Tabelle dargestellt wird, auf welchen Zeitraum oder Zeitpunkt und welche territoriale Einheit sich die Ergebnisse beziehen, muss in einer durchnummerierten Überschrift gegeben werden. Ebenso wichtig sind erläuternde Angaben über die Datenquelle(n), den Umfang der Stichprobe und Gewichtungen der Daten. In sauber dokumentierten Analysen werden zudem Informationen über die Erhebung und Kodierung der dargestellten Daten gegeben. Dies kann entweder im Text, in den Erläuterungen der Tabellen bzw. Abbildungen oder in einem Anhang erfolgen.

Die Angaben in der Tabelle müssen die *Konstante,* die *nicht standardisierten* und die *standardisierten Regressionskoeffizienten,* das korrigierte *multiple Bestimmtheitsmaß* und den *Umfang der Stichprobe* enthalten. Die Angabe der *Konfidenzintervalle* ist nicht allgemein gebräuchlich, wird aber zunehmend vorgenommen. Je nach Zahl der in die Schätzung einbezogenen Variablen kann man auf die Auflistung insignifikanter Effekte verzichten. Durch Auf- oder Abrunden sollte man die Nachkommastellen aller Parameter auf zwei reduzieren, um keine bei sozialwissenschaftlichen Befragungsdaten auf der Basis von Stichproben unrealistische Genauigkeit vorzuspiegeln. Meist wird auf die Angabe des Wertes 0 vor dem Komma verzichtet. Die Signifikanzniveaus der Koeffizienten werden üblicherweise nicht numerisch, sondern beispielsweise über die Symbole [a] ($p = ,000$), [b] ($p \leq ,01$), [c] ($p \leq ,05$) und [n. s.] ((statistisch nicht signifikant auf dem 95-%-Niveau ($p > ,05$)) angegeben und in den Anmerkungen zur Tabelle erläutert (vgl. Tab. 8.6).

Die Ergebnisse der Regressionsschätzungen lassen sich grafisch anschaulicher darstellen als tabellarisch. Die y-Achse bildet das bei bestimmten Ausprägungen der unabhängigen

Tab. 8.6 Tabellarische Darstellung der Ergebnisse multipler Regressionsanalysen.

	B	95 % Konfidenzintervall		Beta
		Untergrenze	Obergrenze	
Bildungsabschluss	,32[a]	,29	,35	,23
Aktivität in Freiwilligenorganisationen	,43[a]	,40	,47	,26
Konstante	2,00[a]	1,92	2,08	
R^2_{korr}	,15[a]			
N	6806			

Quelle: ALLBUS kumulierter Datensatz (2008 und 2018).
Erläuterungen: Gewichtung: Ost-West-Personengewicht; Signifikanz der Ergebnisse der T- bzw. F-Tests: [a] p=,000, [b] p≤,01, [c] p≤,05.
Fragewortlaut, Antwortvorgaben und Angaben zur Indexbildung im Anhang (Tab. 8.6)

Variablen x_1 und x_2 geschätzte Partizipationsniveau ab. Auf der x-Achse sind verschiedene Kombinationen der unabhängigen Variablen wiedergegeben, z. B. das *Minimum*, das die *niedrigsten Werte aller unabhängigen Variablen* erfasst (hier keine abgeschlossene Schulausbildung, kein Engagement in Freiwilligenorganisationen). Der *Maximalwert* unterstellt die *höchsten Werte aller Einflussfaktoren*. Zusätzlich kann man dazwischen liegende Werte, z. B. eine *durchschnittliche Ausprägung* der jeweiligen Merkmale annehmen. Die in Abb. 8.2 ausgewiesenen Werte summieren sich auf Partizipationsniveaus von 2,00 (Minimum), 3,05 (Durchschnittswert) und 5,00 (Maximum) und unterscheiden sich damit deutlich voneinander.[3] Unter optimalen Voraus-

---

[3] Schätzung der Untergruppe: 2,00=2,00+0 * ,32+0 * ,43; Schätzung der Mittelgruppe: 3,05=2,00+2,13(MW Bildung) * ,32+,86 * 43(MW FWO); Schätzung der Obergruppe:5,00=2,00+4 * ,32+4 * ,43.

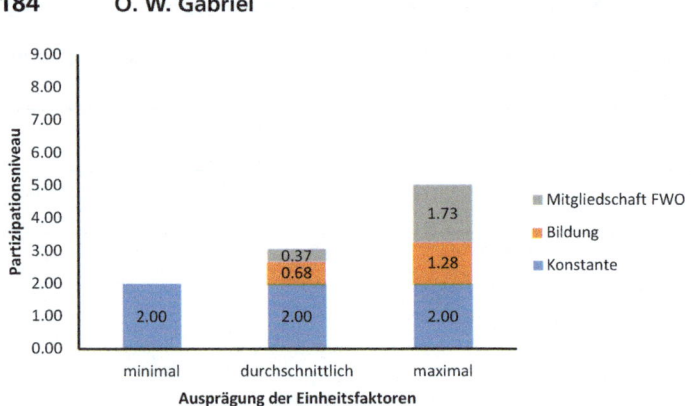

Abb. 8.2 Grafische Darstellung der Schätzung politischer Partizipation in Deutschland.
Quelle: ALLBUS, kumulierte Daten (2008 und 2018)
Erläuterung: Ost-West-Personengewicht. N = 6806; Die Werte sind aus Tab. 8.6 berechnet.

setzungen fällt die politische Partizipation zweieinhalbmal so hoch aus wie unter den ungünstigsten Bedingungen. Die große Übereinstimmung zwischen dem vom Modell geschätzten durchschnittlichen Partizipationsniveau (3,05) und dem in der Stichprobe gemessenen Mittelwert der Zahl politischer Aktivitäten (3,09) deutet auf eine zuverlässige Schätzung hin. Darüber hinaus enthält Abb. 8.2 in den Balkenabschnitten Angaben über die geschätzte Stärke des Einflusses der jeweiligen Ausprägung der unabhängigen Variablen auf das Partizipationsniveau.

Die Entscheidung darüber, ob die Ergebnisse von Regressionsanalysen tabellarisch oder grafisch präsentiert werden, sollte sich am Vorwissen der erwarteten Adressaten orientieren, aber nicht zu einer Verdopplung von Informationen führen. Ein im Umgang mit komplexen statistischen Daten nicht erfahrenes Publikum lässt sich eher durch grafische Darstellungen erreichen, Personen mit statistischen Vorkenntnissen eher mit Tabellen.

8.1.3.6 Leistungen und Probleme der Regressionsanalyse

Nach den an einem sehr einfachen Beispiel dargestellten Ergebnissen der multiplen Regressionsanalyse steigt mit dem Bildungsabschluss und der Intensität des Engagements in Freiwilligenorganisationen die Zahl der von Bundesbürgern ausgeführten Aktivitäten zum Zweck politischer Einflussnahme – und damit ihr potenzieller Einfluss auf die Politik. Zugleich deutet der niedrige Wert des Bestimmtheitsmaßes der Schätzung auf die Bedeutsamkeit weiterer Einflussfaktoren hin. Bei der Übertragung der Stichprobenwerte auf die Grundgesamtheit zeigten sich nur geringe Schwankungen um die Stichprobenwerte.

Wegen der nicht immer realistischen Annahme linearer Zusammenhänge zwischen der abhängigen und den unabhängigen Variablen können die geschätzten Werte der abhängigen Variablen über ihren empirisch gemessenen Mindest- und Höchstwerten liegen. Für die Partizipationswirklichkeit ist das daraus resultierende Problem nicht besonders relevant, da die Kumulation extrem hoher oder niedriger Werte der unabhängigen Variablen real nur selten auftritt.

Zudem werden die geschätzten Parameter bei einer Verletzung bestimmter Voraussetzungen für die Anwendung der Regressionsanalyse ungenau. Hieraus können Unsicherheiten bei der Übertragungen der Stichprobenwerte auf die Grundgesamtheit resultieren. Allerdings gilt die lineare Regressionsanalyse als robustes statistisches Verfahren, dessen wichtigste Ergebnisse durch die Verletzung von Modellannahmen normalerweise nicht unbrauchbar werden (Völkl & Korb, 2018, S. 19 ff.; ausführlich: Urban & Mayerl, 2018, S. 11 ff., 169 ff.). In manchen Fällen, z. B. bei dichotomen Variablen, oder bei schwerwiegenden Verletzungen der statistischen Modellannahmen stehen alternative Verfahren wie die *logistische Regressionsanalyse* zur Verfügung (Backhaus et al., 2016, S. 283 ff.; Urban & Mayerl, 2018, S. 379 ff.).

8.2 Bestimmungsfaktoren des Ausmaßes politischer Partizipation: Ressourcen, Motive und Netzwerke

In den folgenden Abschnitten werden zunächst die Bestimmungsfaktoren der Art und des Ausmaßes politischer Partizipation untersucht. In Abschn. 8.2.1 geht es um den Einfluss der drei Komponenten des Civic Voluntarism-Modells, der *Ressourcen, Motive* und *Netzwerke,* der getrennt mithilfe von OLS-Regressionsanalysen geprüft wird. Im Mittelpunkt der Untersuchung steht der im Abschnitt 8.2.2 vorgestellte Test einer Variante des Civic Voluntarism-Modells, das die erklärungskräftigsten Elemente aller drei Teilansätze zusammenführt.

Da sozialwissenschaftliche Schätzmodelle nicht nur erklärungskräftig, sondern auch sparsam sein sollen, ist es nicht sinnvoll, die Entscheidung über das endgültige Erklärungsmodell ausschließlich von der statistischen Signifikanz der Einzeleffekte abhängig zu machen. Um den Ansprüchen der Sparsamkeit und Erklärungskraft gleichermaßen zu genügen, enthält das endgültige Schätzmodell ausschließlich statistisch signifikante, substanziell bedeutsame Effekte (i. d. R. $\beta \geq ,10$), sofern sie die Erklärungskraft des Gesamtmodells erkennbar verbessern.

Eine multivariate OLS-Regressionsanalyse der Art politischer Aktivitäten ist wegen der teilweisen kleinen Zahl Aktiver und den daraus resultierenden problematischen Verteilungen nicht sinnvoll. Aus diesem Grunde werden die betreffenden Angaben zu zwei Gruppen zusammengefasst, denen der Aktiven und der Nicht-Aktiven. Für Analysen dieser Verteilungen eignen sich binäre logistische Regressionsanalysen. Da eine für Laien nachvollziehbare Interpretation der relevanten statistischen Kenngrößen sehr schwierig ist, wird über die betreffenden Ergebnisse berichtet, sie werden aber nicht tabellarisch und grafisch dokumentiert.

8.2.1 Der Einfluss von Ressourcen, Motiven und Netzwerken – getrennt betrachtet

Die Ausstattung von Individuen mit sozioökonomischen Ressourcen (Geld, Zeit, Information, Bildung, soziale Handlungskompetenzen) spielt eine maßgebliche Rolle dafür, ob sie Einfluss auf das politische Geschehen nehmen *können*. Wie eine langjährige empirische Forschung zeigt, rekrutieren sich die politischen Aktivisten in Deutschland und anderen Demokratien überdurchschnittlich stark aus den ressourcenstarken Bevölkerungsgruppen. Dagegen fehlt vielen politisch Inaktiven der Zugang zu diesen Ressourcen. Neben der Ressourcenausstattung beeinflussen weitere Aspekte der sozialen Position die politische Partizipation. Männer sind politisch aktiver als Frauen, Angehörige der mittleren Altersgruppen engagieren sich stärker als junge oder alte Menschen (Gabriel et al., 2020, S. 46 ff.).

Die Untersuchungsergebnisse in Tab. 8.7 bestätigen für Deutschland die vorliegenden Erkenntnisse. Mit sechs substanziell erklärungskräftigen Variablen fällt das rein sozialstrukturelle Erklärungsmodell sparsam aus und verringert die Streuung der politischen Partizipation um ein Fünftel ($R^2_{korr},19$). Von den im Modell verbliebenen Einflussfaktoren leisten nur drei – der Schulabschluss, das Einkommen und die Staatsangehörigkeit – einen substanziell bedeutsamen Beitrag zur Erklärung des Partizipationsniveaus. Das Ausmaß der politischen Partizipation steigt, auch bei einer gleichzeitigen Berücksichtigung anderer Aspekte der sozialen Position, mit der Qualität des *Schulabschluss*es, der Höhe des *Einkommen*s und dem Besitz der *deutschen Staatsangehörigkeit*. Knapp unter der definierten Schwelle liegen die subjektive *Schichtzugehörigkeit*, eine Tätigkeit als *Vorgesetzter*.

Tab. 8.7 Soziale Charakteristika als Bestimmungsfaktoren politischer Partizipation in Deutschland, 2008 und 2018.

Variablengruppe	Variable	b	β
Ressourcen	Schulabschluss	,33[a]	,24
	Bildungsmobilität		
	Netto-Haushalts-Einkommen	,14[a]	,12
	Schichteinstufung	,21[a]	,09
	Wohneigentum		
	Landwirt/Selbständig/Mithelfend		
	Freie Berufe		
	Beamte		
	Angestellte		
	Arbeiter		
	Vorgesetzte	,33[a]	,08
	Öffentlicher Dienst		
Andere soziale Charakteristika	Alter 18–25 J.	–,35[a]	–,06
	Alter 26–35 J.		
	Alter 36–45 J.		
	Alter 46–55 J.		
	Alter 56–55 J.		
	Geschlecht		
	Deutsche Staatsbürger	,58[a]	,16
Kontextfaktoren	West-/Ostdeutschland		
Konstante		,55[a]	
R^2_{korr}			,19[a]
N			6944

Quelle: ALLBUS kumulierter Datensatz (2008 und 2018)
Erläuterungen: Gewichtung: Ost-West-Personengewicht; Signifikanz der Ergebnisse der T- bzw. F-Tests: [a] p=,000, [b] p ≤1 [c] p≤,05, fehlende Einträge bedeuten statistisch nicht signifikante oder substanziell unbedeutende Effekte. Auf die Angabe von Konfidenzintervallen wird verzichtet.
Fragewortlaute und Antwortvorgaben der erklärungskräftigen Variablen im Anhang.

Alle zuvor genannten Größen wirken als Antriebskräfte politischer Partizipation, während die Zugehörigkeit zur *Altersgruppe der 18 bis 25jährigen* die Partizipation dämpft. Alle anderen in Tab. 8.7 aufgelisteten Größen spielen keine erkennbare Rolle dafür, ob und in welchem Maße die Bundesbürger politisch partizipieren.

Ungeachtet zahlreicher Belege für den Einfluss der individuellen Ressourcenlage auf das politische Engagement bringt das Können allein keine Partizipation zustande, wenn es am *Wollen* fehlt. Politische Einstellungen sind für das Ausmaß des politischen Engagements nicht nur wichtig, ihr Einfluss übertrifft nach den vorliegenden Erkenntnissen auch den der sozialen Position. Dies gilt in erster Linie für die *kognitive politische Involvierung,* d. h. die gedankliche Anteilnahme am politischen Leben. Untersuchungen der Verhaltensrelevanz *politischer Unterstützung* thematisieren weitere Bestimmungsfaktoren politischer Partizipation, insbesondere des politischen Protests. Über deren Einfluss liegen allerdings keine einheitlichen Erkenntnisse vor. Ähnlich stellt sich die Sachlage für *Einstellungen* zu den *sozioökonomischen Bedingungen* und *für postmaterialistische Wertorientierungen* dar (vgl. z. B. Dalton, 2020, S. 65ff.; Gabriel et al., 2020, S. 46 ff.; Stark, 2010, S. 90ff.; Zmerli, 2008, S. 253 ff.).

Das aus sieben Einstellungsvariablen bestehende Schätzmodell, das den Einfluss der Partizipationsmotive modelliert, weist eine etwas größere Erklärungskraft auf (R^2_{korr} ,22) als das soziologischen Modell. Keiner der Indikatoren politischer Unterstützung erwies sich als bedeutsam für das Ausmaß politischer Partizipation. Mit Ausnahme des interpersonalen Vertrauens gilt diese Feststellung auch für die sozioökonomischen Einstellungen. Die im Modell verbliebenen Variablen standen ausnahmslos in einer statistisch hoch signifikanten, substanziell bedeutsamen Beziehung zum Niveau des politischen Engagements. Bis auf die regelmäßige Zeitungslektüre fördern alle Indikatoren des kognitiven Engagements die politische Partizipation *(politisches Interesse, Gefühl politischer Kompetenz, Unterstützung der Wahlnorm, Parteibindung)*. Ebenso verhält es sich mit *postmaterialistischen Wertorientierungen* und dem *sozialen Vertrauen*. Als Gegengewicht zu diesen Einflüssen stimuliert die Unterstützung *radikaler ideologischer Positionen* das politische Engagement. Deren Effekt liegt aber, ebenso wie der der Parteibindung und des sozialen Vertrauens, knapp unter dem festgelegten Schwellenwert von $\beta \geq ,10$ (Tab. 8.8).

Genau genommen sollte der dritte Komplex der im Civic Voluntarism-Modell thematisierten Einflussfaktoren, das *„Gefragt werden"*, mehr abdecken als die *Einbindung von Individuen in mobilisierende soziale Netzwerke*. Zum Gefragt werden gehört die gesamte Angebotsseite politischer Partizipation. Sie umfasst die von den politischen Entscheidungsträgern unterbreiteten und von der Bevölkerung wahrgenommenen Partizipationsmöglichkeiten ebenso wie die Anstrengungen politischer Akteure, die Öffentlichkeit zur politischen Teilnahme zu mobilisieren. Die über die Rolle sozialer Netzwerke hinausgehenden Aspekte des Gefragt Werdens wurden bisher empirisch kaum untersucht (als Ausnahme: Schlozman et al., 2018, S. 134 ff.; Rosenstone & Hansen, 1993). Doch auch die Forschung über die mobilisierende Wirkung sozialer Netzwerke formulierte nicht durchgängig überzeugende Annahmen. Den häufigen Verweisen auf die Sozialisationsfunktion formaler Organisationen und informeller Gruppen zufolge erlernen Menschen in der Zusammenarbeit mit anderen Personen partizipative Werte, Normen und Kompetenzen, die sie zu einem politischen Engagement veranlassen. Wenn dies so wäre, dann müsste ein aktives soziales Engagement stärkere Partizipationsanreize vermitteln als eine bloße Mitgliedschaft in Freiwilligenorganisationen. Zudem müsste geklärt werden, ob alle Arten von Organisationen – unabhängig von ihren Zielen – gleichermaßen als Sozialisationsinstanzen wirken (Armingeon, 2007; Zmerli, 2008, S. 253 ff.).

Tab. 8.8 Politische Motive als Bestimmungsfaktoren politischer Partizipation in Deutschland, 2008 und 2018.

Variablengruppe	Variable	b	β
Kognitives Engagement	Politisches Interesse	,33^a	,18
	Subjektive pol. Kompetenz	,34^a	,17
	Parteibindung	,29^a	,08
	Unterstützung der Wahlnorm	,23^a	,11
	Zeitungslektüre		
Werte/Ideologie	Postmaterialismus	,23^a	,14
	Radikalismus	,13^a	,08
Politische Unterstützung	Zufriedenheit mit Regierung		
	Zufriedenheit mit Demokratie		
	Bewertung der Responsivität		
	Vertrauen zu repräsentativen Institutionen		
	Vertrauen zu rechtsstaatlichen Institutionen		
	Bindung an Gemeinde		
	Bindung an Nation		
Sozioökonomische Einstellungen	Fairer Anteil an Gütern		
	Soziales Vertrauen	,20^a	,09
	Wirtschaftslage Deutschlands		
	Individuelle Wirtschaftslage		
Konstante		,45^a	
R^2_{korr}			,22^a
N			5444

Quelle: ALLBUS kumulierter Datensatz (2008 und 2018), eigene Berechnungen
Erläuterungen: Gewichtung: Ost-West-Personengewicht; Signifikanz der Ergebnisse der T- bzw. F-Tests: [a] p=,000, [b] p ≤ 01, [c] p ≤ ,05; fehlende Einträge bedeuten statistisch nicht signifikante oder substanziell unbedeutende Effekte. Auf die Angabe von Konfidenzintervallen wird verzichtet.
Fragewortlaute und Antwortvorgaben der erklärungskräftigen Variablen im Anhang.

Als Netzwerkindikatoren stehen das *Engagement in Freiwilligenorganisationen,* die *Integration in den Arbeitsmarkt,* das Leben in einer *partnerschaftlichen Beziehung*, die durch die *Kirchgangshäufigkeit* erfasste religiöse Bindung, die *Mitgliedschaft in einer Gewerkschaft* und die *Größe der Wohngemeinde* zur Verfügung. Nach der untersuchungsleitenden Annahme steigt das Partizipationsniveau mit dem Grad der Involvierung in Freiwilligenorganisationen sowie mit der beruflichen, familialen, gewerkschaftlichen, gemeindlichen und kirchlichen Integration.

Im Vergleich mit den beiden zuvor geprüften Schätzmodellen erklärt das Netzwerkmodell die Unterschiede im Niveau politischer Partizipation weniger gut (R^2_{korr} ,10). Sicherlich hat dies unter anderem, aber nicht ausschließlich, mit der kleinen Zahl der im Modell enthaltenen Erklärungsvariablen zu tun. Von diesen stehen nur das Engagement in Freiwilligenorganisationen und die Integration in den Arbeitsmarkt in einer substanziell bedeutsamen Beziehung zur Partizipationsrate (Tab. 8.9).

Tab. 8.9 Soziale Integration als Bestimmungsfaktor politischer Partizipation in Deutschland, 2008 und 2018.

Variablengruppe	Variable	b	β
Soziale Integration	Engagement in FWO	,23[a]	,27
	Berufliche Integration	,43[a]	,13
	Familiale Integration		
	Religiöse Integration		
	Gewerkschaftsmitglied		
	Gemeindegröße		
Konstante		2,48[a]	
R^2_{korr}			,10[a]
N			6701

Quelle: ALLBUS kumulierter Datensatz (2008 und 2018)
Erläuterungen: Gewichtung: Ost-West-Personengewicht; Signifikanz der Ergebnisse der T- bzw. F-Tests: [a] p = ,000, [b] p ≤ ,01, [c] p ≤ ,05, fehlende Einträge bedeuten statistisch nicht signifikante oder substanziell unbedeutende Effekte. Auf die Angabe von Konfidenzintervallen wird verzichtet.
Fragewortlaute und Antwortvorgaben der erklärungskräftigen Variablen im Anhang.

8.2.2 Ein integriertes Erklärungsmodell des Ausmaßes politischer Partizipation

Ressourcen, Motive und Netzwerke machen ihren Einfluss auf das individuelle politische Verhalten teils direkt und unabhängig voneinander geltend, teils entfalten sie ihre Wirkung auf das politische Engagement im Zusammenspiel mit weiteren Einflussfaktoren. Bekanntlich fördert eine gute Schulbildung das politische Interesse und das Gefühl politischer Kompetenz. Vermittelt über diese Einstellungen, aber auch direkt, beeinflusst sie das politische Engagement. Das Gefühl sozialer Benachteiligung und Isolation kann politische Unzufriedenheit und Misstrauen gegenüber der Politik hervorrufen, Einstellungen, die ihrerseits die Beteiligung an Protestaktionen auslösen. Es kann aber auch direkt auf den Protest wirken, ohne den Umweg über Unzufriedenheit und Misstrauen zu nehmen. Da politisches Engagement dem Einfluss vieler Faktoren unterliegt, ist es sinnvoll, alle relevanten Bestimmungsfaktoren in ein gemeinsames Erklärungsmodell einzubeziehen und zu prüfen, wie sich – erstens – diese Integration auf die Erklärungskraft des Gesamtmodells auswirkt und – zweitens – welche Faktoren bei einer Kontrolle anderer wichtiger Größen ihren Einfluss auf die politische Partizipation behalten.

Von den zahlreichen im ersten Schritt geprüften Ressourcen-, Motivations- und Netzwerkfaktoren erwiesen sich knapp die Hälfte als statistisch signifikant, ein Viertel war statistisch signifikant und substanziell bedeutsam. Das in Tab. 8.10 wiedergegebene sparsame und leistungsfähige Modell zur Erklärung politischer Partizipation kommt mit sieben Variablen aus und bindet 28 Prozent der Varianz des Ausmaßes politischer Aktivität.

Tab. 8.10 Bestimmungsfaktoren des Ausmaßes politischer Partizipation in Deutschland, 2008 und 2018.

	B	Konfidenzintervall 95 %		β
		Untergrenze	Obergrenze	
Schulabschluss (0–4)	,14	,11	,17	,10
Deutsche Staatsbürgerschaft (0–2)	,42	,34	,49	,12
Politisches Interesse (0–4)	,32	,27	,36	,18
Gefühl politischer Kompetenz (0–3)	,32	,27	,36	,16
Unterstützung der Wahlnorm (0–3)	,21	,16	,25	,10
Postmaterialismus (0–3)	,20	,16	,24	,11
Engagement in Freiwilligenorganisationen (0–4)	,27	,24	,31	,16
Konstante	–,25	–,44	–,06	
R^2_{korr}	,27			
N	6507			

Quelle: ALLBUS, kumulierte Daten (2008 und 2018)
Erläuterungen: Gewichtung: Ost-West-Personengewicht; Das Gesamtmodell und alle Beziehungen sind statistisch hoch signifikant (p ,000; 99,9 %-Niveau); die Konstante ist auf dem 95 Prozent-Niveau signifikant (p ,05).
Fragewortlaute und Antwortvorgaben im Anhang (Tabelle 8.10).

Bei gleichzeitiger Berücksichtigung von Motiven und Netzwerkgrößen verbleibt mit dem *Bildungsabschluss* nur ein Ressourcenfaktor im Gesamtmodell: Mit der Höhe des Schulabschlusses steigt das politische Engagement, wenn auch weniger stark als im rein soziologischen Modell. Das ebenfalls für politische Beteiligung bedeutsame *Einkommen* wurde wegen der hohen Zahl fehlender Werte nicht ins endgültige Schätzmodell aufgenommen, ohne dass dies die Erklärungsleistung beeinträchtigt hätte. Der

Einfluss der *deutschen Staatsbürgerschaft* reflektiert die Situation Deutschlands als Einwanderungsland: Eine doppelte Staatsbürgerschaft erhöht im Vergleich mit einer fehlenden deutschen Staatsangehörigkeit das Ausmaß politischer Partizipation fast um einen halben Skalenpunkt. Eine weitere Steigerung um denselben Betrag ergibt sich bei Personen, die ausschließlich deutsche Staatsbürger sind. Auch dieser Effekt schwächt sich gegenüber dem soziologischen Modell aufgrund der Kontrolle von Motiven und Netzwerkfaktoren ab (vgl. Tab. 8.10).

Im Vergleich mit den sozialen Charakteristika erweisen sich die politischen Einstellungen als die wichtigeren Einflussfaktoren. Das *politische Interesse,* das *Gefühl politischer Kompetenz,* die *Unterstützung der Wahlnorm* und *postmaterialistische Wertorientierungen* gehören zu den erklärungskräftigsten Variablen des Grades des politischen Engagements. Alle vier Größen führen zu einem deutlichen Anstieg des Partizipationsniveaus, wobei sich das politische Interesse und das Gefühl politischer Kompetenz als die wichtigsten Einflussfaktoren herauskristallisieren. Ihre Zunahme um eine Einheit bringt einen Anstieg der Partizipationsrate um jeweils ein Drittel eines Skalenpunkts. Die Effekte der Unterstützung der Wahlnorm und der Wertorientierungen belaufen sich auf jeweils 0,2 Skalenpunkte. Der *ideologische Radikalismus* wurde wegen der hohen Zahl fehlender Werte nicht ins endgültige Schätzmodell aufgenommen, auch dies blieb ohne Konsequenzen für die Erklärungskraft des Modells. Die anderen im reinen Einstellungsmodell enthaltenen Größen verlieren bei der Kontrolle von Ressourcen- und Netzwerkfaktoren ihren bereits vorher bescheidenen Einfluss auf das Niveau politischer Beteiligung. Im Vergleich mit den soziologischen Variablen schwächt sich der Einfluss der meisten Partizipationsmotive auf das politische Engagement bei Berücksichtigung der sozialen Position und Integration jedoch nur geringfügig

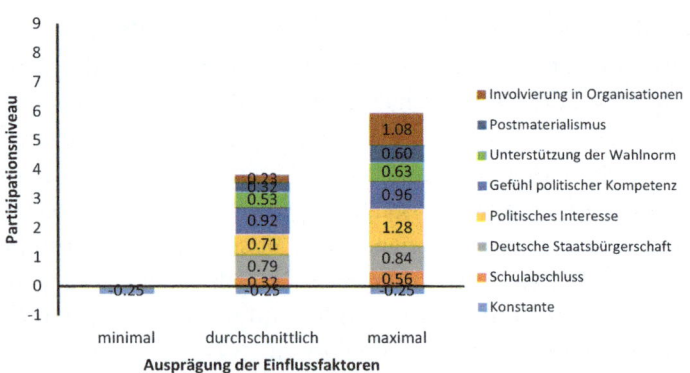

Abb. 8.3 Schätzung des Partizipationsniveaus bei ungünstigster, durchschnittlicher und optimaler Konstellation partizipationsrelevanter Faktoren, 2008 und 2018.
Quelle: ALLBUS, kumulierte Daten (2008 und 2018)
Erläuterung: Ost-West-Personengewicht. N = 6507; die Werte sind aus Tab. 8.10 berechnet.

ab. Selbst bei Personen mit gleichem Bildungsniveau, einer gleichen Zahl von Organisationsmitgliedschaften und einem Status als deutsche Staatsbürger steigern die im Modell verbliebenen Motive das Ausmaß des politischen Engagements. Aus dem Zusammenspiel aller dieser Motivationsfaktoren resultiert ein beachtlicher Partizipationsschub (vgl. dazu auch Abb. 8.3).

Im integrierten Modell hat von den Netzwerkvariablen nur das *Engagement in Freiwilligenorganisationen* als Einflussfaktor Bestand. Bei gleicher Ressourcen- und Motivationslage wächst mit dem Engagement in Freiwilligenorganisationen die politische Beteiligung. Jede zusätzliche Stufe der Involvierung bewirkt einen Anstieg der politischen Partizipation um knapp 0,3 Skalenpunkte. Gemeinsam mit dem Gefühl politischer Kompetenz und nach dem politischen Interesse ist diese Größe der zweitwichtigste von den im Schätzmodell enthaltenen Bestimmungsgrößen politischer Partizipation

Nach den Annahmen des Civic Voluntarism-Modells sind die schlechtesten Voraussetzungen für ein aktives politisches Engagement in der ressourcenschwächsten, politisch am wenigsten motivierten und sozial nicht aktiven Bevölkerungsschichten gegeben. Wie erwartet, lassen die zu dieser Gruppe gehörenden Personen keine Anstrengungen erkennen, das politische Geschehen aktiv zu beeinflussen. Befragte mit einer durchschnittlichen Ausprägung partizipationsrelevanter Faktoren beteiligen sich an fast vier von neun möglichen Aktivitäten. Unter optimalen Randbedingungen, d. h. beim Erwerb einer Hochschulzugangsberechtigung, stark ausgeprägtem politischem Interesse und Kompetenzbewusstsein, einer intensiven Unterstützung der Wahlnorm, postmaterialistischen Wertorientierungen und einem regen Engagement in Freiwilligenorganisationen, steigt die Zahl der Aktivitäten auf einen Wert von nahezu sechs (Abb. 8.4).

Somit schöpft die Gruppe, in der optimale Bedingungen für politische Partizipation vorliegen, ihre Einflussmöglichkeiten in beachtlichem Umfang aus. Partizipationsfördende Motive und die Einbindung in mobilisierende Netzwerke sind hierfür wichtiger als die soziale Position. Am meisten tragen das politische Interesse, das Gefühl politischer Kompetenz und das Engagement in Freiwilligenorganisationen zur Erklärung des Ausmaßes des individuellen politischen Engagements in Deutschland bei. Je stärker diese Charakteristika ausgeprägt sind, desto intensiver nehmen die Bürger ihre

Rolle als Partizipanten wahr. Zusammen machen allein diese drei Faktoren einen Unterschied von mehr als drei Aktivitäten aus.

Mit Ausnahme des Einfluss der Staatsangehörigkeit lassen sich die Werte der Regressionskoeffizienten mit Fehlerspannen von maximal ±,05 Skalenpunkten auf die Grundgesamtheit übertragen. Dies unterstreicht, dass das Civic Voluntarism-Modell insgesamt und seine wichtigsten Einzelkomponenten, insbesondere das Vorhandensein partizipationsfördernder Motive, einen wichtigen, ziemlich genau abschätzbaren Beitrag zur Erklärung des Ausmaßes politischer Partizipation in Deutschland leisten.

8.3 Bestimmungsfaktoren einzelner Formen politischer Beteiligung

Der Rückgang der Wahlbeteiligung, der Mitgliederschwund der politischen Parteien, die weit verbreitete Kritik an der Bürgerferne politischer Entscheidungsträger und die ungleiche Nutzung von Beteiligungsrechten ließen in Teilen der Wissenschaft und der Politik den Ruf nach neuen Formen politischer Beteiligung laut werden. Niedrigschwellige Partizipationsangebote sollen bisher Inaktive an den politischen Prozess heranführen. Attraktivere Formate sollen die existierenden Beteiligungsangebote ersetzen oder ergänzen und Humankapital für effektive und innovative Lösungen politischer Probleme mobilisieren (Cain et al., 2008; Geissel & Newton, 2012). Bis zu einem gewissen Grad wurden diese Ziele erreicht. Dennoch bewirkte der seit der Jahrtausendwende anhaltende Partizipationsschub vor allem eine stärkere Nutzung der neuen Beteiligungsformen durch die bereits Aktiven, die auf diese Weise ihren politischen Einfluss steigerten (vgl. Kap. 4 sowie Gabriel & Kersting, 2014, S. 48 ff.; Gabriel, 2019, S. 191 ff.).

Eine Reihe als neu bezeichneter Beteiligungsformate wurden im ALLBUS 2018 erhoben. Zu ihnen gehören die Teilnahme an *Volks- und Bürgerentscheiden* und die *E-Partizipation* (Meinungsäußerung in sozialen Medien, Teilnahme an Online-Protestaktionen und digitale Petitionen). Daten über *dialogorientierte* und *kreative* Formen politischer *Partizipation* stellt der ALLBUS nicht bereit. Für die traditionellen Aktivitäten stehen die *Wahlbeteiligung* und die Beteiligung an für *repräsentative Parteiendemokratien typischen Aktivitäten* (Mitgliedschaft und Engagement in politischen Parteien, Versammlungsteilnahme). Der *politische Protest* (Beteiligung an Unterschriftenaktionen, an legalen und nicht legalen Demonstrationen, Konsumentenpartizipation) etablierte sich in der Bundesrepublik Deutschland nach den traditionellen Beteiligungsformen, aber etwa zwanzig Jahre vor den neuen Aktivitäten.

Im Jahr 2018 machten die Bundesbürger von diesen fünf Formaten in unterschiedlichem Maße Gebrauch. Wie stets seit der Gründung der Bundesrepublik lag die Wahlbeteiligung mit 88 Prozent an der Spitze aller Partizipationsformen. Das Vorrücken der Protestaktivitäten (70 %) und der direktdemokratischen Partizipation (40 %) auf die beiden folgenden Plätze verdeutlicht den im letzten halben Jahrhundert eingetretenen Wandel der Beteiligungsstrukturen. Die traditionellen, für repräsentative Demokratien typischen Formen politischer Partizipation haben zwar nicht absolut, aber relativ an Bedeutung eingebüßt (35 %). Die E-Partizipation wird von einer starken Minderheit genutzt (26 %), bleibt aber hinter den anderen Formen politischer Einflussnahme zurück. Nach den Ergebnissen anderer Studien sind dialogorientierte Beteiligungsformen weniger verbreitet als direktdemokratische, aber häufiger als parteienvermittelte Aktivitäten (Gabriel & Kersting, 2014, S. 48 ff.). Entsprechend der Vorstellung von politischer Partizipation als kumulativer Aktivität hängen alle diese Beteiligungsformen miteinander zusammen: Personen und Gruppen, die traditionelle Möglichkeiten zur politischen Einflussnahme nutzen, greifen überdurchschnittlich stark auf neu entstehende Chancen zurück und umgekehrt. Allerdings gelingt es den neuen Formen auch, bisher Inaktive zum politischen Engagement zu mobilisieren (Daten tabellarisch nicht ausgewiesen, vgl. dazu: Gabriel & Kersting, 2014, S. 48 ff.; Gabriel, 2019, S. 192 ff.).

Auch wenn die fünf Typen von Partizipanten (Wähler, parteipolitisch Engagierte, Protestierer, direktdemokratisch Aktive, E-Partizipanten) keine völlig identischen Profile aufweisen, entsprechen ihre Charakteristika im Großen und Ganzen denen, die auch das Niveau politischer Partizipation prägen (vgl. Abb. 8.4).

Die zwischen *Wählern* und Nichtwählern festgestellten Unterschiede bestätigen weitgehend die vorliegenden Erkenntnisse. Fünf der sieben Variablen, die das Ausmaß der politischer Partizipation beeinflussen, sind auch für die Wahlbeteiligung relevant und erklären 21 Prozent der Unterschiede zwischen Wählern und Nichtwählern.[4] Im Vergleich mit Nichtwählern verfügen Wähler über einen höheren Bildungsabschluss, sind politisch interessierter und selbstbewusster und unterstützen stärker die Wahlnorm. Dass sich die deutsche Staatsangehörigkeit als wichtigster Bestimmungsfaktor der Wahlbeteiligung erweist, ist trivial und entspricht der Rechtslage. Bekannt ist auch die im Vergleich mit Nichtwählern stärkere Parteibindung der Wähler und ihre

---

[4] Die Qualität des Schätzmodells wurde an Nagelkerke's R^2 festgemacht.

	Soziale Position	Motive	Integration in Netzwerke	Andere Partizipationsformen
Wahlbeteiligung	Bildungsgrad (+), deutsche Staatsbürgerschaft (+), Einkommen (+) Vorgesetzte (+), Alter 36-45 (+), Alter 56-65 (+)	Politisches Interesse (+), Kompetenzgefühl (+), Wahlnorm (+), Parteibindung (+)		Protest (+), Direktdemokratisch (+)
Parteibezogene Partizipation	Wohneigentum (+), Alter 36-45 (-), Alter 56-65 (+), Ostdeutschland (+)	Politisches Interesse (+), Kompetenzgefühl (+), Wahlnorm (+)	Engagement in FWO (+), Kirchgang (+)	Protest (+), Direktdemokratisch (+)
Protest	Bildungsgrad (+), deutsche Staatsbürgerschaft (+), Vorgesetzte (+), Frauen (-)	Politisches Interesse (+), Kompetenzgefühl (+), Postmaterialismus (+), Wahlnorm (+), Parteibindung (+), Vertrauen z. Rechtsstaat (+), Zufriedenheit mit Regierung (-)	Engagement in FWO (+)	Parteibezogene Partizipation (+), Direktdemokratisch (+), E-Partizipation (+)
Direktdemokratische Partizipation	Bildungsgrad (+), Altersgruppe 18-35 (-), Einkommen (+)	Politisches Interesse (+), Postmaterialismus (+), Wahlnorm (+), Soziales Vertrauen (+), Zufriedenheit mit Regierung (-)	Engagement in FWO (+), Gemeindegröße (+), Berufliche Integration (+)	Wahlbeteiligung (+), Parteibezogene Partizipation (+), Protest (+), E-Partizipation (+)
Digitale Partizipation	Bildungsgrad (+), Altersgruppen bis 65 J. (+), Männer (+), Subjektive Schichteinstufung (+)	Politisches Interesse (+), Kompetenzgefühl (+), Postmaterialismus (+), Soziales Vertrauen (+), Zufriedenheit mit Regierung (-)	Engagement in FWO (+)	Protest (+), Direktdemokratisch (+)

Abb. 8.4 Bestimmungsfaktoren einzelner Formen politischer Partizipation in Deutschland, 2018
Quelle: ALLBUS 2018.
Erläuterung: Gewichtung: Ost-West-Personengewicht; N = 1771; alle Gesamtmodelle und die in der Tabelle aufgeführten Effekte sind statistisch signifikant (p≤ ,05).

Zugehörigkeit zu den mittleren Altersgruppen (hier 36 bis 45 und 56 bis 65 Jahre). Als weitere Faktoren begünstigen ein steigendes Einkommen und die Wahrnehmung einer Vorgesetztenfunktion die Wahlbeteiligung. Diese Variablen verbessern die Erklärungskraft des Modells um weitere fünf Prozentpunkte. Schließlich nutzen Teilnehmer an Protestaktionen und direktdemokratischen Aktivitäten ihr Wahlrecht stärker als Inaktive. Dies bewirkt nochmals einen dreiprozentigen Zuwachs an Erklärungskraft.

Parteibezogene Aktivitäten nehmen mit dem politischen Interesse, dem Gefühl politischer Kompetenz, der Unterstützung der Wahlnorm und dem Engagement in Freiwilligenorganisationen zu. Diese vier Variablen erklären 23 Prozent der Unterschiede zwischen Aktiven und Inaktiven. Mit dem Wohneigentum beeinflusst zudem eine Ressourcenvariable das parteibezogene Engagement. Auch der positive Effekt kirchlicher Bindungen auf das parteipolitische Engagement ist im Civic Voluntarism-Modell vorgesehen. In einer säkularisierten Gesellschaft wie der deutschen ist dies aber mit einem Fragezeichen zu versehen. Dies gilt auch für einige weitere in Abb. 8.4 aufgeführte Zusammenhänge. Die Beteiligung an Protestaktionen und direktdemokratische Aktivitäten fördert das Engagement im institutionellen Rahmen der Parteiendemokratie ebenso wie es für die Wahlbeteiligung gilt. Diese Modellerweiterungen erhöhen die Erklärungskraft des Schätzmodells um sechs Prozentpunkte, von denen vier auf die zuletzt genannten Partizipationseffekte entfallen.

Protestierer zeichnen sich im Vergleich mit Inaktiven durch einen höheren Bildungsabschluss, ein stärkeres politisches Interesse und Kompetenzgefühl, eine stärkere Unterstützung der Wahlnorm, ein deutlicher ausgeprägtes Engagement in Freiwilligenorganisationen und postmaterialistische Wertorientierungen aus. Deutsche Staatsangehörige beteiligen sich eher an Protestaktionen als Ausländer. Diese sieben Variablen erklären gemeinsam 20 Prozent der Unterschiede in der Beteiligung an Protestaktionen. Ein Erklärungszuwachs von weiteren drei Prozentpunkten geht auf wahrgenommene Leistungsschwächen der Regierung und das Vertrauen zu den Institutionen des Rechtsstaates zurück. Vor dem Hintergrund der viel diskutierten Vertrauenskrise der Politik liegt damit eine Variablenkonstellation vor, die der Sicht von politischem Protest als Ausdruck einer Vertrauenskrise der Politik widerspricht: Von allen Aspekten des politischen Vertrauens beeinflusst allein das Vertrauen zu den Institutionen des Rechtsstaates die Beteiligung an Protestaktionen. Sie wächst mit der Überzeugung, dass rechtsstaatliche Institutionen Vertrauen verdienen, möglicherweise auch deshalb, weil sie das Recht zur Beteiligung an Demonstrationen und Unterschriftenaktionen schützen. Wie bereits in früheren Studien zeigt sich eine im Vergleich mit den Frauen stärkere Protestaffinität von Männern. Eine auf den ersten Blick einleuchtende Erklärung für die protestfördernde Wirkung einer beruflichen Aufsichtsfunktion und der Parteibindung fehlt dagegen. Die Schätzgüte des Modells verbessert sich durch die genannten Variablen um vier Prozentpunkte. Mit Ausnahme der Wahlbeteiligung fördern alle anderen Formen politischer Partizipation die Teilnahme an Protesten, was eine weitere Verbesserung der Erklärungskraft des Schätzmodells bewirkt (8 Prozentpunkte).

Der Hintergrund *direktdemokratischer Aktivitäten* ähnelt in mancherlei Hinsicht den bisher beschriebenen Profilen. Die Mitwirkung an Volks- oder Bürgerentscheiden lässt sich aber mithilfe des Standard-Erklärungsmodells schlechter vorhersagen als alle anderen Aktivitäten (11 %). Wie die zuvor dargestellten Beteiligungsformen steigern das Bildungsniveau, das politische Interesse, die Unterstützung der Wahlnorm, postmaterialistische Wertorientierungen und das Engagement in Freiwilligenorganisationen direktdemokratische Aktivitäten. Eine Zunahme der Erklärungskraft des Modells um fünf Prozentpunkte entsteht durch die Einbeziehung zusätzlicher Ressourcenfaktoren (Einkommen, Integration in den Arbeitsmarkt) sowie der Unzufriedenheit mit den Regierungsleistungen und des interpersonalen Vertrauens. Dagegen dämpft die Zugehörigkeit zu den beiden jüngsten Altersgruppen das direktdemokratische Engagement. Dass dieses mit der Größe der Wohngemeinde steigt, war nicht unbedingt zu erwarten. Als einzige der hier untersuchten Partizipationsformen profitiert die Beteiligung an direktdemokratischen Aktionen von sämtlichen anderen Formen politischer Partizipation, besonders vom politischen Protest. Die enge Verflechtung mit anderen Arten politischer Partizipation führt dazu, dass die Erklärungskraft des Schätzmodells durch die Einbeziehung der Partizipationsvariablen um neun Prozentpunkte steigt.

Die *digitale Partizipation* lässt sich durch das Standardmodell nur geringfügig besser erklären als das direktdemokratische Engagement (14 %). Mit Ausnahme der deutschen Staatsangehörigkeit und der Unterstützung der Wahlnorm stimulieren sämtliche im Grundmodell enthaltenen Größen diese neueste Form politischer Einflussnahme. Wenig überraschend, sinkt ihre Attraktivität mit dem Lebensalter. Wie die direktdemokratische Partizipation profitiert sie von der Unzufriedenheit mit den Regierungsleistungen und vom interpersonalen Vertrauen. Die Verbreitung digitaler Partizipation steigt mit der Selbstpositionierung in höheren sozialen Schichten und mit abnehmender Bindung an die Gemeinde. Schließlich weisen Männer eine stärkere Affinität zu dieser Partizipationsform auf als Frauen. Von den anderen Beteiligungsformen sind der politische Protest und die direktdemokratische Beteiligung mit der E-Partizipation verbunden, zu traditionellen Beteiligungsformen weist sie keine engen Beziehungen auf. Die zusätzlichen Variablen bewirken einen Anstieg der Schätzgüte des Modells um zwölf Prozentpunkte.

Nach den hier präsentierten Befunden liefert das Civic Voluntarism-Modell eine zufriedenstellende Erklärung von Ausmaß und Art politischer Partizipation in Deutschland. Von den Ressourcenvariablen spielt vor allem das *Bildungsniveau* eine wichtige Rolle dafür, wie intensiv und in welcher Form sich Bundesbürger politisch engagieren. Unter den Motivationsfaktoren sind es in erster Linie das *politische Interesse,* das *Gefühl politischer Kompetenz* und *postmaterialistische Wertorientierungen,* die über Art und Ausmaß politischer Partizipation entscheiden. Dass die *Unterstützung der Wahlnorm* fast alle Formen des politischen Engagements positiv beeinflusst, ist vermutlich darauf zurückzuführen, dass diese Einstellung eher eine generelle Partizipationsnorm erfasst als ausschließlich die Wahlnorm. Als wichtige Antriebskraft politischer Partizipation erweist sich einmal mehr das *Engagement in Freiwilligenorganisationen.* Zudem machen die Ergebnisse dieser Untersuchung auf die Notwendigkeit aufmerksam, den zwischen *verschiedenen Formen politischer Partizipation bestehenden Wechselwirkungen* größere Aufmerksamkeit zu schenken als bisher. Relativ unberührt sind Art und Ausmaß politischer Partizipation in Deutschland vom politischen Vertrauen der Bevölkerung sowie ihrer Zufriedenheit mit der Regierung und dem Zustand der Demokratie. Insbesondere diese beiden letzten Befunde widerlegen viele Annahmen über eine wachsende politische Unzufriedenheit als Ursache des Wandels politischer Partizipation in

Deutschland. Die wirklichen Antriebskräfte politischer Partizipation, ob in traditionellen oder neuen Formen, sind anderer Art. Mit dem Bildungsniveau, der kognitiven Involvierung in die Politik und dem Engagement in Freiwilligenorganisationen handelt es sich um Elemente des gesellschaftlichen Modernisierungsprozesses, der den Menschen die Politik näher bringt.

8.4 Zusammenfassung

Viele, aber keineswegs alle in Deutschland lebenden Menschen beteiligen sich aktiv am politischen Geschehen. Abweichend vom demokratischen Ideal einer gleichberechtigten Mitwirkung aller Mitglieder der politischen Gemeinschaft an der Regelung kollektiver Angelegenheiten ist die Entscheidung über Ausmaß und Art der politischen Partizipation in Deutschland wie in anderen Demokratien nicht zufallsverteilt. Sie hängt von individuellen Ressourcen und Motiven sowie von der Einbindung in mobilisierende Netzwerke ab. Alle diese Faktoren beeinflussen das politische Engagement, unter ihnen spielen aber das Bildungsniveau, die kognitive Involvierung in die Politik, der Besitz der deutschen Staatsangehörigkeit und das Engagement in Freiwilligenorganisationen eine hervorgehobene Rolle. Andere Faktoren wie Einkommen oder Vermögen, die Position im Lebenszyklus, die Unzufriedenheit mit den Regierungsleistungen oder das soziale Vertrauen wirken allenfalls als Antriebskräfte *einzelner Arten* politischer Beteiligung. Dies gilt jedenfalls dann, wenn man sie in einem größeren Zusammenhang von Einflussfaktoren betrachtet.

Diese Erkenntnisse bestätigen das vorhandene Wissen über die Bestimmungsfaktoren des politischen

Engagements. Es darf aber nicht verschwiegen werden, dass sie einen großen Teil der Unterschiede in der politischen Partizipation unerklärt lassen. Dies ist vermutlich nicht zuletzt durch die Nichtberücksichtigung potenziell wirkmächtiger Erklärungsfaktoren bedingt, zu denen die Formen politischer Kommunikation, die Wahrnehmung und Bewertung der Partizipationsangebote, die bisherigen Partizipationserfahrungen oder die Einschätzung der Erfolgsaussichten politischer Aktivitäten gehören. Mindestens so wichtig dürfte es jedoch sein, dass Veränderungen der Handlungssituation, das Aufkommen neuer, als wichtig eingestufter Themen oder andere schwer generalisierbare Faktoren Bürger zur politischen Partizipation mobilisieren können. Diese Umstände sind bei langfristig geplanten Studien nur schwer abzusehen und durch empirische Indikatoren nicht ohne Weiteres abzubilden. Wie bei der Untersuchung anderer politische Sachverhalte ist in der Partizipationsforschung die Suche nach Gesetzmäßigkeiten sinnvoll. Forscher sollten sich aber vor der Illusion hüten, alles restlos erklären zu können, zumal dies normativ nicht wünschenswert wäre. Mit diesen Einschränkungen kann man der empirischen Forschung Erfolge beim Bemühen und die Erklärung der politischen Partizipation der Deutschen im ersten Fünftel des 21. Jahrhunderts attestieren.

Vertiefende Literatur zur Methode

Asher, H. A., Richardson, B. M., & Weisberg, H. F. (1984). *Political participation. An ISSC workbook in comparative analysis* (S. 97–121). Frankfurt a. M.: Campus.

Vertiefende Literatur zu den Inhalten

Armingeon, K. (2007). Political participation and associational involvement. In J. W. van Deth, J. R. Montero, & A. Westholm (Hrsg.), *Citizenship and involvement in European democracies: A comparative analysis* (S. 358–383). London: Routledge.

Dalton, R. J. (2020). *Citizen politics in Western Democracies. Public opinion and political parties in the United States, Great Britain, West Germany, and France* (7. Aufl., S. 65-85). Los Angeles u. a.: Sage.

Schlozman, K. L. (2002). Citizen participation in America: What do we know? Why do we care? In I. Katznelson & H. V. Milner (Hrsg.), *Political Science. State of the discipline* (S. 433–461). New York: Norton.

9

Partizipation und Demokratie in Deutschland

9.1 Mehr Partizipation …

Im Januar 2021 wählte die CDU auf einem digitalen Bundesparteitag Armin Laschet zu ihrem neuen Bundesvorsitzenden. Zwei Monate früher hatten die GRÜNEN, ebenfalls auf einem digitalen Bundesparteitag, ihr Grundsatzprogramm diskutiert und beschlossen. Im Juni 2020 entschied der Ältestenrat des Deutschen Bundestages, nach dem Zufallsverfahren besetzte Bürgerräte in die Parlamentsarbeit einzubeziehen. 2005 wurde in einem Pilotprojekt die Möglichkeit erprobt, online-Petitionen an den Bundestag zu richten. Der Testphase schloss sich die erfolgreiche Umsetzung an. Auf der Kommunal- und Landesebene fanden seit der Wiedervereinigung zunehmend Volks- und Bürgerentscheide über politische Projekte statt. Bundesweite Beachtung fanden zum Beispiel die Entscheide über das Bahnprojekt Stuttgart 21, über die Bebauung des Flugfeldes in Berlin Tempelhof, über die Schulreform in Hamburg und über das Rauchverbot in Bayern. Bürgerdialoge und Beteiligungsplattformen wurden zu festen Bestandteilen der Politik im Bund, in den Ländern und in den Kommunen. Fast täglich finden Demonstrationen und Unterschriftensammlungen statt: für oder gegen die Maßnahmen zur Eindämmung der Corona Epidemie, für oder gegen die Begrenzung des Zuzugs von Ausländern, für oder gegen den Bau von Windkrafträdern.

Seit der Gründung der Bundesrepublik ist das politische Engagement der Menschen nicht nur gestiegen, sondern erheblich vielfältiger geworden (Geißel et al., 2014). Große Teile der Bevölkerung nehmen ihre umfangreichen Beteiligungsrechte wahr und versuchen auf diese Weise, ihre Forderungen auf die politische Agenda zu setzen und deren Erfüllung zu erreichen, indem sie Druck auf die politische Führung ausüben. Die Wahlbeteiligung und die Mitgliederzahlen politischer Parteien sind zwar in den letzten Dekaden gesunken, dennoch beteiligen sich die Deutschen rege an Wahlen und anderen politischen Aktivitäten, nicht zuletzt im Vergleich mit anderen Ländern (Hooghe, 2014). Der von Almond und Verba (1989, S. 313 ff.) vor mehr als einem halben Jahrhundert festgestellte Entwicklungsrückstand in Sachen Partizipation gehörte bereits zwei Jahrzehnte nach der Veröffentlichung der Civic Culture-Studie der Vergangenheit an.

9.2 … mehr Demokratie?

Ob man die Zunahme der politischen Partizipation in Deutschland und anderen Demokratien als partizipative Revolution bezeichnen möchte, ist eine Frage des Geschmacks. Fakt scheint jedoch, dass die Politik am Beginn des 21. Jahrhunderts anderen Gesetzmäßigkeiten folgt als in der Gründungsphase der Bundesrepublik. Heute stehen die Politiker einer aktiven, im Bedarfsfall noch stärker mobilisierbaren Öffentlichkeit gegenüber, die von ihnen nicht nur materiell gute, sondern auch eine prozedural überzeugende Politik erwartet. Auf Verstöße gegen diese Erwartungen reagiert die Bevölkerung mit politischen Aktivitäten innerhalb und außerhalb der in repräsentativen Parteiendemokratien vorgesehenen Prozesse und fordert, ihre Anliegen zu berücksichtigen.

Exakt an dieser Stelle beginnen die Streitfragen im Verhältnis zwischen Partizipation und Demokratie. Sie liegen teils auf der empirischen, teils auf der normativen Ebene und betreffen die Voraussetzungen politischer Partizipation ebenso wie deren Formen und Wirkungen (van Deth, 2013). Beim derzeitigen Stand der empirischen Forschung sind keine gesicherten Aussagen darüber möglich, ob die Ausweitung und Diversifizierung politischer Beteiligung die Qualität der Demokratie verbessert und in welcher Hinsicht dies geschieht. Unter normativen Gesichtspunkten ist die Sachlage nicht einfacher. Auch wenn die enge Wechselbeziehung zwischen Partizipation und Demokratie im Grundsatz unstrittig ist, bestehen im Detail unterschiedliche Vorstellungen darüber, was die Qualität eines demokratischen Regimes ausmacht, an welchen Kriterien man Qualitätsverbesserungen festmachen und was politische Partizipation zu ihnen beitragen kann.

9.2.1 Partizipation und die Qualität der Demokratie: Die Systemebene

An Spekulationen darüber, wie partizipative Reformen die Leistungsfähigkeit von Demokratien verbessern könnten, besteht kein Mangel. Mehr Partizipation und qualitativ verbesserte Beteiligungschancen können demnach die

Inklusivität des politischen Systems und seine Fähigkeit zur Berücksichtigung vielfältiger Interessen fördern. Sie können die Transparenz politischer Prozesse, die Bürgernähe und demokratische Verantwortlichkeit der politischen Entscheidungsträger steigern. Sie können die Qualität materieller politischer Entscheidungen verbessern und deren Innovationsgehalt erhöhen (Geissel, 2012, S. 210 ff.). Dass politische Partizipation alle diese und weitere Wirkungen im Prinzip erzielen *kann,* werden vermutlich wenige bestreiten. Dies gilt aber ebenso für die Annahme, dass die Marktwirtschaft eine faire Güterverteilung zustande bringen *kann* oder dass der Sozialismus die Klassengegensätze beseitigen *kann.*

Auf einem anderen Blatt steht jedoch die Frage, welche Wirkungen partizipative Innovationen tatsächlich auslösen, unter welchen Bedingungen sich die erhofften Wirkungen einstellen, wie die Ziel-Mittel-Relationen beschaffen sind, welche unerwünschten Nebenfolgen partizipativer Innovationen einzukalkulieren sind und ob eine Verbesserung der Qualität der Demokratie auch auf anderen Wegen erreichbar wäre. Von wenigen Ausnahmen abgesehen, gibt die empirische Partizipationsforschung auf Fragen dieser Art keine Antworten. Dort, wo Erkenntnisse vorliegen, fallen sie zwiespältig aus.

Eine Steigerung der Inklusivität des politischen Systems ist durch eine Vermehrung von Beteiligungsangeboten kaum mehr zu erreichen. Die noch bestehenden Einschränkungen beziehen sich primär auf das Stimmrecht bei Wahlen. Von ihnen sind die Gruppe der Zuwanderer ohne deutsche Staatsbürgerschaft und die Altersgruppe der unter 18-Jährigen betroffen. Wie die Ergebnisse im Kap. 8 dieses Buches zeigen, scheint das fehlende Ausländerwahlrecht tatsächlich die politische Partizipation von Immigranten zu dämpfen, auch jenseits der Stimmabgabe bei Wahlen. Dieser Effekt schwächt sich mit dem Erwerb der deutschen

9 Partizipation und Demokratie in Deutschland

Staatsangehörigkeit ab, verschwindet aber nicht. Das fehlende Wahlrecht scheint auch das politische Engagement der 16- und 17-Jährigen zu reduzieren, jedenfalls liegt es unter dem der Altersgruppe der 18- bis 25-Jährigen (Daten des kumulierten ESS 1 bis 9, tabellarisch nicht ausgewiesen). Diese institutionellen Barrieren reduzieren die politische Partizipation einzelner Gruppen, ihre Beseitigung ist allerdings normativ und rechtlich aus Gründen umstritten, die hier nicht diskutiert werden können.

Nachweislich führt auch eine schlechte Ausstattung mit sozioökonomischen Ressourcen zu Einschränkungen der politischen Beteiligung. Unterschiede im Einkommen und – vor allem im Bildungsniveau – beeinflussen das Ausmaß und die Art des Engagements. Dies widerspricht dem demokratischen Ideal politischer Gleichheit. Auf der anderen Seite werden diese Barrieren wesentlich niedriger, wenn Menschen zur Partizipation motiviert und in soziale Netzwerke eingebunden sind. Zwei weitere Erkenntnisse sind aber ebenso bedeutsam wie die Feststellung fortbestehender Einflüsse der Ressourcenlage auf das politische Engagement: Erstens sind deutlich mehr soziale Charakteristika völlig unmaßgeblich dafür, ob und wie sich Menschen politisch engagieren, und zweitens sind sämtliche nachweisbaren Zusammenhänge allenfalls mäßig.

Eine Beseitigung von Hindernissen, bei der es gelänge, ressourcenschwache, sozial wenig integrierte und politisch inaktive Personen zur politischen Partizipation zu motivieren, würde die Inklusivität des politischen Systems erhöhen. In manchen Fällen stellten sich partielle Erfolge entsprechender Versuche ein. Wesentlich häufiger verstärken neue Partizipationsangebote die existierende politische Ungleichheit, weil sie vor allem von den bereits aktiven Teile der Bevölkerung genutzt werden. Partizipative Innovationen tragen derzeit eher zur Vervielfältigung der Einflussmöglichkeiten der Aktivisten bei als zur Integration politikferner Gruppen in den politischen Prozess bei. Ein Scheitern von Inklusionsbemühungen ist vor allem dann vorprogrammiert, wenn Angebote an bisher Inaktive nicht von Sozialisationsmaßnahmen begleitet werden, die die für ein politisches Engagement wichtigen Motive und Netzwerkstrukturen schaffen. Gleiche Bildungschancen für alle gesellschaftlichen Gruppen und ein sozial durchlässiges, leistungsfähiges Bildungssystem dürfte einen größeren Beitrag zum Abbau gesellschaftlicher und politischer Ungleichheit leisten als eine Ausweitung von Partizipationsangeboten.

Für mehr Inklusivität besteht beim aktuell gegebenen Ausmaß politischer Partizipation kaum ein Spielraum. Im Durchschnitt der Jahre 2002 bis 2018 waren neun von zehn Personen in irgendeiner Form aktiv ins politische Leben involviert. Selbst wenn man die Betrachtung auf die über die Wahlbeteiligung hinausgehenden Beteiligungsformen beschränkt, liegt der entsprechende Anteil über 50 Prozent. Gesteigert werden könnte jedoch die Nutzung einzelner Formen und damit das Ausmaß politischer Partizipation. Bei Überlegungen dieser Art muss man allerdings den Umstand berücksichtigen, dass politische Partizipation an Anlässe und Themen gebunden ist. Wahlen und Wahlkämpfe müssen stattfinden, damit sich Menschen an ihnen beteiligen können. Proteste oder direktdemokratische Verfahren treten dann auf, wenn Menschen mit den Leistungen der Politik unzufrieden sind. Das Interesse an Mitwirkung hängt zudem von der Wichtigkeit der zur Debatte stehenden Streitfragen ab. Nicht alle Menschen interessieren sich für Bildungs- oder Landwirtschaftspolitik und sind von Entscheidungen auf diesen Politikfeldern betroffen. Wenn diese Voraussetzungen fehlen, fehlen auch die Anreize zum Engagement. Die Vorstellung, alle Menschen seien bereit, sich zu jeder Zeit und auf allen Politikfeldern zu engagieren, ist realitätsfremd. Viele Aktivitäten werden von Issue-Publika getragen, die sich auf bestimmten Politikfeldern engagieren, auf anderen aber nicht und deren Engagement auch im Zeitverlauf nicht konstant bleibt. Schließlich handelt es sich bei der politischen Partizipation um eine freiwillige Aktivität. Das in jeder Demokratie unverzichtbare Recht der Bürger, zur Durchsetzung ihrer Forderungen aktiv zu werden, schließt das Recht ein, dies unterlassen oder auf bestimmte Anlässe zu beschränken.

Alle diese Faktoren sprechen gegen die Vorstellung von einem völlig inklusiven Partizipationssystem. Stattdessen müssen alle Menschen in einer Demokratie das gleiche *Recht* haben, aktiv und umfassend an der Gestaltung des politischen Lebens mitzuwirken. Faktisch machen sie von diesem Recht Gebrauch, wenn sie einen Anlass dafür sehen, wenn sie die Fragen, um die es geht, für wichtig genug halten, um die Kosten des Engagements auf sich zu nehmen und wenn sie das Gefühl haben, sich engagieren zu müssen, weil die politischen Führungsgruppen ansonsten ihre Vorstellungen nicht angemessen berücksichtigen.

Ob und wie politische Partizipation andere Charakteristika einer reifen Demokratie fördert, z. B. die Transparenz politischer Prozesse, die Fähigkeit zu einer breiten und fairen Interessenberücksichtigung, die Kontrolle der Herrschaftsträger, die Qualität und den Innovationsgehalt der Inhalte staatlicher Politik sowie den Zusammenhalt der politischen Gemeinschaft, ist auf der Grundlage der wenigen hierzu vorliegenden Erkenntnisse der empirischen Forschung (z. B. Drewitz, 2012; Gabriel & Kersting, 2014; Vetter & Hoyer, 2016) nicht verlässlich abzuschätzen. Ungeachtet der Forschungslage ist es aber unwahrscheinlich, dass jede Form politischer Partizipation gleichartige Auswirkungen auf sämtliche Charakteristika einer Demokratie hat und dass eine Ausweitung politischer Partizipation völlig ohne unerwünschte Nebenfolgen bleibt.

Nicht zuletzt beeinflusst die Einbindung in die Strukturen und Prozesse einer pluralistischer Demokratie die Wirkungen politischer Partizipation. In pluralistischen Gesellschaften stehen Bürgerschaft und Politiker einander nicht als homogene Akteursgruppen mit jeweils einheitlichen Interessen und Wertvorstellungen gegenüber. Die Öffentlichkeit gliedert sich in zahlreiche Gruppen mit verschiedenen, oft gegensätzlichen Bedürfnissen und Forderungen. Das Individuum mit seinen vielfältigen Interessen gehört mehreren dieser Gruppen an, wechselt diese Zugehörigkeit von Zeit zu Zeit und bestimmt im Verlaufe seines Lebens seine Prioritäten neu.

Politiker und politische Parteien sind Teile derselben Gesellschaft und der politischen Gemeinschaft. Sie gehen aus der Bevölkerung hervor und sind ihr verantwortlich. Sie teilen die von bestimmten gesellschaftlichen und politischen Gruppen vertretenen Vorstellungen von den durch die Politik anzustrebenden Zielen und den zur Verwirklichung dieser Ziele angemessenen Mittel. An der Macht befindlich, versuchen sie diese Ziele zum Ausgleich zu bringen und sie im Rahmen der bestehenden Möglichkeiten zu verwirklichen, und zwar unabhängig davon, ob ihre Klientel dies ausdrücklich fordert, und gegebenenfalls auch gegen die Forderungen ihrer „Basis". Die Vorstellung, dass die politische Führung einen jenseits von Gruppeninteressen existierenden Volkswillen realisiert oder realisieren soll, entstammt einem populistischen Demokratieverständnis, geht an der Wirklichkeit pluralistischer Gesellschaften vorbei und dient oft dem Zweck, Herrschaftsansprüche populistischer politischer Führer zu legitimieren.

Weiter kompliziert wird der Prozess einer partizipativen Interessenvermittlung dadurch, dass in pluralistischen

Demokratien zu fast jeder durch eine Gruppe artikulierten Forderung eine davon abweichende oder ihr widersprechende Forderung existiert. Es gibt Gegner und Befürworter des Corona-Managements, der Migrationspolitik, der Erhöhung der Verteidigungsausgaben, des Ausbaus der Windenergie und so fort. In allen diesen Beispielen ist die Durchsetzung einer Forderung gleichbedeutend mit der Zurückweisung der Gegenpositionen. Dennoch sind alle diese in divergierenden Interessen und Wertvorstellungen begründeten Positionen zunächst einmal gleichrangig und haben denselben Anspruch auf Gehör und faire Berücksichtigung. Dies setzt voraus, dass alle Gruppen das gleiche Recht haben, ihre Interessen zu artikulieren und in den politischen Prozess einzubringen. Es bedeutet aber gerade nicht, dass jede Gruppe den Anspruch erheben kann, ihre Forderungen widerspruchslos und uneingeschränkt durchsetzen zu können. Selbst von einer breiten Mehrheit der Bevölkerung unterstützte Ideen stehen im Wettbewerb mit Minderheitenpositionen. Vor autoritativen politischen Entscheidungen müssen grundsätzlich alle Forderungen angehört, geprüft und gegeneinander abgewogen werden. In der deutschen Politik geschieht dies typischerweise durch das Aushandeln von Kompromissen.

Nicht alle Formen politischer Beteiligung bieten hierfür gleich große Spielräume. In vielen Fällen läuft politische Partizipation darauf hinaus, durch ein Mehrheitsvotum eine Position durchzusetzen und konkurrierende Positionen zurückzuweisen. Vielfach beteiligen sich nur wenige Mitglieder der politischen Gemeinschaft an Wahlen und Abstimmungen. Noch kleiner und sozial selektiver ist in der Regel die Gruppe derer, die durch aufwendigere Formen des Engagements Einfluss auf Entscheidungen suchen. Je enger und sozial verzerrter der Kreis der Partizipierenden ist, desto fragwürdiger wird der Anspruch, Bürgerbeteiligung führe zu einem Mehr an Demokratie.

Allein aufgrund ihrer unterschiedlichen Strukturmerkmale und Funktionen dürften einzelne Formen politischer Partizipation unterschiedliche systemische Effekte auslösen, die einer vertieften empirischen Analyse bedürfen. Vieles spricht dafür, dass dialogorientierte und durch Parteien vermittelte Partizipationsformen stärker auf einen Ausgleich konkurrierender Interessen angelegt sind als Wahlen, Abstimmungen und Protestaktionen. Diese eignen sich besser dazu, die politische Führung zu kontrollieren und Druck auf sie auszuüben. Beide Elemente gehören zur Demokratie.

9.2.2 Partizipation und demokratische Bürger: Die Individualebene

Neben ihrer Rolle als Mittel der Interessendurchsetzung und Machtkontrolle erfüllt politische Partizipation sozialisatorische, herrschaftslegitimierende und integrative Funktionen (Parry et al., 1992, S. 9 ff.; Smith & Tolbert, 2004; Teorell, 2006). Mit deren Betrachtung erfolgt ein Wechsel von der System- auf die Individualebene. Dabei kommen die Wirkungen der Partizipation auf die politischen Einstellungen und das Verhalten der Partizipanten oder der Bürgerschaft insgesamt in den Blick. Es stellt sich die Frage, ob und in welcher Hinsicht politische Beteiligung dazu beiträgt, „bessere Bürger" zu schaffen (Mansbridge, 1999).

Über den Zusammenhang zwischen politischer Partizipation und anderen Aspekten der Beziehungen der Bürger zur Politik existieren zahlreiche empirische Erkenntnisse, in denen die politischen Einstellungen und die soziale Partizipation meist als unabhängige Variable behandelt werden. Dies ist eine verengte Forschungsperspektive, weil Beteiligung nicht nur dem Einfluss des politischen Interesses, des Kompetenzbewusstseins, des Vertrauens zu politischen Institutionen und Akteuren und anderer staatsbürgerlicher Orientierungen unterliegt. Vielmehr bietet das politische Engagement die Chance, diese Orientierungen zu erwerben, zu festigen oder zu ändern. Dieser Aspekt der Beziehung zwischen der politischen Partizipation und demokratiefördernden politischen Einstellungen ist nur spärlich erforscht (z. B. Gabriel & Kersting, 2014; Smith & Tolbert, 2004; Theiss-Morse & Hibbing, 2005). Viele Erkenntnisse dieser Art stützen sich zudem auf einzelne Beteiligungsprojekte und sind deshalb nicht ohne weiteres zu verallgemeinern. Eine weitere Schwäche bisheriger Wirkungsstudien betrifft die Auswahl der Forschungsmethoden. Querschnittdaten lassen Aussagen über Kausalzusammenhänge zwischen Variablen streng genommen nicht zu. Um verlässliche Aussagen über die Auswirkungen politischer Partizipation zu machen, bedarf es durch Panelstudien und Experimente gewonnener Daten. Diese sind zwar vereinzelt vorhanden, reichen aber zu einer angemessenen Einschätzung der Wirkungen politischer Partizipation bei weitem nicht aus. Ob und in welcher Hinsicht politische Partizipation demokratische Werte, Einstellungen und Verhaltensweisen fördert und ob dies für alle Formen politischer Beteiligung gleichermaßen gilt, lässt sich beim derzeitigen Stand der empirischen Forschung nicht verlässlich sagen.

9.3 Partizipationswirklichkeit und Partizipationsforschung

Seit den 1950er Jahren begleitet die Politikwissenschaft in Deutschland den Wandel politischer Partizipation. Anfangs erfolgte dies vor allem aus dem normativen

Blickwinkel, die junge deutsche Demokratie durch eine aktive Mitwirkung der Bevölkerung an Wahlen und in Parteien zu stärken. Die 1970er Jahre waren von der Auseinandersetzung über die Anwendung des Demokratieprinzips auf alle gesellschaftlichen Lebensbereiche und von der Forderung nach einer breiteren, über die Stimmabgabe bei Wahlen hinausgehenden politischen Beteiligung bestimmt (von Alemann, 1975).

Die sich gleichzeitig etablierende empirische Partizipationsforschung verfolgte das Ziel, die Struktur und den Wandel politischer Partizipation zu beschreiben und zu erklären. Das behavioralistische Forschungsprogramms bildet die Basis, um die Methoden der Datenerhebung und die statistischen Auswertungsverfahren kontinuierlich zu verbessern. Obgleich die Umfrageforschung nach wie vor die wichtigsten Daten für die empirische Partizipationsforschung liefert, ist ihre Stellung als Königsweg der Datenerhebung nicht mehr unangefochten. Um kausale Zusammenhänge genauer zu beleuchten und zu dichten Beschreibungen der Partizipationswirklichkeit zu gelangen, bemüht sich die wissenschaftliche Community verstärkt darum, die aus querschnittlichen repräsentativen Bevölkerungsbefragungen gewonnenen Erkenntnisse durch Daten aus Panelstudien, Experimenten, Dokumentenanalysen und qualitativen Einzelfallstudien zu ergänzen.

Obwohl sich die Partizipationsforschung seit ihren Anfängen immer stärker zu einer theoriegeleiteten Teildisziplin der empirischen Politikwissenschaft entwickelt hat, fehlt es ihr nach wie vor an einer einheitlichen Theorie. Bei der Definition von Forschungsfragen, bei der Entwicklung von Erklärungsansätzen und der Interpretation ihrer Ergebnisse greift sie Impulse aus der politischen Philosophie, der Ideengeschichte und modernen politischen Theorie, aus dem Öffentlichen

Recht, der Soziologie, Psychologie und Ökonomie auf. Daraus entstand eine Vielzahl nebeneinander existierender, überwiegend aneinander anschlussfähiger Theorien. Neben Ansätzen mittlerer Reichweite hat sich die ökonomische Theorie der Politik ebenso ihren Platz in der Partizipationsforschung gesichert wie der Neo-Institutionalismus, die kognitive Psychologie und die Sozialkapitalforschung. Diese Ansätze beleuchten verschiedene Aspekte der politischen Partizipation auf unterschiedliche Weise, und die Konkurrenz zwischen ihnen fördert den Erkenntnisfortschritt.

Aufgrund dieser Entwicklungen hat die empirische Forschung auf die Fragen „Wer partizipiert, in welcher Form und aus welchen Gründen?" zuverlässige Antworten gefunden. Ihre Erkenntnisse folgen mit einer geringen Verzögerung der tatsächlichen Entwicklung. Neben der Wahlbeteiligung und dem parteienvermittelten Engagement beschäftigt sich die Partizipationsforschung seit den 1970er Jahren erfolgreich mit Analysen der Protestbewegung. Ressourcen, Motive und die Integration in soziale Netzwerke haben sich im Prinzip als Erklärungsfaktoren aller dieser Formen des Engagements bewährt. In den letzten Jahren folgten empirische Studien über die Nutzung direktdemokratischer, dialogorientierter und digitaler Beteiligungsformen, denen allerdings noch die theoretische und methodische Anbindung an die sogenannte Mainstreamforschung fehlt.

Von der positiven Bilanz sind zwei Forschungsfelder auszunehmen: erstens die Angebotsseite politischer Partizipation und zweitens ihre politischen Konsequenzen. Eine systematische empirische Prüfung der theoretischen Annahme über die Wirkungen des Könnens, des Wollens und des Gefragt-werdens auf Ausmaß und Art der politischen Partizipation steht noch aus. Zu diesem Zweck müssen die Wirkungen institutioneller Designs und die politischen Einstellungen der Entscheidungsträger als Bestimmungsfaktoren politischer Beteiligung systematisch und breit untersucht werden. Ebenso interessant ist die Klärung der Frage, was politische Partizipation dazu beiträgt, die Qualität demokratischer Willensbildungs- und Entscheidungsprozesse und ihrer Resultate sowie demokratiekonforme Einstellungen der Bevölkerung zu fördern. Beide Fragen sind nicht allein von Interesse für die Grundlagenforschung. Ohne Wissen über Zusammenhänge dieser Art sind partizipative Innovationen dem Risiko ausgesetzt zu scheitern.

Anhang: Frageformulierungen, Antwortvorgaben und Indexbildung

Abb. 6.2 Ausmaß politischer Partizipation in Deutschland, 2002 bis 2018

Wahlbeteiligung: „Manche Menschen gehen heutzutage aus verschiedenen Gründen nicht zur Wahl. Wie ist das bei Ihnen? Haben Sie bei der letzten Bundestagswahl (im September 2002) gewählt? Ja (1), Nein (0), Nicht wahlberechtigt (3)".

Andere Formen politischer Partizipation: „Es gibt verschiedene Möglichkeiten, mit denen man versuchen kann, etwas in Deutschland zu verbessern oder zu verhindern, dass sich etwas verschlechtert. Haben sie im Verlauf der letzten 12 Monate irgendetwas davon unternommen? Haben Sie... (A) Kontakt zu einem Politiker oder einer Amtsperson auf Bundes-, Landes- oder Kommunalebene aufgenommen; (B) in einer politischen Partei

O. Gabriel, *Politische Partizipation*, Elemente der Politik,
https://doi.org/10.1007/978-3-658-34257-9

oder Gruppierung mitgearbeitet; (C) in einer anderen Organisation oder in einem anderen Verband oder Verein mitgearbeitet; (D) sich an einer Unterschriftensammlung beteiligt; (E) an einer genehmigten öffentlichen Demonstration teilgenommen; (F) bestimmte Produkte boykottiert? Ja (1), Nein (0)".

Der *Partizipationsindex* wurde durch die Addition der Werte der sieben Aktivitäten (1 gemacht, 0 nicht gemacht) gebildet und hat die Endpunkte 0 (keine Aktivität) und 7 (Nutzung aller sieben erhobenen Aktivitäten). Die Angaben von vier und mehr Aktivitäten wurden zu einer Gruppe zusammengefasst.

Abb. 6.4 Typen politischer Beteiligung in Deutschland, 2002 bis 2018

Der Index zur Analyse der Aktionstypen wurde wie folgt gebildet:

Inaktive: keine Beteiligung an einer der in Tabelle 6-4 genannten Aktivitäten; *Nur-Wähler:* ausschließlich Wahlbeteiligung, keine weitere Aktivität; *Traditionalisten:* Wahlbeteiligung und mindestens eine weitere konventionelle Aktivität; *integrierte Protestierer:* Wahlbeteiligung und mindestens eine weitere unkonventionelle Aktivität; *radikale Protestierer:* keine Wahlbeteiligung, mindestens eine unkonventionelle Aktivität; *Aktivisten:* Wahlbeteiligung und mindestens eine konventionelle und eine unkonventionelle Aktivität.

Tab. 8.6 Tabellarische Darstellung der Ergebnisse multipler Regressionsanalysen

Bildungsabschluss: „Als nächstes kommen jetzt Fragen zu Ihrer Ausbildung … . Welchen allgemeinbildenden Schulabschluss haben Sie?" Noch Schüler (99), Schule beendet ohne Abschluss (1), Volks- / Hauptschulabschluss bzw. Polytechnische Oberschule mit Abschluss 8. oder 9. Klasse

(2), Mittlere Reife, Realschulabschluss bzw. Polytechnische Oberschule mit Abschluss 10. Klasse (3), Fachhochschulreife (Abschluss einer Fachoberschule etc.) (4), Abitur bzw. Erweiterte Oberschule mit Abschluss 12. Klasse (Hochschulreife) (5), Anderen Schulabschluss (99), die Werte wurden auf den Bereich 0 bis 4 rekodiert.

Engagement in Freiwilligenorganisationen: „Sind Sie derzeit Mitglied einer Organisation oder eines Vereins? Gehen Sie bitte diese Liste durch und sagen Sie mir, wo Sie Mitglied sind (Nichtmitglied=0). Sagen Sie mir jeweils dazu, ob Sie nur passives Mitglied sind (1), ob Sie sich an den Aktivitäten des Vereins bzw. der Organisation beteiligen (2) oder ob Sie sogar ein Ehrenamt in diesem Verein innehaben (3)? Kultur-, Musik-, Theater oder Tanzverein; Sportverein; Sonstige Hobbyvereinigung; Wohltätigkeitsverein oder karitative Organisation; Friedens- oder Menschenrechtsorganisation; Umwelt-, Natur- oder Tierschutzorganisation; Verein / Organisation im Gesundheitsbereich, Selbsthilfegruppe; Elternorganisation; Verein für Pensionierte oder Rentner, Seniorenverein; Bürgerinitiative; Sonstige Organisation / sonstiger Verein."

Index: Addition der Werte über die Zahl der Bereiche, in denen sich die Befragten engagieren. Diese Werte wurden rekodiert auf 0 (kein Engagement) bis 4 (sehr starkes Engagement). Angegeben sind die rekodierten Werte der Variablen.

Tab. 8.7 Soziale Charakteristika als Bestimmungsfaktoren politischer Partizipation in Deutschland, 2008 und 2018

Bildung und *Engagement* in Freiwilligenorganisationen, s. Anmerkungen zu Tabelle 8-6.

Deutsche Staatsbürgerschaft, rekodiert: „Welche Staatsbürgerschaft haben Sie? (0) keine deutsche Staatsbürgerschaft, (1) deutsche und andere Staatsbürgerschaft, (2) nur deutsche Staatsbürgerschaft".

Einkommen: „Wie hoch ist das monatliche Netto-Einkommen IHRES HAUSHALTES INSGESAMT? Ich meine dabei die Summe, die nach Abzug der Steuern und Sozialversicherungsbeiträge übrigbleibt" (Quintile 0-4).

Schichteinstufung, rekodiert : „Es wird heute viel über die verschiedenen Bevölkerungsschichten gesprochen. Welcher Schicht rechnen Sie sich selbst eher zu … (0) der Unterschicht, (1) der Arbeiterschicht, (2) der Mittelschicht, (3) der oberen Mittelschicht oder der Oberschicht"?

Vorgesetzte, rekodiert: „Gehört es zu Ihren beruflichen Aufgaben, die Arbeit anderer Arbeitnehmer zu beaufsichtigen oder ihnen zu sagen, was sie tun müssen"? (1) Ja (0) Nein.

Alter gebildet aus: „Sagen Sie mir bitte, in welchem Monat und in welchem Jahr Sie geboren sind"? Dummys (0,1) für Altersgruppen wie in der Tabelle angegeben.

Tab. 8.8 Politische Motive als Bestimmungsfaktoren politischer Partizipation in Deutschland, 2008 und 2018

Politisches Interesse, rekodiert: „Wie stark interessieren Sie sich für Politik - sehr stark (4), stark (3), mittel (2), wenig (1), überhaupt nicht (0)"? Angegeben sind die rekodierten Werte.

Gefühl politischer Kompetenz, rekodiert: „Ich traue mir zu, in einer Gruppe, die sich mit politischen Fragen befasst, eine aktive Rolle zu übernehmen - stimme überhaupt nicht zu (0), stimme eher nicht zu (1), stimme eher zu (2) stimme voll und ganz zu (3). Die ganze Politik ist so kompliziert, dass jemand wie ich gar nicht versteht, was vorgeht - stimme überhaupt nicht zu (3), stimme eher nicht zu (2), stimme eher zu (1) stimme voll und ganz zu (0)". Angegeben sind die rekodierten Werte.

Anhang: Frageformulierungen, Antwortvorgaben ...

Der *Index* wurde durch die Addition und anschließende Division der beiden Itemwerte gebildet und erstreckt sich über den Wertebereich 0-3.

Unterstützung der Wahlnorm: „In der Demokratie ist es die Pflicht jedes Bürgers, sich regelmäßig an den Wahlen zu beteiligen - stimme überhaupt nicht zu (0), stimme eher nicht zu (1), stimme eher zu (2) stimme voll und ganz zu (3)". Angegeben sind die rekodierten Werte.

Postmaterialismus: „Auch in der Politik kann man nicht alles auf einmal haben. Auf dieser Liste finden Sie einige Ziele, die man in der Politik verfolgen kann. Wenn Sie zwischen diesen verschiedenen Zielen wählen müssten, welches Ziel erschiene Ihnen persönlich AM WICHTIGSTEN? Und welches Ziel erschiene Ihnen am ZWEITWICHTIGSTEN? A Aufrechterhaltung von Ruhe und Ordnung in diesem Land, B Mehr Einfluss der Bürger auf die Entscheidungen der Regierung, C Kampf gegen die steigenden Preise, D Schutz des Rechtes auf freie Meinungsäußerung."

Index: 1. Wahl A und 2. Wahl C oder 1. Wahl C und 2. Wahl A: materialistisch (0); 1. Wahl A oder C und 2. Wahl B oder D: gemischt materialistisch (1); 1. Wahl B oder D und 2. Wahl A oder C: gemischt postmaterialistisch (2); 1. Wahl B und 2. Wahl D oder 1. Wahl D und 2. Wahl B: postmaterialistisch (3). Angegeben sind die rekodierten Werte.

Interpersonales Vertrauen: „Manche Leute sagen, dass man den meisten Menschen trauen kann. Andere meinen, dass man nicht vorsichtig genug sein kann im Umgang mit anderen Menschen. Was ist Ihre Meinung dazu? (2) Den meisten Menschen kann man trauen, (0) Man kann nicht vorsichtig genug sein, (1) Das kommt darauf an". Angegeben sind die rekodierten Werte.

Parteibindung: „Viele Leute in Deutschland neigen längere Zeit einer bestimmten politischen Partei zu, obwohl sie auch ab und zu mal eine andere Partei wählen. Wie ist das bei Ihnen: Neigen Sie - ganz allgemein gesprochen - einer bestimmten Partei zu? Ja (1) Nein/Verweigert (0)". Angegeben sind die rekodierten Werte.

Radikalismus: „Viele Leute verwenden die Begriffe ‚links' und ‚rechts', wenn es darum geht, unterschiedliche politische Einstellungen zu kennzeichnen. Wir haben hier einen Maßstab, der von links nach rechts verläuft. Wenn Sie an Ihre eigenen politischen Ansichten denken, wo würden Sie diese Ansichten auf dieser Skala einstufen? Entscheiden Sie sich bitte für eines der Kästchen und nennen Sie mir den darunter stehenden Buchstaben."

Skala von 1 bis 10, die Werte wurden so rekodiert, dass die extremen Positionen am rechten und linken Ende (1,10) den Wert 4 erhielten (radikal) und die in der Skalenmitte (5,6) den Wert 0 (gemäßigt).

Tab. 8.9 Soziale Integration als Bestimmungsfaktor politischer Partizipation in Deutschland, 2008 und 2018

Engagement in Freiwilligenorganisationen: s. Anmerkungen zu Tabelle 8-6.

Integration in den Arbeitsmarkt: „Nun weiter mit der Erwerbstätigkeit und Ihrem Beruf. Was von dieser Liste trifft auf Sie zu? Hauptberufliche Erwerbstätigkeit, ganztags/ hauptberufliche Erwerbstätigkeit halbtags/Nebenher erwerbstätig (1), nicht erwerbstätig (0). Angegeben sind die rekodierten Werte.

Literatur

Aichholzer, G., & Strauss, S. (2016). Electronic participation in Europe. In R. Lindner, G. Aichholzer, & L. Hennen (Hrsg.), *Electronic democracy in Europe. Prospects and challenges of E-publics, E-Participation and E-Voting* (S. 55–132). Wiesbaden: Springer VS.

Von Alemann, U. (Hrsg.). (1975). *Partizipation, Demokratisierung, Mitbestimmung. Problemstand und Literatur in Politik, Wirtschaft, Bildung und Wissenschaft. Eine Einführung* (S. 13–40). Opladen: Westdeutscher Verlag.

Almond, G. A., & Verba, S. (1989). *The Civic Culture. Political attitudes and democracy in five nations*. Unveränderte Neuauflage. Newbury Park u. a.: Sage. (zuerst 1963).

Ansell, C., & Gingrich, J. (2008). Reforming the administrative state. In B. E. Cain, R. J. Dalton, & S. Scarrow (Hrsg.), *Democracy transformed? Expanding political opportunities in advanced industrial democracies* (S. 164–191). Oxford: Oxford University Press.

Armingeon, K. (2007). Political participation and associational involvement. In J. W. van Deth, J. R. Montero, & A. Westholm

(Hrsg.), *Citizenship and involvement in European democracies: A comparative analysis* (S. 358–383). London: Routledge.

Asher, H. A., Richardson, B. M., & Weisberg, H. F. (1984). *Political participation. An ISSC workbook in comparative analysis*. Frankfurt a. M.: Campus.

Backhaus, K., Erichson, B., Plinke, W., & Weiber, R. (2016). *Multivariate Analysemethoden. Eine anwendungsorientierte Einführung* (14. Aufl.). Berlin: Springer Gabler.

Baker, K. L., Dalton, R. J., & Hildebrandt, K. (1981). *Germany transformed: Political culture and the new politics*. Cambridge, Mass.: Harvard University Press.

Barnes, S., Kaase, M., Allerbeck, K., Farah, B. G., Heunks, F., Inglehart, R., Jennings, M. K., Klingemann, H.-D., Marsh, A., & Rosenmayr, L. (1979). *Political action. Mass participation in five Western Democracies*. Beverly Hills: Sage.

Behnke, J., & Behnke, N. (2006). *Grundlagen der statistischen Datenanalyse. Eine Einführung für Politikwissenschaftler*. Wiesbaden: VS Verlag.

Bukow, S., & Poguntke, T. (2013). Innerparteiliche Organisation und Willensbildung. In O. Niedermayer (Hrsg.), *Handbuch Parteienforschung* (S. 179–209). Wiesbaden: Springer VS.

Burstein, P. (1972). Social structure and individual political participation in five countries. *American Journal of Sociology*, *77*(6), 1087–1110.

Cain, B. E., Dalton, R. J., & Scarrow, S. E. (Hrsg.). (2008). *Democracy transformed. Expanding political opportunities in advanced industrial democracies*. Oxford: Oxford University Press.

Dalton, R. J. (2020). *Citizen politics in Western democracies. Public opinion and political parties in the United States, Great Britain, West Germany, and France* (7. Aufl.). Los Angeles u. a.: Sage.

Dalton, R. J., & Gray, M. (2008). Expanding the electoral marketplace. In B. E. Cain, R. J. Dalton, & S. E. Scarrow (Hrsg.), *Democracy transformed. Expanding political opportunities in advanced industrial democracies* (S. 23–43). Oxford: Oxford University Press.

Downs, A. (1957). *An economic theory of democracy.* New York: Harper & Row.

Drewitz, J. (2012). Verändern Bürgerentscheide die Politik? Strukturelle und partizipatorische Auswirkungen direktdemokratischer Praxis. *Zeitschrift für Parlamentsfragen, 43*(2), 429–445.

Eder, C., & Magin, R. (2008). Direkte Demokratie. In M. Freitag & A. Vatter (Hrsg.), *Die Demokratien der deutschen Bundesländer* (S. 257–308). Opladen: Budrich.

Faden-Kuhne, K., & Gabriel, O. W. (2012). Mapping political participation. In O. W. Gabriel, S. I. Keil, & E. Kerrouche (Hrsg.), *Political participation in France and Germany* (S. 33–69). Wivenhoe Park: ECPR Press.

Falter, J. W. (1972). Ein Modell zur Analyse individuellen politischen Verhaltens. *Politische Vierteljahresschrift, 13*(4), 547–566.

Fournier, P., van der Kolk, H., Carty, R. K., Blais, A., & Rose, J. (2011). *When citizens decide. Lessons from citizen assemblies on electoral reform.* Oxford: Oxford University Press.

Gabriel, O. W. (2011). Von der parlamentarischen Demokratie zur Bürgergesellschaft? In G. Abels (Hrsg.), *Deutschland im Jubiläumsjahr 2009. Blick zurück nach vorn* (S. 161–196). Baden-Baden: Nomos.

Gabriel, O. W. (2012). Political participation in France and Germany – Traditions, concepts, measurements, patterns and explanations. In O. W. Gabriel, S. I. Keil, & E. Kerrouche (Hrsg.), *Political participation in France and Germany* (S. 1–32). Wivenhoe Park: ECPR Press.

Gabriel, O. W. (2019). Politische Partizipation im dritten ausgehenden Jahrzehnt des vereinigten Deutschland. In E. Holtmann (Hrsg.), *Die Umdeutung der Demokratie. Politische Partizipation in Ost- und Westdeutschland* (S. 143–217). Frankfurt a. M.: Campus.

Gabriel, O. W., & Kersting, N. (2014). Partizipation auf kommunaler Ebene. Politisches Engagement in deutschen

Kommunen; Strukturen und Wirkungen auf die politischen Einstellungen von Bürgerschaft, Politik und Verwaltung. In Bertelsmann Stiftung & Staatsministerium Baden-Württemberg (Hrsg.), *Partizipation im Wandel. Unsere Demokratie zwischen Wählen, Mitmachen und Entscheiden* (S. 43–181). Gütersloh: Bertelsmann Stiftung.

Gabriel, O. W., Maier, J., & Faas, T. (2020). Politikwissenschaftliche Einstellungs- und Verhaltensforschung. In T. Faas, O. W. Gabriel, & J. Maier (Hrsg.), *Politikwissenschaftliche Einstellungs- und Verhaltensforschung. Handbuch für Wissenschaft und Studium* (S. 17–89). Baden-Baden: Nomos.

Gabriel, O. W., Schoen, H., & Faden-Kuhne, K. (2014). *Der Volksentscheid über Stuttgart 21. Aufbruch zu neuen demokratischen Ufern?* Leverkusen: Budrich.

Gabriel, O. W., & Völkl, K. (2005). Politische und soziale Partizipation. In O. W. Gabriel & E. Holtmann (Hrsg.), *Handbuch Politisches System der Bundesrepublik Deutschland* (3. Aufl., S. 523–573). München: Oldenbourg.

Gallagher, M. (2014). Electoral institutions and representation. In L. LeDuc, R. G. Niemi, & P. Norris (Hrsg.) *Comparing democracies 4. Elections and voting in the 21st century* (S. 11–31). Thousand Oaks u. a.: Sage.

Geissel, B. (2012). Democratic innovations: Theoretical and empirical challenges of evaluation. In B. Geissel & K. Newton (Hrsg.), *Evaluating democratic innovations. Curing the democratic malaise* (S. 209–214). London: Routledge.

Geissel, B., & Newton, K. (Hrsg.). (2012). *Evaluating democratic innovations.* London: Routledge.

Geißel, B., Roth, R., Collet, S., & Tillmann, C. (2014). Partizipation und Demokratie im Wandel – Wie verändert sich unsere Demokratie durch neue Kombinationen repräsentativer, deliberativer und direktdemokratischer Elemente? In: Bertelsmann Stiftung & Staatsministerium Baden-Württemberg (Hrsg.), *Partizipation im Wandel. Unsere Demokratie zwischen Wählen, Mitmachen und Entscheiden* (S. 11–39). Gütersloh: Bertelsmann Stiftung.

Grande, E. (2018). Zivilgesellschaft, politischer Konflikt und soziale Bewegungen. *Forschungsjournal Soziale Bewegungen, 31*(1–2), 52–60.

Greiffenhagen, M., & Greiffenhagen, S. (1993). *Ein schwieriges Vaterland. Zur politischen Kultur im vereinigten Deutschland* (Neuauflage). München: List.

Holtmann, E., Rademacher, C., & Reiser, M. (2017). *Kommunalpolitik. Eine Einführung.* Wiesbaden: Springer VS.

Hooghe, M. (2014). Citizenship and participation. In L. LeDuc, R. G. Niemi, & P. Norris (Hrsg.), *Comparing democracies 4. Elections and voting in the 21st century* (S. 58–77). Thousand Oaks u. a.: Sage.

Inglehart, R. (1971). The silent revolution in Europe: Intergenerational change in post-industrial societies. *The American Political Science Review, 65*(4), 991–1017.

Inglehart, R. (1979). Political action. The impact of values, cognitive level, and social background. In S. Barnes, M. Kaase et al. (Hrsg.), *Political action. Mass participation in five Western democracies* (S. 343–380). Beverly Hills: Sage.

Inglehart, R. (1983). Changing paradigms in comparative political behavior. In A. W. Finifter (Hrsg.), *Political Science. Portrait of a discipline* (S. 429–469). Washington: The American Political Science Association.

Jun, U. (2013). Typen und Funktionen von Parteien. In O. Niedermayer (Hrsg.), *Handbuch Parteienforschung* (S. 119–144). Wiesbaden: Springer VS.

Jungherr, A., & Jürgens, P. (2011). E-Petitionen in Deutschland: Zwischen niedrigschwelligem Partizipationsangebot und quasi-plebiszitärer Nutzung. *Zeitschrift für Parlamentsfragen, 42*(3), 523–537.

Kaase, M. (1990). Mass participation. In M. K. Jennings, J. W. van Deth, & S. H. Barnes, D. Fuchs, F. J. Heunks, R. Inglehart, M. Kaase, H. D. Klingemann, J. J. A. Thomassen, *Continuities in political action. A longitudinal study of political orientations in three Western democracies* (S. 23–64). Berlin: de Gruyter.

Kaase, M. (1997). Vergleichende Politische Partizipationsforschung. In D. Berg-Schlosser & F. Müller-Rommel

(Hrsg.), *Vergleichende Politikwissenschaft. Ein einführendes Handbuch* (3. Aufl., S. 159–174). Opladen: Leske + Budrich.

Kaase, M., & Marsh, A. (1979a). Political action. A theoretical perspective. In S. H. Barnes, M. Kaase et al. (Hrsg.), *Political action. Mass participation in five Western democracies* (S. 27–56). Beverly Hills: Sage.

Kaase, M., & Marsh, A. (1979b). Political action repertory: Changes over time and a new typology. In S. H. Barnes, M. Kaase et al. (Hrsg.), *Political action. Mass participation in five Western democracies* (S. 137–166). Beverly Hills: Sage.

Klein, M. (2020). Partizipation im Rahmen der parteienstaatlichen Demokratie. In T. Faas, O. W. Gabriel, & J. Maier (Hrsg.), *Politikwissenschaftliche Einstellungs- und Verhaltensforschung. Handbuch für Wissenschaft und Studium* (S. 376–392). Baden-Baden: Nomos.

König, K. (2014). Verwaltungskultur – typologisch betrachtet. In K. König, S. Kropp, S. Kuhlmann, C. Reichard, K. P. Sommermann, & J. Ziekow (Hrsg.), *Grundmuster der Verwaltungskultur. Interdisziplinäre Diskurse über kulturelle Grundformen der Öffentlichen Verwaltung* (S. 13–28). Baden-Baden: Nomos.

Kohl, J. (1983). Zur langfristigen Entwicklung der politischen Partizipation in Westeuropa. In O. Büsch & P. Steinbach (Hrsg.), *Vergleichende europäische Wahlgeschichte. Eine Anthologie. Beiträge zur historischen Wahlforschung vornehmlich West- und Nordeuropas* (S. 377–411). Berlin: Colloquium.

Kriesi, H. (2005). *Direct democratic choice: The Swiss experience.* Lanham, Md.: Lexington Press.

Kriesi, H., Grande, E., Dolezal, M., Helbling, M., Höglinger, D., Hutter, S., & Wuest, B. (2012). *Political conflict in Western Europe.* Cambridge: Cambridge University Press.

Landwehr, C. (2020). Deliberative Beteiligungsformen. In T. Faas, O. W. Gabriel, & J. Maier (Hrsg.), *Politikwissenschaftliche Einstellungs- und Verhaltensforschung. Handbuch für Wissenschaft und Studium* (S. 413–434). Baden-Baden: Nomos.

Lazarsfeld, P. F., Berelson, B., & Gaudet, H. (1944). *The people's choice. How the voter makes up his mind in a presidential campaign.* New York: Columbia University Press.

LeDuc, L. (2002). Referendums and initiatives: The politics of direct democracy. In L. LeDuc, R. G. Niemi, & P. Norris (Hrsg.), *Comparing democracies 2. New challenges in the study of elections and voting* (S. 70–87). Thousand Oaks u. a.: Sage.

Lembcke, O. W., Ritzi, C., & Schaal, G. S. (Hrsg.). (2014). *Zeitgenössische Demokratietheorie. Band 1: Normative Demokratietheorien.* Wiesbaden: Springer VS.

Mansbridge, J. (1999). On the idea that participation makes better citizens. In S. Elkin & E. K. Soltan (Hrsg.), *Citizen competence and democratic institutions* (S. 291–325). University Park: Pennsylvania State University Press.

Maloney, W. A., & Rossteutscher, S. (Hrsg.). (2007). *Social capital and associations in European democracies: A comparative analysis.* London: Routledge.

Marsh, A., & Kaase, M. (1979a). Measuring political action. In S. H. Barnes, M. Kaase et al. (Hrsg.), *Political action. Mass participation in five Western democracies* (S. 57–96). Beverly Hills: Sage.

Marsh, A., & Kaase, M. (1979b). Background of political action. In S. H. Barnes, M. Kaase et al. (Hrsg.), *Political action. Mass participation in five Western democracies* (S. 97–136). Beverly Hills: Sage.

Meerkamp, F. (2011). *Die Quorenfrage im Volksgesetzgebungsverfahren. Bedeutung und Entwicklung.* Wiesbaden: VS Verlag.

Merkel, W. (Hrsg.). (2015). *Demokratie und Krise. Zum schwierigen Verhältnis von Theorie und Empirie.* Wiesbaden: Springer VS.

Merkel, W., & Ritzi, C. (2017a). Theorie und Vergleich. In W. Merkel & C. Ritzi (Hrsg.), *Die Legitimität direkter Demokratie. Wie demokratisch sind Volksabstimmungen?* (S. 9–48). Wiesbaden: Springer VS.

Merkel, W., & Ritzi, C. (2017b). Direkte Demokratie *oder* Repräsentation. Zum Reformbedarf liberal-repräsentativer Demokratien im 21. Jahrhundert. In W. Merkel & C. Ritzi

(Hrsg.), *Die Legitimität direkter Demokratie. Wie demokratisch sind Volksabstimmungen?* (S. 227–250). Wiesbaden: Springer VS.

Milbrath, L. W. (1965). *Political participation. How and why do people get involved in politics.* Chicago: Rand McNally.

Milbrath, L. W., & Goel, M. L. (1977). *Political participation. How and why do people get involved in politics.* Chicago: Rand McNally.

Muller, E. N., & Jukam, T. O. (1983). Discontent and aggressive political participation. *British Journal of Political Science, 13*(2), 159–179.

Nanz, P., & Fritsche, M. (2012). *Handbuch Bürgerbeteiligung.* Bonn: Bundeszentrale für Politische Bildung.

Newton, K. (2012). Curing the democratic malaise with democratic innovations. In B. Geissel & K. Newton (Hrsg.), *Evaluating democratic innovations. Curing the democratic malaise* (S. 3–20). London: Routledge.

Nie, N. H., Powell, G. B., & Prewitt, K. (1969a). Social structure and political participation. Developmental relationships, Teil I. *American Political Science Review, 63*(2), 361–376.

Nie, N. H., Powell, G. B., & Prewitt, K. (1969b). Social structure and political participation. Developmental relationships, Teil II. *American Political Science Review, 63*(4), 808–832.

Niedermayer, O. (2013). Parteimitgliedschaften. In O. Niedermayer (Hrsg.), *Handbuch Parteienforschung* (S. 155–177). Wiesbaden: Springer VS.

Niedermayer, O. (2020). Parteimitgliedschaften im Jahr 2019. *Zeitschrift für Parlamentsfragen, 51*(2), 419–448.

Norris, P. (2002). *Democratic phoenix. Reinventing political activism.* Cambridge: Cambridge University Press.

Oertel, B., Kalisch, C., & Albrecht, S. (2018). *Online-Bürgerbeteiligung an der Parlamentsarbeit. Angebote des Deutschen Bundestages zwischen Experiment und formeller Beteiligung.* Baden-Baden: Nomos.

Parry, G., Moyser, G., & Day, N. (1992). *Political participation and democracy in Britain*. Cambridge: Cambridge University Press.

Pattie, C., Seyd, P., & Whiteley, P. (2004). *Citizenship in Britain. Values, participation and democracy*. Cambridge: Cambridge University Press.

Putnam, R. D. (1993). *Making democracy work. Civic traditions in modern Italy*. Princeton, NJ: Princeton University Press.

Putnam, R. D. (2000). *Bowling alone. The collapse and revival of American community*. New York: Simon and Schuster.

Radtke, G. R. (1976). *Teilnahme an der Politik. Bestimmungsgründe der Bereitschaft zur politischen Partizipation*. Leverkusen: Heggen.

Rattinger, H. (2009). *Einführung in die Politische Soziologie*. München: Olzog.

Remer, U. (2020). *Partizipative und deliberative Demokratie auf kommunaler Ebene. Eine Vermessung der Beteiligungslandschaft Baden-Württembergs*. Wiesbaden: Springer VS.

Rosenstone, S. J., & Hansen, J. M. (1993). *Mobilization, participation, and democracy in America*. New York: Macmillan.

Sachs, M., Goraczek, M., Rinnerbauer, B., & Schoßböck, J. (2018). Elektronische Bürgerbeteiligung in der Praxis. In M. Leitner (Hrsg.), *Digitale Bürgerbeteiligung. Forschung und Praxis – Chancen und Herausforderungen der elektronischen Partizipation* (S. 41–68). Wiesbaden: Springer Vieweg.

Scharpf, F. W. (1970). *Demokratietheorie zwischen Utopie und Anpassung*. Konstanz: Universitätsverlag.

Schlozman, K. L. (2002). Citizen participation in America: What do we know? Why do we care? In I. Katznelson & H. V. Milner (Hrsg.), *Political Science. State of the discipline* (S. 433–461). New York: Norton.

Schlozman, K. L, Brady, H. E., & Verba, S. (2018). *Unequal and unrepresented. Political equality and the people's voice in the new gilded age*. Princeton: Princeton University Press.

Schmid, J., & Buhr, D. (2011). Bürgerschaftliches Engagement und Interessenpolitik durch Verbände und Parteien. In T. Olk & B. Hartnuß (Hrsg.), *Handbuch Bürgerschaftliches Engagement* (S. 305–316). Weinheim: Beltz Juventa.

Schmitt-Beck, R., & Weins, C. (1997). Gone with the Wind of Change? Neue Soziale Bewegungen und politischer Protest im Osten Deutschlands. In O. W. Gabriel (Hrsg.), *Politische Orientierungen und Verhaltensweisen im vereinigten Deutschland* (S. 321–351). Opladen: Leske + Budrich.

Schwartz, D. C. (1973). *Political alienation and political behavior*. Chicago: Aldine.

Smith, D. A., & Tolbert, C. J. (2004). *Educated by initiative. The effects of direct democracy on citizens and political organizations in the American States*. Ann Arbor: University of Michigan Press.

Spieker, A. (2021). *Chance statt Show – Bürgerbeteiligung mit Virtual Reality & Co. Akzeptanz und Wirkung der Visualisierung von Bauvorhaben*. Wiesbaden: Springer VS.

Stadtmüller, S. (2009). Weniger Befragte – schlechtere Ergebnisse. Die Wirkungen der Panelmortalität. In H. Schoen, H. Rattinger, & O. W. Gabriel (Hrsg.), *Vom Interview zur Analyse. Methodische Aspekte der Einstellungs- und Wahlforschung* (S. 111–130). Baden-Baden: Nomos.

Stark, T. (2019). Demokratische Bürgerbeteiligung außerhalb des Wahllokals. Umbrüche in der politischen Partizipation seit den 1970er Jahren. Wiesbaden: Springer VS.

Steinbrecher, M. (2009). *Politische Partizipation in Deutschland*. Baden-Baden: Nomos.

Steinbrecher, M. (2020). Wahlbeteiligung. In T. Faas, O. W. Gabriel, & J. Maier (Hrsg.), *Politikwissenschaftliche Einstellungs- und Verhaltensforschung. Handbuch für Wissenschaft und Studium* (S. 327–347). Baden-Baden: Nomos.

Steinbrecher, M., Huber, S. & Rattinger, H. (2007). *Turnout in Germany. Citizen participation in state, federal, and european elections since 1979*. Baden-Baden: Nomos.

Teorell, J. (2006). Political participation and three theories of democracy: A research inventory and agenda. *European Journal of Political Research, 48*(5), 787–810.

Teorell, J., Torcal, M., & Montero, J. R. (2007). Political participation: Mapping the terrain. In J. W. van Deth, J. R. Montero, & A. Westholm (Hrsg.), *Citizenship and involvement in European democracies: A comparative analysis* (S. 334–357). London: Routledge.

Theiss-Morse, E., & Hibbing, J. R. (2005). Citizenship and civic engagement. *Annual Review of Political Science, 8*, 227–249.

Theocharis, Y., & van Deth, J. W. (2018). *Political participation in a changing world. Conceptual and empirical challenges in the study of citizen engagement.* Milton Park: Routledge.

Thimm, C. (2017). Soziale Netzwerke als Arenen politischer Partizipation: Neue Optionen für Demokratie oder aber Datafication, Fragmentierung und Radikalisierung? *Medienjournal - Zeitschrift für Medien- und Kommunikationsforschung, 41*(2), 76–89.

Urban, D., & Mayerl, J. (2018). *Angewandte Regressionsanalyse: Theorie, Technik und Praxis (5., überarbeitete Auflage).* Wiesbaden: Springer VS.

van Deth, J. W. (1997). Formen konventioneller Partizipation. Ein neues Leben für alte Dinosaurier? In O. W. Gabriel (Hrsg.), *Politische Orientierungen und Verhaltensweisen im vereinigten Deutschland* (S. 291–31). Opladen: Leske + Budrich.

van Deth, J. W. (2009). Politische Partizipation. In V. Kaina & A. Römmele (Hrsg.), *Politische Soziologie. Ein Studienbuch* (S. 141–161). Wiesbaden: VS Verlag.

Van Deth, J. W. (2013). Das schwierige Verhältnis zwischen Partizipation und Demokratie. *Politische Bildung, 46*(3), 9–21.

van Deth, J. W., Montero, J. R., & Westholm, A. (Hrsg.). (2007). *Citizenship and involvement in European democracies.* London: Routledge.

Van Deth, J. W., & Tausendpfund, M. (Hrsg.). (2013). *Politik im Kontext: Ist alle Politik lokale Politik? Individuelle und*

kontextuelle Determinanten lokaler Partizipation. Wiesbaden: Springer VS.
van Deth, J. W., & Zorrell, C. (2020). Politischer Protest und Konsum. In T. Faas, O. W. Gabriel, & J. Maier (Hrsg.), *Politikwissenschaftliche Einstellungs- und Verhaltensforschung. Handbuch für Wissenschaft und Studium* (S. 393–412). Baden-Baden: Nomos.
Vatter, A., Milic, T., & Rousselot, B. (2020). Beteiligung an direktdemokratischen Verfahren. In T. Faas, O. W. Gabriel, & J. Maier (Hrsg.), *Politikwissenschaftliche Einstellungs- und Verhaltensforschung. Handbuch für Wissenschaft und Studium* (S. 348–375). Baden-Baden: Nomos.
Verba, S., & Nie, N. H. (1972). *Participation in America. Political democracy and social equality*. New York: Harper & Row.
Verba, S., Nie, N. H., & Kim, J. (1978). *Participation and political equality. A seven-nation comparison*. Cambridge u. a.: Cambridge University Press.
Verba, S. Schlozman, K. L., & Brady, H. (1995). *Voice and equality. Civic voluntarism in American politics*. Cambridge, Mass.: Harvard University Press.
Vetter, A., & Hoyer, Z. (2016). Bürgerschaft, Politik und Verwaltung: Drei Perspektiven auf Bürgerentscheide und ihre Wirkungen. *Zeitschrift für Parlamentsfragen, 47*(2), 349–368.
Völkl, K., & Korb, C. (2018). *Deskriptive Statistik. Eine Einführung für Politikwissenschaftlerinnen und Politikwissenschaftler*. Wiesbaden: Springer VS.
Ziekow, J. (2012). *Neue Formen der Bürgerbeteiligung? Planung und Zulassung von Projekten in parlamentarischen Demokratien*. München: Beck.
Zimpel, G. (1970). *Der beschäftigte Mensch. Beiträge zur politischen und sozialen Partizipation*. München: Juventa.
Zmerli, S. (2008). *Inklusives und exklusives Sozialkapital in Deutschland. Grundlagen, Erscheinungsformen und Erklärungspotenzial eines alternativen theoretischen Konzepts*. Baden-Baden: Nomos.

The manufacturer's authorised representative in the EU is Springer Nature Customer Service Centre GmbH, Europaplatz 3, 69115 Heidelberg, Germany. If you have any concerns regarding our products, please contact ProductSafety@springernature.com

Printed and bound by CPI Group (UK) Ltd, Croydon, CR0 4YY
25/03/2026
02078173-0002